東京医大「不正入試」事件

特捜検察に狙われた文科省幹部
父と息子の闘い

Chikaki Tanaka
田中周紀

講談社

東京医大「不正入試」事件

特捜検察に狙われた文科省幹部　父と息子の闘い

目次

主要登場人物一覧

臼井正彦（うすい・まさひこ）

経営トップの理事長として東京医大に君臨した高名な眼科医。1941年、静岡県下田市生まれ。66年3月に東京医大卒業後、同大眼科学助教授、教授を務める。2007年に名誉教授となり、08年10月から14年6月まで学長を務めた。13年7月からは第13代理事長に就任し（14年6月までは学長兼任）、佐野に対する贈賄罪で18年7月24日に在宅起訴された。任意の取り調べ中に理事長を辞任。

佐野賢次（さの・けんじ）＊名は仮名

佐野太の次男。東京医科大学に通う医学生。佐野が在英国日本大使館に勤務していた1999年、ロンドンで生まれる。私立成蹊高校（東京都武蔵野市）野球部のエース投手として活躍し、3年夏の全国高等学校野球選手権大会西東京大会で、同校にとって26年ぶりとなるベスト16入り。1浪後の2018年4月に東京医大医学部医学科に入学した。整形外科医を目指している。

佐野 太（さの・ふとし）

文部科学省事務次官就任が確実視されていた、科学技術畑のエリート官僚。1959年、山梨県塩山市（現・甲州市）生まれ。早稲田大学大学院理工学研究科修了後の85年4月に科学技術庁に入庁し、文科省に統合後は大臣官房政策課長、総務課長、会計課長、審議官（高等教育局担当）、大臣官房総括審議官を経て、2016年6月に大臣官房長に就任。科学技術・学術政策局長在任中の18年7月4日に受託収賄容疑で東京地検特捜部に逮捕、起訴された。

鈴木　衞（すずき・まもる）

理事長の臼井の下で東京医大学長を務めた耳鼻咽喉科医。１９４９年、愛媛県今治市生まれ。74年3月に東京医大を卒業後、広島大学医学部助教授などを経て、97年4月に東京医大耳鼻咽喉科学講座主任教授に迎えられる。その後、理事、副学長を歴任し、２０１４年7月に学長に就任。任期満了（18年8月）目前の7月24日に贈賄罪で東京地検特捜部に在宅起訴された。任意の取り調べ中に学長を辞任。

谷口浩司（たにぐち・こうじ）

国土交通相などを務めた参議院議員の故・羽田雄一郎の政策顧問で、医療コンサルティング会社「東京医療コンサルティング」（ＴＭＣ）元取締役。１９７１年、北海道函館市生まれ。日本体育大学にラグビー特待生として推薦入学。卒業後は整形外科クリニックなどを経営する傍ら、アイスホッケー女子日本代表のトレーナーとして日本オリンピック委員会の医科学委員を務める。２００１年からは医療コンサルタントとしても活動。12年1月に元衆議院議員の早川久美子の私設秘書として政官界に関わる。その後、複数の政治家の名代として永田町で活動し、15年に羽田の政策顧問に就任。

18年7月4日に東京医大事件での受託収賄幇助容疑、同月26日にＪＡＸＡ（国立研究開発法人宇宙航空研究開発機構）事件での贈賄容疑で逮捕、起訴される。逮捕時には事件の中心にいる「霞が関ブローカー」と報じられた。

川端和明（かわばた・かずあき）

文科省キャリア官僚。１９６１年、兵庫県安富町（現・姫路市）生まれ。早大政治経済学部卒業後、84年4月科学技術庁入庁。文科省科学技術・学術政策局基盤政策課長、研究開発局開発企画課長、大臣官房総務課長、文化庁文化部長などを経て、２０１４年7月からＪＡＸＡに出向し、15年4月に理事就任。17年4月からは文科省国際統括官を務めた。ＪＡＸＡ事件での収賄容疑で、18年7月26日に逮捕、起訴された。

古藤信一郎（ことう・しんいちろう）

谷口とともに羽田雄一郎の政策顧問を務めた、ＴＭＣ元取締役。１９６２年、東京都生まれ。京都大学法学部中退後、渡米してカリフォルニア大学ロサンゼルス校に入学。卒業後はロサンゼルスを拠点に日米間を行き来しながら、92年の米大統領選でクリントン陣営スタッフとして働く。90年代後半に帰国後は複数の政治家の知遇を得て、永田町でも活動。谷口とともに羽田の政策顧問に就く。谷口逮捕後の２０１８年７月に出国し、現在も指名手配中。

日高正人（ひだか・まさと）

谷口の日体大の８期後輩で、谷口が政治家や官僚などと会食する際の費用を、自身が社長を務める通信設備工事会社「アイシン共聴開発」（現・アイシンピークス）で負担した2世経営者。１９７８年、東京都田無市（現・西東京市）生まれ。日体大卒業後、会長となった父親の後を継いで社長に就任。日体大ＯＢに谷口を紹介されて交流を深めるが、のちに決別。一連の事件で東京地検特捜部から容疑者として取り調べを受けたが、立件はされず、公判では検察側の証人として出廷した。

中井 洽（なかい・ひろし）

谷口に永田町や霞が関のしきたり、マナーを教えたベテラン政治家。１９４２年6月、満州国新京市生まれ。日本社会党の衆院議員だった中井徳次郎を父に持ち、慶應義塾大学在学中から秘書を務める。76年12月の第34回衆院選で民社党から立候補して初当選し、２０１２年11月の引退まで衆院議員を11期、36年務めた。国家公安委員長兼拉致問題担当相、内閣府特命担当相（防災）、法務相、衆院予算委員長などを歴任。胃がんのため、17年4月、74歳で死去。

吉田統彦（よしだ・つねひこ）

立憲民主党所属の現職衆院議員で眼科医。１９７４年、愛知県名古屋市生まれ。名古屋大学大学院医学系研究科を修了し、複数の病院勤務を経て米ジョンズ・ホプキンス大学に研究員として勤務。２００９年8月の第45回衆院選で初当選するも、12年12月の第46回衆院選で落選。谷口を自身の事務所の東京事務局長に据えて、佐野、川端に引き合わせた。また、同じ眼科医であり東京医大理事長だった臼井とも親しく、臼井にも佐野、川端、谷口を紹介。17年10月の第48回衆院選では比例東海ブロックで復活当選。21年10月の第49回衆院選でも同ブロックで復活当選した。

羽田雄一郎（はた・ゆういちろう）

元首相の故・羽田孜を父に持つ立憲民主党所属の参院議員。１９６７年、東京都世田谷区生まれ。玉川大学卒業後、父親の秘書を務め、99年10月の参院長野県選挙区補欠選挙で初当選。民主党時代は参院国会対策委員長、国土交通相も務めた。２０１３年8月に同党参院幹事長。その後、民進党、国民民主党を経て、立憲民主党に加わる。15年初め、谷口を政策顧問に据えて、谷口が逮捕されるまでその関係が続いたが、逮捕後は沈黙を貫いた。新型コロナウイルス感染症により20年12月、53歳で死去。

森本　宏（もりもと・ひろし）

文科省汚職事件の捜査を指揮した東京地検特捜部長。１９６７年、岐阜県下呂市生まれ。名古屋大学法学部卒業後、92年4月に検察官任官（司法修習44期）。東京地検特捜部には5度在籍し、福島県知事汚職事件、村上ファンド事件、オリンパス粉飾決算事件などの捜査を担当。２０１７年9月から20年7月までは東京地検特捜部長として、リニア中央新幹線談合事件、スーパーコンピューター助成金詐欺事件、カルロス・ゴーン事件、ＩＲ汚職事件などの捜査を指揮した。21年7月から東京地検次席検事。

装幀　岡 孝治
本文写真　時事通信フォト
共同通信社（第5章のみ）

東京医大「不正入試」事件
特捜検察に狙われた文科省幹部
父と息子の闘い

プロローグ

突然の家宅捜索

観測史上初となった6月中の梅雨明けから5日が経った2018年7月4日、水曜日。東京は前日からの蒸し暑い曇天が続いていた。

文部科学省科学技術・学術政策局長の佐野《さの》太《ふとし》は午前8時過ぎ、港区麻布狸穴《まみあな》町のマンション7階にある自室をあとにした。

豊かな黒髪を左から右に七三に分け、縁なし眼鏡をかけた面長で端正な顔立ち。180センチ前後の長身をスーツに包んだ細身の容姿からは、いかにも有能なキャリア官僚の雰囲気が漂う。

午前9時半から永田町の首相官邸で官房副長官と面会する予定が入っていたため、この日は少し早めに登庁することにした。霞が関の官庁街にある文科省までは、車で10分余りの道のりである。

佐野が家族4人で暮らしていたマンションにはエントランス（出入り口）が2ヵ所あり、メインは5階にある。来訪者はここでいったん足止めされ、建物内に入った後も共有部分から住居部分に入るところで再度チェックを受ける。エレベーターに乗り込むことを許されるのはそれからだ。エレベーターは階ごとに決められたキーを差し込まなければ、目的の階には止まらない。居住者の安全とプライバシーを守るため、極めて厳格なセキュリティシステムが採用されていた。

いつもどおり住居棟エレベーターを5階で降りた佐野に、白い開襟シャツを着た見知らぬ男5〜6人が近づいてきて、そのうちの1人が「佐野太さんですか」と声を掛けた。

佐野が怪訝な表情を浮かべながら「そうですが」と答えると、男は「東京地検特捜部です。裁判所から家宅捜索令状が出ています」と告げて、こんな主旨の令状を見せた。

「被疑者佐野太は東京都港区の精進料理店『醍醐《だいご》』で2017年5月10日、東京医科大学理事長の被疑者臼井《うすい》正彦《まさひこ》から、同大が文科省の17年度私立大学研究ブランディング事業の支援対象校に選定されるよう、同大が同省に提出する事業計画書の記載等について助言・指導するなどの有利かつ便宜な取り計らいを受けたいとする請託を受けた。

佐野はその謝礼として供与されることを知りながら、臼井と同大学長の被疑者鈴木《すずき》衞《まもる》から18年2月4日、同大の18年度医学部医学科の一般入試を受験した次男の点数に加算を受け、同月17日には同試験の合格者の地位を付与されて、自身の職務に関して請託を受けて賄賂を受け取った。刑法197条1項後段の受託収賄罪に該当する」

ところが佐野には、検事から見せられた令状の中身にまったく心当たりがなかった。

確かに次男の賢次（仮名）はこの4月から東京医大に通っている。1浪の末に合格し、医者になるべく勉強に励む毎日だ。

息子の入学がどうかしたのだろうか。令状を渡されて、自身で改めて読み直してみても、なぜ自分が家宅捜索を受けるのか、やはり理解できなかった。佐野はキツネにつままれたような気分のまま、「捜索は承服しかねます」と答えた。

検事は引かなかった。

「裁判所の許可が出ているので捜索させてもらう。ここでは話がしにくいので佐野さんの部屋にうかがわせてください」

佐野は持っているキーで7階のセキュリティを解除して、来訪した検事と検察事務官全員を同伴のうえ自宅に戻った。

出掛けたと思ったら、見知らぬ男を何人も連れて帰ってきた夫に驚いたのは、妻の佳代（仮名）だった。

佐野から「なんの件かまったくわからないが、家宅捜索令状が出ているようだ」と告げられた佳代がドアのチェーンロックを外すと同時に、検事たちが部屋になだれ込み、一斉に捜索を始めた。

「この後、検察庁に来てもらいます」と言われた佐野は秘書に電話して、官房副長官との面会予定を変更してもらうよう依頼し、その日は休暇を取ると話した。それだけ済ませると、佐野は佳代にこう告げている。

「まったく身に覚えがなく、知らない話だったけど、同行するよう求められたので検察庁に行ってくる。なにがなんだか、まったくわからない」

この時点では佐野に、まもなく自分が逮捕されるという自覚はない。取り調べを受けること自体初めてで、尋ねられた内容に誠実に答えた後は、解放されて自宅に戻れるとばかり思い込んでいた。その見通しが甘かったことを、佐野はすぐに思い知らされる。

「この声はあなたのものですね」

カーテンで外がまったく見えないワゴン車に乗せられ、日比谷の検察庁に着いた。佐野の自宅から同行した特捜部検事の早渕宏毅《はやぶちひろき》(司法修習53期、00年10月任官)の執務室で、先ほどの家宅捜索令状に記載されたものと同じ内容を告げられたが、佐野にはやはり身に覚えがない。

お金を渡して買ってきてもらったサンドイッチを食べてから再開された取り調べで、早渕がある音声データを持ち出した。

その音声がいつどこで録音されたものなのか、聞こえてくる声が誰のものなのか、佐野には当初、見当もつかなかった。そのうち一人の音声は自身のものだとわかった。早渕から「この声はあなたのものですね」と尋ねられ、「自分の声だと思いますが……」と答える。その瞬間、佐野は受託収賄の疑いで早渕に逮捕された。自宅の捜索開始から6時間後のことだった。

この音声データは、佐野と東京医大理事長の臼井、そして佐野の友人で国民民主党(現・立憲民主党）参議院議員・羽田雄一郎《はたゆういちろう》の政策顧問を務める谷口浩司《たにぐちこうじ》が3人で会食した際に隠し録りされたものだった。「第2次醍醐会食」と呼ばれることになるこの会食の音声データは、のちに検察側が事件の唯一の直接証拠として公判に提出され、3人の会話の解釈をめぐり検察側と被告側で激しい応酬が展開されることになる。

突然の家宅捜索、検察庁での取り調べ、そして予想だにしなかった逮捕。佐野は自身の身に何が起きているのかわからないまま、午後6時半ごろに身柄を葛飾区小菅にある東京拘置所に移された。

生まれて初めての拘置所で出てきた〝臭いメシ〟は、佐野の到着が夕食時間を過ぎていたため、すっかり冷え切っていた。この日はさらに午後9時から10時半まで取り調べが続いた。

佐野がこの日のことを振り返る。

「捜索令状や逮捕状には、次男が東京医大の一般入試で優遇されることを前提に、私がブランディング事業の事業計画書の書き方を助言・指導したと書かれていました。第2次醍醐会食の時点では、浪人中の次男の受験などまだまだ先の話だったし、試験で優遇されることなんて知る由もない。

確かに臼井先生とは会食したし、そこで次男の受験の話は出たけれど、ブランディング事業の事業計画書と次男の東京医大受験がなぜ結び付くのか、どうしても理解できませんでした。

特捜部の勾留請求を受けた裁判所の勾留質問に対しても、『臼井先生と会ったことはあるけれど、入試で次男の優遇措置を受けることを前提に、ブランディング事業の事業計画書に助言・指導するという話をするために会ったことは一度もなく、優遇措置を受けたことも一切知りませんでした。これはなにかの間違いです』と答えました」

こうして18年末の12月21日に保釈されるまで、171日間にわたる佐野の拘置所暮らしが始まった。

手錠姿で自宅を連れ出され

「東京地検特捜部です、開けてください」

佐野のマンション自室の家宅捜索が始まってから約2時間が経過した7月4日午前10時過ぎ、そこから直線距離で約800メートルしか離れていない赤坂アークヒルズ住居棟にあった谷口の自室にも、特捜部の検事3人と検察事務官5人が捜索にやってきた。佐野のケースとは異なり、受付にオートロックを解除させて自室に直接来訪した。

羽田の政策顧問として、永田町や霞が関を忙しく行き来していた谷口だが、この日は珍しく午前中の仕事の予定がなかった。

こういうときはマンション地下にあるスパのプールで泳ぎ、午後からの仕事に備える。検察官が乗り込んできたのは、谷口がプールに向かう準備をしているときだった。

日本体育大学ラグビー部ＯＢの谷口は、身長171センチのがっしりした体格。ラガーマンとしては小柄な部類だが、浅黒く健康的に日焼けした顔立ちからは、育ちの良さも感じさせる。

7年前に結婚した愛妻の一華《いちか》は数年前に乳がんを発症していたものの、担当医師も驚くほどの順調な回復ぶりを示し、この日も午後から病院で検診を受けることになっていた。

特捜部検事の田渕大輔《たぶちだいすけ》（司法修習52期、00年4月任官）が谷口に提示した家宅捜索令状には、佐野に示された捜索令状の内容に加え、次のような主旨の記載があった。

「被疑者谷口浩司は佐野が前記の犯行に及んだ際、その情を知りながら17年5月10日、精進料理醍醐において、被疑者佐野が被疑者臼井から前記の請託を受けるにあたり、同店での会食の場を設けて両者を面会させたうえ、同年6月上旬頃、東京都内で佐野による事業計画書の記載等についての助言・指導の内容を臼井らに伝えるなどし、佐野の前記の犯行を容易にしてこれを幇助《ほうじょ》したもので、刑法197条1項後段、62条1項の受託収賄幇助罪に該当する」

家宅捜索が始まってまもなく、谷口は田渕に「弁護士に電話させてほしい」と頼んだ。だが田渕は「ダメです」と断り、谷口が「それはおかしいんじゃないの?」と抗議しても、「おかしくないです」と取り合わなかった。

混乱のなかで家宅捜索が始まったが、田渕らが押収物を入れる袋を持ってきておらず、「紙袋が欲しい」と頼んできたことが、なぜか谷口の印象に残っている。

しばらくして田渕は、検察庁への任意同行を谷口に求めてきた。だが佐野と同様、被疑事実について身に覚えのなかった谷口はこれを拒否した。

その腹いせからなのか、田渕は「家宅捜索中は一歩たりとも外出を認めない」として、検診のために一華が病院に行くことも認めようとしなかった。谷口は猛抗議し、予定どおり一華を検診に向かわせた。

捜索は午後に入っても続き、田渕が逮捕状を請求していることに気づいた谷口は、任意同行に応じる意向を申し入れた。それを聞いた田渕は、「ダメ、もう遅い。もうすぐ逮捕状が届くから待っていて。ここで逮捕してあげるから」と勝ち誇ったように言った。

午後3時過ぎ、受託収賄幇助の疑いで逮捕状を執行された谷口は、自宅で手錠を掛けられて外に連れ出され、アークヒルズ住居棟玄関の車寄せまで歩かされた。

「逃げないんだから、手錠の必要はないだろう」と抗議しても、田渕はやはり聞く耳を持たなかった。東京拘置所に到着したのは午後5時過ぎのことだった。

身に覚えのない逮捕容疑

谷口が逮捕当日の自身の状況について回想する。

「特捜部がなぜわが家の家宅捜索に来たのか、本当にまったくわからなかった。捜索令状に書かれた僕の容疑は受託収賄幇助。捜索令状にはブランディング事業と書かれていたけれど、その時点では賢次君の医学部受験と受託収賄幇助容疑とが全然つながらず、『俺、なにか悪いことした？　してないよな。ブランディング？　それ、なに？』という感じでした。

逮捕当日夜の拘置所での取り調べで、自宅の家宅捜索にも加わっていた特捜部検事の篠田《しのだ》和邦《かずくに》（司法修習60期、07年8月任官）から『佐野さんと、臼井さんと』と言われた時点でようやく、『はぁ、そういうことだったのか』と、特捜部の狙いに気づいた次第です。つまりそのくらい、僕にはそもそも罪に問われることをした意識も記憶も存在していませんでした」

身柄を突然拘束された二人が「まったく身に覚えがなかった」と口を揃える東京医大事件。東京地検特捜部は、文科省の私立大学研究ブランディング事業と、佐野の次男・賢次の東京医大入学にどのような関連性があるとにらんだのか。

捜査の過程で明らかになった東京医大の不正入試の実態はどのようなものだったのか。大学入試での点数加算を賄賂と見做《みな》す前代未聞の手法を使ってまで、文科省次官就任が確実視されていた佐野の首を取ろうとした東京地検特捜部長の森本宏《もりもとひろし》の思惑はどこにあったのか。

まず、この事件によって表面化した私立大医学部入試の不正の実態から説き起こしていくことにしよう。基本的に文中の敬称は省略し、肩書きは当時のものとした。

第1章

不正入試

▼東京医大前で抗議する受験生たち

女子受験生への差別

文部科学省汚職事件と総称される一連の出来事のなかで、東京医科大学医学部医学科が一般入試で行っていた不正入試（受験生の不正な選抜）ほど、世間に衝撃を与えた行為はないだろう。

東京医大理事長の臼井正彦と学長の鈴木衛は、高校卒業後の経過年数が少ない男子受験生を優遇する狙いから、第2次試験の小論文で3浪までの男子受験生全員に一定の点数を加える優遇措置を講じる一方、女子受験生や4浪以上の男子受験生にはこうした優遇措置を与えなかった。

また、卒業生などの縁故者から入試での優遇を求められた受験生（縁故受験生）について、その受験生の入学時に、父兄から納付が見込まれる寄付金の額などの条件を考慮。入試の第1次試験（英語、数学、理科2科目）の合計点が合格ラインに達していない場合でも、臼井の判断によって、得点を適宜加算して合格させていた。

コンプライアンスや男女平等が当然視されるようになった現代社会で、図らずも明らかになった実態に、世論は「いったい、いつの時代の話なのか？」と呆れ返った。

これを機に実施された文科省の実態調査によって、東京医大だけでなく国立の神戸大学、私立の昭和大学、金沢医科大学、岩手医科大学、福岡大学、順天堂大学、北里大学、日本大学、聖マリアンナ医科大学の合計9校（東京医大を含めると10校）で受験生の不正な選抜が行われていたことが発覚した（聖マリアンナ医科大は否定）。

特に女子受験生への差別的な扱いが、複数の大学で当たり前のように行われていたことは世論の大きな怒りを買い、不合格にされた元受験生の女性たちが集団で大学を訴える損害賠償請求訴訟が各地で起きた。いずれも裁判所は大学側の不法行為責任を認め、原告らに対する損害賠償を命じている。

22年9月に判決が言い渡された東京医大の場合、受験1回につき20万円、得点調整がなければ合格またはその可能性があった元受験生に対しては、これに加えて100万〜150万円を支払えという内容だった。

この不正入試自体が罪に問われることはなかったが、文科省科学技術・学術政策局長の佐野太に対する贈賄罪で起訴された臼井と鈴木は公判で、「厳正・高邁《こうまい》な入試でコンプライアンスを逸脱した行為をして非常に申し訳なく、心からお詫びしたい」（臼井）、「個別の受験生の点数調整以上に、男子を女子より優先したり、男子のなかでも若い人を優先させたりしたほうが大きな問題だった」（鈴木）と反省の弁を述べた。

では、東京医大の不正入試はどのような手法で行われていたのか。具体的な中身に入る前にまず、大学医学部の歴史や受験に関する基礎的な情報から始めることにする。

1886年4月の帝国大学令施行から1919年4月の大学令施行までの間、日本政府は帝国大以外に大学としての高等教育を認めておらず、帝国大に入学するには中等学校（現在の高等学校）

を卒業して高等予備教育（旧制高校または大学予科）を修める必要があった。

当時の「医科大学」は帝国大学の分科大学で、帝国大学（1897年に東京帝国大、現・東京大）と京都帝国大学（現・京都大）で教育を受けた教授陣が、東京帝大、京都帝大、さらには先行して設置された九州帝国大学（現・九州大）、東北帝国大学（現・東北大）の医科大で高等教育としての医学教育を行った。

これと並行して、4年または5年で臨床医を速成する非大学の医師養成機関として、全国7校の官立（国立）高等中学校のうちの5校に設置された「医学部」（1901年4月に医学専門学校＝医専に名称変更）と、各府県立の「医学校」の流れを汲み、病院を母体とする「医学専門学校」も存在していた。

つまり明治から大正半ばにかけての医師養成は大学レベルの帝国大学と、専門学校レベルの医学専門学校という2系統で行われていたわけだ。

さらに1919年の大学令施行で帝国大以外の官公私立大の設置が認められると、従来の医科大学は帝国大学のような総合大学では「医学部」、医学部だけの単科大学は「医科大学」と称されることになる。大学令施行後は19年に大阪医科大学（旧・大阪府立大阪医学校、31年に大阪帝国大学医学部、現・大阪大医学部）、20年に愛知医科大学（旧・愛知医学専門学校、31年に官立名古屋医科大学、39年に名古屋帝国大学医学部、現・名古屋大医学部）、21年に京都府立医科大学（新設）の3つの公立医科大学が誕生。また、22年から29年にかけては官立の岡山、新潟、金沢、千葉、熊本、長崎の各医学専門学校が医科大学となった（これを「旧６医大」と呼ぶ）。京都府立医大は帝国大や官立大に吸収されることなく、今も公立医大として存続している。

一方、私立大では慶應義塾大学医学部（旧・慶應義塾大学医学科、総合大学化に伴い20年に医学部開校）を皮切りに、東京慈恵会医科大学（旧・東京慈恵会医院医学専門学校、21年設立）、日本医科大学（旧・日本医学専門学校、26年設立）の３校が大学令によって医学部または医科大に昇格した。

日本全国の大学医学部（医科大含む）は現在、国立大42校、公立大８校、私立大31校、それに文科省の管轄外になる防衛医科大学の合計82大学に設置されているが、前述した旧制帝大７校（北海道、東北、東京、名古屋、京都、大阪、九州）、旧制医大７校（新潟、金沢、千葉、京都府立、岡山、長崎、熊本）、旧制私立大３校（慶應、慈恵医大、日本医大）の合計17校が、伝統ある難関校として広く認知され、医学部を目指す受験生の第一目標とされている。

偏差値と学費の逆相関関係

国公立大医学部の入試の受験科目は共通試験（大学入学共通テスト）で５教科７科目、２次試験の前期日程で英語、数学、理科２科目の３教科４科目、さらに面接が課せられる。理科は大多数で物理、化学、生物の３科目から２科目選択となる（物理と化学を必須とするところもある）。私立大は３教科４科目（英語、数学、理科は物理・化学・生物から２科目選択）のところがほとんどで、２次試験では小論文や面接が課せられる。

国公立大と私立大の医学部の違いが最も明確に現れるのは、言うまでもなく卒業までの6年間に必要とされる学費の金額だ。

2021年度新入生の場合、入学金を含む6年間の学費は国立大が349万6800円（千葉大と東京医科歯科大は413万9760円）、公立大が343万6800円（大阪市立医科大の大阪市出身者）～406万800円（福島県立医科大の福島県外出身者）。国立大の学費はどの学部でも一律なので、基本的には約350万円の学費で医師になれる。

ところが、これが私立大医学部となると、学費は一桁跳ね上がる。大手進学塾「河合塾」が運営する医学部志望者向けサイト「医進塾」に掲載された、各私立大医学部の21年度募集要項に基づく試算によると、6年間の学費総額が最も安いのは国際医療福祉大学で1919万円。これでも国立大医学部の実に約5・5倍に上る。

私立大医学部では通常、偏差値と学費との間には明らかな逆相関関係がある。

偏差値は、私立大医学部〝御三家〟と称される慶大が72・5、日本医大と慈恵医大がそれに次ぐ70・0と最高レベルを誇る。逆に学費と入学金などの諸費用を合わせた6年間の費用総額は慶大が2205万9600円、日本医大が2229万7800円、慈恵医大が2281万円と、国際医療福祉大を除けば私立大医学部の最安レベルだ。

また、08年度から学費を大幅に引き下げた順天堂大学（同2080万円）には志願者が急増した結果、偏差値が慈恵医大や日本医大と同じ70・0にまで上昇し、最近では御三家とともに〝四天王〟と呼ばれたり、日本医大と入れ替わって〝新御三家〟と呼ばれたりするようになった。

その次に来るのは偏差値が67・5で、6年間の費用総額が2500万～3000万円台のグループ。東京の私立大では昭和大学医学部、東邦大学医学部、それに今回の事件の舞台となった東京医大がここに入る。いずれも1919年施行の大学令に基づき、戦前の東京に設立された私立医学専門学校が母体の歴史ある医学部（医科大）だ。

この3校と同じく戦前の医専だった順天堂大、戦時中の43年に専門部医学科から医学部への昇格を認められた日本大学医学部、それに御三家を合わせた8校を「旧設8医科大学」と総称する。

私立大医学部で費用総額が最も高いのは川崎医科大学の4736万5000円。これは東京の私立大医学部で一番安い順天堂大の2・28倍、国立大医学部のなんと13・5倍にも達する。同大の偏差値は60・0と他の私立大医学部に比べてかなり低いが、医師の資格取得に向けて5000万円近い費用を捻出するのは、一般家庭にとって容易ではない。

年間1000万円の私立、50万円の国公立

順天堂大が08年度から6年間で900万円近く値下げする価格破壊を断行して以降、東海大学（12年度以降）、東邦大（13年度以降）、昭和大（同）、帝京大学（14年度以降）がこれに続き、18年度からはついに御三家の一角を占める日本医大も値下げに踏み切った。こうした大学は受験生の人気が着実に上がり、偏差値も上昇する現象が起きている。

河合塾で長らく大学入試情報の収集・発信を担当し、現在は同塾系列のコンサルティング会社部長を務める教育ジャーナリストの神戸《かんべ》悟《さとる》氏が、医学部を目指す受験生の大学の選び方について語る。

「旧帝大とか旧6医大、私立御三家などのランキングを異様に気にするタイプと、そうでないタイプの2種類に分かれます。前者の場合は偏差値よりも、自分が目指す大学医学部の宗主国（学閥の頂点に立つ大学）はどこなのかとか、その地域の宗主国はどこなのかをかなり気にして、大学の選び方が実に保守的。受験生本人よりむしろ、保護者のほうがその類の話を口にします。

東京在住で『北大医学部なんて行かせて大丈夫かしら？』などと言う母親がいたので、『いちおう旧帝大ですから、北海道では無敵です』とアドバイスしておきましたが、そうした古い序列意識がいまだに脈々と残る独特の世界です。また、授業料が安くて偏差値の高い超難関校の私立御三家に合格しそうな受験生ほど、お金には困っていない家庭の子どもが多い」

それにしても私立大医学部で勉強するのに、これほどお金がかかるのはなぜなのか。神戸氏が続ける。

「医学部の修学期間は6年で、4年で卒業する一般の学部より学費が高くなるのは当然ですが、卒業生はほぼ例外なく医師になるという一種の職業訓練の場なので、教員を務める医師一人が面倒を見ることのできる人数には限りがあります。そのぶん、医師の数が必要となるので人件費が嵩《かさ》み、それが学費に反映される。医師の養成にはそれだけお金と手間暇がかかるのです。

入学者を増やせば学費も下げられるのですが、そこには厚生労働省の規定があるので、一学年１２０人前後しか入学させられない。その他の理由としては、施設設備費や実験実習費が必要になること。こうした費用は私学助成金という補助金や附属病院の収益、寄付金などで補充されますが、私立大への補助金は国立大に比べて大幅に少なく、どうしても学生に負担がかかります」

神戸氏はまた、「私立大医学部の学費が高すぎることが、国公立大医学部の難易度上昇を招いている」として、次のように解説する。

「順天堂大の価格破壊のお陰で、私立大医学部の授業料は確かに値下がり傾向にありますが、以前は授業料だけでなく実習費まで含めて、年間１０００万円と言われた時代がありました。そのぶん、国公立大医学部の学費の安さが際立ち、偏差値が異様に高くなってしまったのです。私立大が年間１０００万円かかるところ、国公立大なら50万円余りで済むわけですから」

私大入学者の大半は補欠合格

神戸氏が話すとおり、厚労省が大学医学部の定員数を制限しているため、一学年あたりの医学部生の人数は現在、国公私立に限らず１２０人前後に抑えられている。これでも15年前の07年度に比べると、少ないところで10人弱、多いところで50人増えているのだが、いずれにしても狭き門であることに変わりはない。

そこで医学部志望者はすべからく、自身の偏差値や親の経済力と相談しながら、国公立大医学部だけでなく、全国の私立大医学部を併願して、1月半ばから2月末にかけて、掛け持ちで数多くの大学を受験する。

その結果、私立大医学部では「正規合格者」のほか、大量の「補欠合格者」が生まれることになる。

正規合格者とは基本的に、1次試験と2次試験の点数を合計した成績が、その大学が定める一般入試の定員数の枠内で合格した受験生を指す。ただ、その人数は各私立大とも必ずしも定員どおりとは限らず、定員を上回る人数を正規合格とすることも多い。

今回の事件の舞台となった東京医大の、18年度入試の合格者数は、一般入試が正規合格者と補欠繰り上げ合格者を合わせて171人、一般公募推薦入試が20人、茨城、山梨の地域枠を設けた特別推薦入試が7人、それにセンター試験利用入試が43人の計241人で、最終的に入学したのは120人だった。

正規合格の通知を受け取った受験生の保護者は、手続き期間内に入学金と初年度の授業料を払い込むかどうかの決断を迫られる。合格発表日程の関係で、のちに合格した他大学に進学する場合でも、すでに払い込んだ入学金は返還されない。

これに対し補欠合格者は、正規合格者の入学辞退に伴う欠員の補充を目的に選出されるもので、2次試験の合格発表時に、正規合格者と併せて大学の掲示板やウェブサイト上に公表される。正規合格者の辞退状況によっては、補欠合格者全員を繰り上げ合格させても欠員が生じる可能性があるため、あらかじめ2次補欠者まで事前に決めておく大学もある。

補欠合格者の発表方法には大学ごとにばらつきがあり、「補欠合格者の受験番号を成績順に発表する」「成績順に関係なく、補欠合格者の受験番号だけを発表する」「受験生には特に発表されない」という3パターンに分けられる。

そして、なにより特筆すべきなのは、私立大医学部の入学者のほとんどが補欠繰り上げ合格者であるという点だ。神戸氏が解説する。

「国公立大医学部は私立大医学部と比較にならないほど学費が安く、国公立と私立を併願した受験生は、仮に私立に合格していても、最終的に国公立に合格すれば、ほぼ例外なく私立を辞退して国公立を選択します。こうした傾向は、どの大学でも合格できる学力を持つ正規合格者にとりわけ顕著です。

それに医大受験生の選択基準は実に保守的で、私立では慶大、慈恵医大、日本医大、順天堂大の〝四天王〟に合格すればそちらを選ぶし、その四天王でさえ国公立の伝統校には勝てず、毎年相当数の定員割れを起こします。

ましてや四天王より格下の私立大ともなると、その状況は一層鮮明になります。このため、私立大は格下になるにつれて正規合格者数を大幅に上回る人数の補欠合格者を選定しておき、入学辞退者の続出で生じる欠員を補充するのです。つまるところ、私立大医学部の実際の入学者の大半は補欠繰り上げ合格者なのです」

それでは私立大医学部に入学した正規合格者と補欠繰り上げ合格者に、入学後の取り扱いなどの面で目立った格差は存在するのか。東京医大学長だった鈴木は公判で、「そうした格差はまったく存在しない」として、次のように明言した。

弁護人　東京医大に入学する学生は、正規合格者と補欠合格者のどちらが多いのか。

鈴木　補欠合格者のほうがずいぶん多いと思います。どこの私立大医学部もそうだと思いますが、受験生は多くの大学を掛け持ちしています。そうなると1次試験を上位で通った人の多くが（併せて合格した）他の国公立大に流れてしまい、補欠が順次繰り上がるので、どうしても補欠のほうが多くなります。

弁護人　正規合格と補欠合格で、たとえば入学後の学費の負担とか、学生生活の過ごし方とか、授業の受け方とか、何か違いがあるのか。

鈴木　それはまったくありません。

正規、補欠にかかわらず医学部に入学した学生のその後についても、ごく簡単に触れておこう。1〜4年次で基礎医学や臨床医学を学び、4年次に行われるCBT試験（注：全国の医学部生が受験する全320問の択一式共用試験で、学生ごとに出題問題が異なる）と、手技など基礎的な臨床能力をみるＯＳＣＥ《オスキー》試験に合格すると、５〜６年次には大学病院や総合病院での臨床実習＝ポリクリに追われる日々が続く。少なくとも10科目はある卒業試験は６年次の９〜12月に行われ、これに合格または合格見込みになると、翌年２月に２日間実施される医師国家試験（出題数は全４００問）を受験できる。

22年２月実施の第１１６回医師国家試験の受験者総数は１万００６１人、合格者総数は９２２２人で、合格率は91・７％だった。国公私立大別に見ると国立大が92・１％、公立大が93・５％、私立大が92・４％（いずれも既卒者含む）。新卒に限ると全体の合格率は95・２％で、国立大が95・５％、公立大が95・５％、私立大が95・２％。

この高い合格率は「入学後に地道に努力すれば、各大学の偏差値ランキングとは無関係に医師になれる」という事実の証明と言える。ちなみに東京医大の合格率は既卒者込みで93・７％、新卒のみで97・５％と、ともに平均を上回っている。

東京医大の入試システム

では、ここからは東京医大が設置した第三者委員会が18年11月７日に公表した「第一次調査報告書（17年度及び18年度入試の検証報告と是正措置の提言）」などに基づいて、佐野の次男・賢次が受験した東京医大の17年度（現役時）と18年度（１浪時）の一般入試がどのような公式手続きで行われていたのか、具体的に見ていくことにしよう。

東京医大の一般入試は17年度に2832人（男子1692人、女子1140人）、18年度に2614人（男子1596人、女子1018人）が1次試験を受験した。

1次試験（英語100点、数学100点、物理・化学・生物の中から2科目各100点の合計400点満点）は基本的にマークシート式で、数学の一部で記述式が導入された。マークシートの読み取り結果はパソコンが自動的に算出して、試験当日に完了。入試を所管する教育部医学科学務課職員が、その結果をテキストデータに変換してUSBメモリーに保存し、入試用パソコンに移し替える。パソコンには入試用システムが組み込まれており、このシステムによって各受験生の成績が集計され、一覧表にまとめられた。

また数学の記述式問題の採点は試験終了後、学務課職員が受験者名を隠して仮番号を付けた答案用紙のコピーを作成し、これを採点委員の医学部医学科教授2人がそれぞれ採点。結果が大きく食い違った場合、両委員が協議して得点を決めた。

そのうえでマークシート試験と記述式試験それぞれの得点が入試用システムに入力され、両試験の合計点の高い順に受験者名を配列した「一般・1次合格者選定名簿」が作成された。

次のステップは1次試験数日後に行われる入学試験選考委員会（入試委員会）で、学務課職員から合格者選定名簿を配布された学長、副学長1人（医学科長）、副学長補2人（基礎社会医学主任、臨床医学主任）ら委員6人が合格候補者を決定する。合格候補者数は2次試験会場の定員数に合わせて決められ、その人数に達するまで成績上位者から順に合格候補者とされた。2次試験後の入試委員会とは異なり、この場では個々の受験生に関する合否判定は行わない。合格者選定名簿は入試委員会の終了後に学務課職員が回収した。

その後は学長、副学長２人、副学長補３人、大学病院長らで構成する医学部医学科教育委員会（教育委員会）と、学長、学科長３人、主任教授、大学病院長らで構成する医学部医学科教授会（教授会）の順に入試委員会での結果が報告される。教育委員会と教授会では通常、入試委員会の決定に異議が唱えられることはなく、入試委員会の決定どおりに１次試験合格者が決まり、合格発表が行われる。17、18両年度も教育委員会と教授会で特段の異議は出なかった。この３委員会の議長はいずれも学長の鈴木が務め、議事進行を司った。

この結果、一般入試の１次試験は17年度に４５３人（男子２７４人、女子１７９人）、18年度に４５１人（男子３０３人、女子１４８人）が合格し、２次試験に進んだ。

２次試験では、１次試験の成績と併せて小論文、適性検査、面接の各試験結果と、高校から送られた調査書の内容が総合的に判断された。小論文の配点は17年度と18年度で異なり、17年度は最高60点だったが、18年度は最高１００点に増やされ、総得点に占める比率も13％から20％に上昇した。

18年度一般入試から小論文の配点比率を上げた理由について、鈴木は公判で次のように述べた。

「18年度の２次試験から小論文の配点を増やしたのは、学務課から提案があったからですが、それをいつ誰が考えたのか、臼井先生に相談したのか記憶にありません。その頃は小論文の採点方法がかなり詳細になって、客観評価が結構できるようになっていました。それに医師になってもやはり文章を書く機会は多いし、そうした国語力が必要になるにもかかわらず、東京医大には国語の試験がないため、そのあたりの能力を小論文で評価しようと考えました」

実は鈴木が小論文の配点引き上げに踏み切った理由は他にもあるのだが、それは後述する。

小論文の採点では試験実施後、学務課の職員が答案用紙の受験番号と氏名を隠し、仮番号を付けた答案用紙のコピーを作成して、採点委員それぞれに渡す。これを受けて委員は答案を順次採点したうえで点数を採点表に記入し、採点を担当した全受験生の点数を一つの書面に集約。委員から答案用紙と小論文採点表を回収した学務課職員は、採点表に記載された点数を入試用パソコンに入力し（誤入力がないようダブルチェックが行われる）、2次試験後の入試委員会に提出する「一般・2次合格者選定名簿」を作成した。この名簿には受験生の氏名と受験番号が、1次試験と小論文の合計点の高い順に並べられた。

また適性検査では、メンタルヘルス科の主任教授や臨床心理士がMMPI（一定時間内に多数の質問に回答させるマークシート試験）とバウムテスト（木の絵を書かせる試験）の結果を評価。点数化されず順位も付けられない代わりにネガティブチェックの対象とされ、低評価の受験生は合否判定で慎重に検討された。そこでなんらかの問題が見受けられたり、その可能性があると判断されたりすれば、「一般・2次合格者選定名簿」の備考欄に、低評価の順にA、B、Cと記載された。

「適性検査の結果は4段階に分かれていて、極端に結果の低い方にはご遠慮いただきました。それに確か4浪以上の方も慎重に判断していたと思います」（公判での鈴木の供述）

さらに面接では受験生一人につき、医学科教授ら複数の面接委員が対応。経済力、宗教、親の職業、他大学の受験状況に関する質問が禁止されるなかで、委員たちはあらかじめ定められた質問事項が記載された面接試問評価表に基づいて質問し、それぞれが独自に採点した。面接終了後に各委員の採点結果が合算され、高い評価から順にA（6点以上）、B（5点以下0点以上）、D（−1以下）の評価が下されるが、D評価の受験生には「一般・2次試験合格者選定名簿」の備考欄に「＊」印が付けられる。この得点は1次試験の得点とは合算されないものの、やはりネガティブチェックの対象とされ、低評価の受験生は合否判定で慎重に検討された。

「2人から3人一組で面接した教授がそれぞれの結果を持ち寄り、好ましくないと感じられた部分が今後好転する見通しがあるかどうかなどを評価します。評価が極端に低かったり、問題発言をしたりする方には遠慮いただいていました」（同）

試験順位の上位に多い入学辞退者

そして2次試験の終了後、最終合格者を事実上決定する入試委員会が開かれる。この場では1次試験と2次試験の得点だけでなく、評定平均、高校時代の欠席日数、適性検査結果、面接結果、高校卒業年度なども考慮して合格者が選定された。

具体的には、学務課職員が配布した「一般・2次合格者選定名簿」を各委員がページごとにチェックして、気づいた受験生だけを取り上げて議論。適性検査結果でA、B評価とされた受験生については、メンタルヘルス科の主任教授や臨床心理士らによる判定理由が記載された資料が配布され、合否判定の際に参照された。

また、他の受験生と比べて高校卒業後の期間が相対的に長い受験生も俎上に上り、調査書の内容や高校卒業後の経歴が確認・検討された。つまり2次試験後の入試委員会は受験生全員を個々に取り上げて検討するのではなく、「問題あり」と見做された受験生のみを検討対象にしていた。逆に問題なしと判断された受験生は、端《はな》から話題にも上らなかった。

こうしたプロセスを経て「一般・2次合格者選定名簿」から不合格者を除外し、正規合格候補者と補欠合格候補者が決定された。

一般入試の上位35位までの正規合格者は、初年度納入授業料250万円と教育充実費250万円の合計500万円が免除されるため、合否判定の際はこの候補者も併せて決定された(注:センター試験利用入試の正規合格者もこの免除措置の対象とされることから、一般入試の合否判定に先立って同試験利用入試の合否判定が行われ、そこで合格とされた受験生は一般入試の合格者の選定から除外された)。

その後は1次試験後の手続きと同じように、入試委員会の結果が教育委員会、教授会の順に報告されて審議される。ともに入試委員会の結論に特段の異議を出すこともなく合格者が承認され、その結果が発表された。

佐野の次男・賢次が合格した18年度一般入試の場合、正規合格者75人（2次試験後の成績順位が87位までの受験生）、1次補欠者１００人（１８６位までの受験生）、2次補欠者61人で、18年2月17日に一斉に発表された。

私立大医学部の2番手グループに属する東京医大では例年、併願した国公立大や格上の私立大に合格した正規合格者がそちらに流れ、入学辞退者が大量に出る。

補欠候補が1次と2次に分かれているのは、1次補欠候補者を全員繰り上げ合格させても、なお欠員が生じる場合が多々あるからだ。

正規合格者の入学手続期間が2月26日に終了した後、最終的な繰り上げ合格者を決めるための入試委員会が開かれた。受験生に関する実質的な検討は2次試験後の入試委員会で行われているため、この場では学務課職員が入試システムを使って作成した「一般・補欠合格者選定名簿」をもとに、成績上位の補欠者から何人を繰り上げ合格させるかが検討され、決定後は教育委員会と教授会の審議を経ることなく合格発表が行われた。

18年度の場合、75人の正規合格者の90％にも相当する68人が入学を辞退したため、2月27日に68人（１５９位までの受験生）が繰り上げ合格者として発表されている。

この発表後、学務課は入学手続きをした繰り上げ合格者数や辞退者数を随時確認し、募集人員を割り込んだ場合はその都度、補欠合格者選定名簿の成績上位者から順に電話連絡。入学意思の有無を確認し、意思があると回答した場合には入学手続関係書類を送って、入学予定者が募集人員を下回らないよう調整した。

18年度は、繰り上げ合格者の発表後も辞退者が出たことで募集人員を割り込んだため、さらに28人（226位までの受験生）が追加で繰り上げ合格者とされ、最終的に171人が合格者とされた。端的に言えば、一般入試による入学者75人の定員枠を充たすために171人の合格者が必要だったのだ。

一般に補欠合格と聞くと、ごく少数の例外的な扱いに聞こえるが、入学者に占める割合で見ると、むしろ正規合格者のほうが少数で、大半が補欠合格者だったことがわかる。

自力で合格していた次男

1浪ののちに受験した佐野賢次の18年度一般入試の結果を見ておく。この入試の際、理事長の臼井は賢次の1次試験の点数に10点を加算している。これが佐野への「賄賂」に当たるというのが検察の主張である。

賢次の1次試験の結果は236点で、451人中169位（10点の加算がなければ226点・248位）。2次試験の小論文で100点満点中65点という高得点を上げた結果、合計301点・87位（同291点・150位）にランクアップした。

前述した18年度一般入試の合格者の実態が示すとおり、もし10点の加算がなかったとしても15

0位なら確実に補欠合格の圏内だ。彼は自身の実力で合格を手にしていたことになる。

実際には、自身の与《あずか》り知らないところで加算された10点により、賢次は正規合格者となったわけだが、それは次のような偶然によるものだった。

まず、一般入試を受けた者のなかに、センター試験利用入試で正規合格者となった者が8人おり、これらは一般入試の合格者選定から除外された。さらに適性検査や面接などの結果を反映させる入試委員会で、87位の賢次より上位の合格候補者5人が不合格と判定されたことで、賢次は同点2人の74位に浮上した。正規合格者定員枠は75人だから、結果的にギリギリ滑り込んだ形だ。

加点がなくても賢次が合格していた事実を前に、検察側は補欠合格ではなく、正規合格で入学させたことに意味があったかのように、公判でことさら強調した。だが、合格者の大半は補欠合格者であり、入学してから正規か補欠繰り上げかを問われるようなこともない。

仮に臼井が佐野に対する賄賂として、賢次に正規合格者の地位を与える意向があれば、あと1点足りなければ補欠合格になるような危ない橋を渡ることなく、最初から10点と言わず大量点を加算して、余裕で正規合格させていなければ理屈に合わない。

現に18年度一般入試の1次試験では臼井がそれぞれ49点、48点、32点を加算した受験生が実在し、全員が補欠繰り上げ合格している。

つまり、1次試験の点数に10点加算した程度では、検察側が主張する「正規合格者の地位を与えるに足りるような賄賂」となる利益とは到底言えまい。

臼井の勝手な差配により、あたかも「裏口」入学したかのような汚名を着せられながら、医師になることを目指して、賢次はいまも東京医大に通い続けている。

隠密の打ち合わせ

公平を旨とする大学入試で「加点」(点数加算)という言葉が唐突に登場することに、読者は戸惑われただろう。では、こうした加点はどの段階で行われたのか。合否判定の公式な手続きの説明だけでは、その謎は解けない。

実は東京医大では臼井理事長、鈴木学長の体制になった15年度入試以降、1次試験の採点が終了した翌日に臼井、鈴木、それに事務方の学務課長(16年度入試以降は塩田純子)の3人が密かに集まり、入試での優遇を事前に依頼された縁故受験生の成績を検討して加点する「個別調整」が行われていた。

鈴木の記憶ではこの検討会に具体的な名称はなく、単に「打ち合わせ」と呼ばれていたが、本書では検察側の呼称に従って「プレビュー」と呼ぶことにする。塩田によると、その大まかな流れは次のようなものだった。

①臼井と鈴木はプレビューまでに、各々が優遇措置の依頼を受けた縁故受験生の一覧(氏名、受験番号、縁故者の属性などを記載)を作成し、プレビューの場に持参する

②学務課長の塩田は、持参した受験生の成績一覧表(リスト)を臼井と鈴木に手渡す

③成績一覧表を受け取った臼井と鈴木は約20分間、内容を確認する。この間、二人が話し合うことはなく、独り言を口にする程度

④臼井が自身の縁故受験生を特定して加点数や希望する順位を告げ、塩田はその内容をメモする。鈴木が臼井の決定に口を挟むことはない

⑤自身の縁故受験生の加点を終えた臼井が「鈴木学長は？」などと鈴木に話を向け、鈴木が自身の縁故受験生の受験番号と氏名を告げて、臼井が加点数を決定する

⑥臼井が決めた内容をメモ用紙に書き取った塩田は学務課に戻り、入試用パソコンのパスワードを管理している学務課課長補佐の富田輝幸にメモ用紙を渡す

⑦富田は入試用パソコンにログインして、メモ用紙に記載された受験番号の受験生の得点に臼井の指示どおり加点する

同様のプレビューは2次試験翌日にも行われ、3人は縁故受験者の1次試験の4科目と2次試験の小論文の合計点を検討した。ただ、実際にそこで加点が話し合われたことはなかったという。

「若い男性を多く取りたい」

不正な加点はそれだけにとどまらない。この事件の副産物として明らかになったように、高校卒業後の経過年数の少ない男子受験生全員を対象に、2次試験の小論文の得点に一律に加点する「属性調整」が行われていた。浪人生活を送りながら懸命に医師を目指す「多浪生」と、出産などのラ

イフイベントで医療現場を離れる機会が男子より多いとされる女子受験生は、2次試験の受験で最初から不利な立場に置かれた。

18年度一般入試の場合、1次試験後のプレビューで個別調整の対象とされた受験生が、賢次も含めて6人にとどまるのに対し、一律の差別待遇である2次試験の属性調整の対象者は160人余りと、1次試験合格者全体の3分の1を優に上回り、受験生に対する悪影響ははるかに大きかった。

事件そのものの本筋とは外れるが、この属性調整の問題についても取り上げておく。

18年度一般入試では全受験生の小論文の得点に0・8を乗じたうえで、2浪までの男子受験生に20点、3浪の男子受験生に10点を加算した。その一方で、2次試験に進んだ受験生451人の33％を占める女子受験生148人と、4浪以上の男子受験生十数人に対する加点は一切行われなかった。

こうした配点のプログラムは、学務課の職員が事前に用意した複数のプログラムのなかから学長の鈴木が事前に選択。学務課職員が2次試験後のプレビュー前に入試システムを操作して、受験生の点数を改変していた。

実はこの属性調整のプログラムが東京医大の入試システムに導入されたのは、臼井の学長就任後最初の入試となった09年度一般入試から、さらに3年遡る06年度のことだった。

14年7月に学長に就任した鈴木は、17年度の全入学者に占める女子の比率が半分近くに達した事実に強い衝撃を受け、医師を養成する医科大の責任者として対策を講じる必要があることを痛感したという。

鈴木は公判で、若い男子受験生を入試で優遇した理由について、次のように述べた。

「医学部の卒業生全員が医師として働き始めるので、できるだけ医師になって、社会や我々の大学病院でしっかり働いてもらいたいという気持ちが根底にあります。ただ女性の場合は結婚、出産、育児などのライフイベントで、どうしても途中で研修が中断したり、医師としての活動をやめたりしてしまう人が一定数います。

それに正直なところ、医師は女性に向いていないと感じるところもあります。例えば大変長時間かかる手術があるとか、手術の手技の習得に長期間必要になるとか、あるいは一度手術に取り掛かれば病院に2〜3日泊まり込まなければならないとか、そうした様々な理由から女性向きではないのではないか、という科も存在しています。

大学病院からの医師派遣という面で言えば、どこの大学病院も様々な病院や施設に医師を派遣しているのですが、その際は結婚して間がなかったり、小さなお子さんを抱えたりしている女性を遠隔地に派遣するのは躊躇があります。医学部には卒業生全員が医師になる職業学校の意味合いがあるので、そうした理由から若い男性を優遇した意識はあると思います」

また、弁護人から「どの診療科に行くかは女性自身が決めることで、そのために女性を入試段階で排除するのはおかしいのではないか」と尋ねられると、鈴木はこう反論した。

「それはそのとおりですが、医師の数は決められているので、現状ではこれ以上増えることはありません。そうなると女性が数多く行く科では、女性が増えるほど男性が減っていき、その診療科の男性の数に偏りが生じて、ひいては医師全体の数そのものに偏りができます。私が見聞きする限り、これは他の大学医学部にも共通する問題です」

医療現場の責任者である鈴木の発言の是非をここで論じることは、著者の任を超えている。いずれにせよ、入学者に占める女子の比率が高まっている事態を懸念した鈴木は、18年度入試でその比率を抑える方針を打ち出した。第三者委員会のヒアリングに応じた、入試委員を含む複数の委員会の出席者によると、鈴木は18年度推薦入試の入試委員会の冒頭、「去年は女性が多かったので、今年は男性を多く取りたい」という趣旨の発言をしたという。

その結果、17年度の推薦入試では合格者28人の男女比率が半々だったものが、18年度は27人のうち3分の2の18人を男子が占めた。さらに一般入試の2次試験合格者数も17年度の男子82人、女子49人（女子比率37・4%）から、18年度は男子141人、女子30人（同17・5%）と、女子の比率が大幅に下がった。

これについて第三者委員会は報告書で、「少なくとも委員長である鈴木氏の考えによって、入試委員会の合議体としての意思決定が歪《ゆが》められ、女性に不利益な合否判定結果となった強い疑いが存在するというべきである」と結論付けている。

事件が与えた社会への影響

ここで東京医大が18年度入試で2次試験の小論文の配点比率を引き上げたことを思い起こしてほしい。その理由について、鈴木は公判で「受験生の国語能力を小論文で評価しようと考えた」と述べるとともに、属性調整につながる別の理由も語っている。

鈴木　（18年度一般入試の前に）学務課から「点数調整をするのなら、小論文の比率を少し上げるしかない」との意見が出ました。

検事　小論文の配点を高くすると2次試験後の加点幅がより大きくなり、点数調整がやりやすくなるという意味か。

鈴木　そうです。

検事　あなた自身もそれを了承したのか。

鈴木　学務課と話し合い、18年度はそれでいこうとなりました。

検事　加点自体をやめる方向で考えていたのに（注：この件は後述する）、なぜそうしたのか。

鈴木　医学部は職業学校です。大学や大学病院にとって、卒業した学生にはすぐに医師として働いてもらわなければなりません。本当は言いにくいのですが、（医師としての）女性は様々な理由から職制のパフォーマンスがどうしても男性より小さくなる。小論文（の配点比率変更）に関しては、そういう理由がありました。

ちなみに22年2月19日に公表された文科省の調査によると、全国に81ある国公私立大の医学部医学科の21年度入試で、女子の合格率が13・6%と、男性を0・09ポイント上回った。データのある13年度以降で、女子の合格率が男子を上回ったのは初めてで、女子が男子より合格率が高い大学の割合も初めて半数を超えた。これは紛れもなく、この事件が社会に与えた影響の一つだ。

20年以上前から続いていた「個別調整」

属性調整の問題はここまでにして、個別調整に焦点を移す。

東京医大の一般入試での個別調整とは、同大の縁故者からの「声掛け（依頼）」を受けた理事長の臼井が、その貢献度や関係性を考慮して、縁故者の関係者（縁故受験生）が最終的に合格できるよう、1次試験の得点にさらに点数を加算することを指す。

加点の前提条件はあくまでも1次試験の合格ラインに達していることだが、東京医大に対する縁故者の貢献度が特に高いと臼井が判断した場合には、合格ラインに達していなくても数十点加算して、最終的に合格させるケースが複数あった。

臼井が入試での個別調整の事実を知ったのは遅くとも02年頃のこと。自身が学長に就任する6年以上も前の話だ。これについて臼井は公判で次のように回想している。

「東京医大で役職者以外の職員が入試に関わるには、まず教育委員会の委員に選出され、そのなかから入試委員に推薦される必要があります。私は02年に入試委員に選出されましたが、当時の伊東洋学長が入試委員会の場で『この受験生はこういう環境にあり、こういう理由があるので、加点して得点を上げたい』と説明しました。

その頃はまだ、そうしたケースはさほど多くありませんでしたが、03年に私が大学病院長になって以降、同窓生の関係者から『うちの子が受けるのでよろしく』と依頼されることが次第に増えていき、私も入試委員会の場で、依頼された個々の受験生について『お願いします』と報告していました」

そして自身が08年10月に学長に就任すると、臼井は入試委員会の場で加点する従来の個別調整の手法を改めることにした。

検事　あなたの学長就任後、入試の方法や個別調整して合格させる方法について、先代学長の時からどう変えたのか。

臼井　入試委員会の前に縁故者の加点調整ができるように変更しました。入試委員会後の教育委員会や教授会に提出する資料の記載内容が変更になり、そうした調整や優遇ができなくなるので、そのように変えました。

検事　入試委員会後の教授会などに提出する合格者の資料に、点数まで載せなければならなくなったという事情があったのではないのか。入試委員会の前に点数自体を書き換えておかないと、教授会以降が上手くいかなくなる事情があったのか。

臼井　そのとおりです。
検事　あなたが学長になってそのように変わり、1次試験後の入試委員会の前にはすでに点数自体を加算して、その資料を入試委員会に渡すように変更したのか。
臼井　そういうことです。

また、学長の鈴木が個別調整の存在を認識したのは、理事兼大学病院副院長の立場で入試委員会のメンバーになった05年のことだ。1次試験後の入試委員会で毎年5〜6人の縁故受験生が加点を受けており、この作業は鈴木が委員を務めている間は毎年行われていた。

「当時の伊東学長は『○年卒の同窓生の関係者なので』といった表現で、1次試験での順位を引き上げて縁故受験生を優遇していたように思います。その対象となる縁故受験生は、なにも合否ギリギリのケースだけではありませんでした」（公判での鈴木の供述）

「東京医大の同窓生の子息が医師になると、病院経営上のいわゆる跡継ぎができる。跡継ぎができれば地域医療が楽に行えるだけでなく、そうした同窓生の関連でいろいろと支援がお願いしやすくなる。例えば最近の医学教育では大学病院だけでなく、地方の診療所やクリニックなどで研修することが義務付けられているので、そのような医学教育の面でも支援をお願いしやすくなるという事情がありました」（別の日の公判での鈴木の供述）

入試委員を外れてから14年7月に学長に就任するまでの間、鈴木がこうした個別調整に絡む機会はなかった。

ところが学長就任後の14年秋のある日、鈴木は臼井からとある相談を持ち掛けられる。それは、具体的には「入試委員会の場で行っている縁故受験生の個別調整のやり方について相談したい」というもの。学長の座を鈴木に譲り、理事長専任となっていた臼井は、入試委員会に出席する資格を失っていた。前述のとおり、個別調整はすでに臼井が学長時代、入試委員会の前に行う形式に自ら変更しており、入試委員会の場では行われていなかったが、長らく入試委員を外れていた鈴木は、その事実を知る由もない。そこで臼井は、学長として初めての入試を数ヵ月後に控えた鈴木とともに、個別調整のやり方について改めて検討しようと考えたわけだ。

鈴木に相談を持ち掛けた背景について、臼井が公判で語っている。

「入試委員会には学長を含めて６人が出席するのですが、それほど多くの人数で縁故受験生の順位を上げたりしていると、『東京医大は縁故受験生の個別調整をやっている』という情報が漏れるおそれがあります。（不正な縁故受験生の個別調整は）社会通念上やってはいけないとの認識があり、情報漏洩リスクを孕《はら》んでいることは常に念頭にあったので、鈴木学長に相談して私と鈴木学長、それに入試を管轄する学務課トップの学務課長の３人という、ごく限られた少人数でプレビューを行うことにしました。そのやり方に変更した後も、縁故受験生に対する優遇措置の問題が入試委員会、教育委員会、教授会で俎上に上ることはなかったと思います」

その一方、臼井から相談を持ち掛けられた鈴木は、それまでに縁故受験生の問題を認識してはいたものの、入試委員会からしばらく遠ざかっていたため、学長としてこの問題と向き合う意識が希薄だった。さらに学長就任当初の鈴木は、臼井が学長時代に引き受けていた縁故者からの声掛けの問題を正しく認識できていなかった。

「臼井先生からは『私立大学は入試でどうしても縁故受験生を頼まれることがあるので、ある程度考慮する必要がある。同窓生なら後継ぎができ、医療が維持できるようになって、特に業務面での支援をお願いしやすくなる。縁故者を優遇することで得られる寄付も（大学運営の面で）ある程度必要だ』などと言われた記憶があります。私としては例えば補欠者を順番に決めていく際、あと一人だけ決める時に同点の受験生が複数いれば、補欠者は縁故受験生にするとの理屈は納得できるものでした」（公判での鈴木の供述）

暗黙の了解

臼井が公判で明らかにした縁故受験生の定義には、①東京医大同窓生（卒業生）の子息、②東京医大同窓生のいとこの子息、③東京医大に勤務する医師の子息、④東京医大の医師と親しい、他大学医学部卒の医師の子息――など様々なケースが存在する。

臼井によると、東京医大側が縁故受験生を優遇している事実を漏らしていないにもかかわらず、受験シーズンになると東京医大関係者の名刺を持って臼井を尋ね、自分の関係者の優遇を依頼してくる医師が多かった。他大学の医師が訪ねてくるケースも珍しくなかったようだ。

「私たちのような職場は他大学の先生と横の繫がりがあるので、なにか暗黙の了解のようなものがあったのかもしれません。それは私たちの大学に限ったことではないと思っていましたし、同様のことは他大学でも暗黙のうちにあり得るのではないかと思いました」(臼井)

縁故者からの声掛けは、学長の鈴木にもあった。鈴木は公判でその実態を具体的に語った。

検事　鈴木さんの学長就任後、縁故者から声掛けがあったということだが、それはいつ頃から、どんな場面で、あるいはどんな方法で具体的に行われたのか。

鈴木　たいていは親しい同僚または同窓生が私のところにやってきて、あるいは電話だったかもしれませんが、こういうご子息がいるからという話をすることが多かったです。

検事　学長室を訪ねてくるのか。

鈴木　学長室を訪ねてくることもあれば、なにかの会議で会った時にお願いされることもありました。手紙は記憶にありませんが、電話はあったと記憶しています。

検事　親しい教授から声掛けがあったとのことだが、それはその教授の子息が受験するのか、または教授の親戚の子息が受験するのか、あるいは教授が親しい誰かから依頼を受け、その話がさらに学長のあなたに入るということなのか。

鈴木　それはいずれもあったと思います。

検事　親しい教授とはどんなレベルか。

鈴木　立場は特に決まっていません。そこは関係なく来ていました。

検事　あなたに話を持ってきた親しい教授のなかに副学長や病院長のレベルはいたのか。

鈴木　いたと思います。

寄付金額で変わる加点幅

臼井は個別調整やプレビューに対する自身の姿勢について、公判で次のように述べている。

検事　14年7月に臼井理事長、鈴木学長に移行して以降、入試のあり方に変化はあったのか。

臼井　1次試験後に限り、入試委員会前のプレビューで縁故受験生の得点調整を始めました。

検事　鈴木学長にはプレビュー導入をどのように提案したのか。

臼井　入試で様々な縁故者の便宜を図ることができれば、大学を上手く運営していけるのではないかと考えていたので、鈴木学長にお願いしてプレビューを導入しました。学長には「今年はこの程度の資金が必要で、寄付金はこの程度必要になるので、縁故者をこの程度入学させたい」と説明しました。

検事　あなた自身で学務課に加点を直接指示することはできなかったのか。

臼井　入試は学事なので必ず学長と相談してやっていました。優遇措置を依頼してきた縁故者全員に加点するわけにいきませんから。

検事　加点の際はどのような要素を考慮するのか。

臼井　少なくとも1次試験に合格していることが原則です。（一般入試の）1次試験合格者は約430人いるわけで（注：17年度は453人、18年度は451人）、そのなかに縁故受験生がいれば鈴木さんと相談して、「こういう理由だから」と話して合格させるようにしていました。

検事　依頼者との関係は考慮するのか。

臼井　東京医大にどう関与しているのかを考慮します。

検事　加点の際に影響するものとして寄付の有無や、寄付してもらえそうな金額があるのか。

臼井　影響する要素の一つです。

検事　1次試験の合格点に達していない縁故受験生に加点することはあったのか。

臼井　多くはありませんが、あったと思います。父兄が大変高名だったり、大きな病院を経営していたり、東京医大病院の医師がお世話になっていたり、寄付金額が大きかったりする縁故者の関係者がそれに該当します。

検事　あなたと仲良しだったり、寄付金を出したりする縁故者の子息でも、試験の成績があまりに悪ければ加点を見送ったことはあったのか。

臼井　ありました。

検事　このレベルの成績なら東京医大との関係性を考慮して加点するという「目安」のようなものはあったのか。

臼井　個別調整は学長と相談しながらやりますので、それはありませんでした。あまり点数の低い人を入学させると逆に学業に励まず、医師国家試験に合格しない可能性があるので、そうした人を入学させても意味がありません。

1次試験の合格点に達していない縁故受験生に加点する具体的な条件の一つとして、臼井が寄付金額の大きさを挙げている点に注目してもらいたい。

寄付金に関する供述からは、高名な眼科医でありながら、私立大という営利企業の経営責任者でもあった臼井が、私立大経営に必要不可欠な寄付金と入試との関係をどのように捉えていたのかが浮かび上がってくる。

検事　寄付金はどの程度の額のものが多かったのか。

臼井　当時（注：プレビューを導入した15年度入試の時期）の東京医大は16年11月に創立100周年の記念事業を行う予定でしたので、そのためにお願いする寄付金が約1000万円、さらに大学への任意の寄付としてお願いする寄付金が約1000万円。それが大体の基準でした。

検事　合格者全員に依頼する任意の寄付金とは別に、臼井さんに「うちのをひとつよろしく」などと声掛けしてきた縁故者の関係者に入試で加点して合格させ、その縁故者に寄付をお願いしたことがあったということだったが、そうした加点に対する縁故者からの寄付金はどの程度の金額だったのか。

臼井　加点に対する寄付というものはありません。私としては大学の100周年記念事業に対する寄付と、大学入学後の任意寄付を必ずこれだけ出してくれという二つの筋でお願いしていました。それぞれ1000万円、両方で2000万円になります。

検事　加算する点数と、お願いする寄付金額にある程度の相関関係はあるのか。

臼井　加点が多い人には寄付金を多く、加点の少ない人には寄付金を少なくという意味で聞かれていると思いますが、それとはまったく無関係に寄付金をいただいていました。

検事　加点を依頼された縁故者にお願いする寄付金額を考える要素はなかったのか。

臼井　多少はありました。加点が大きい場合でも、依頼者の大学への貢献度が高ければ、寄付金の額を少なくすることもありました。

その一方、医師養成の現場の責任者である鈴木は、理事長の臼井とは異なり、寄付金への関心がほとんどなかった。

たとえば17年度一般入試の1次試験後のプレビューでは、臼井の縁故受験生12人、鈴木の縁故受験生5人が加点を受けたが、鈴木の5人のうち4人は臼井と重複しており（注：このため、加点を受けた縁故受験生の実数は13人になる）、しかも臼井はこの4人から1000万～2000万円の寄付の約束を取り付けていた。

だが、鈴木はその事実をまったく知らなかった。自身の縁故だけで加点対象となった縁故受験生1人について、鈴木は臼井から「保護者に1000万円の寄付を依頼するよう、縁故者に伝えてもらいたい」と要請されたものの、この縁故者には連絡すらしなかったという。

鈴木は公判で、縁故受験生を優遇する個別調整を次のように総括し、複雑な心境を吐露した。

「大学側の事情があるにしても、そういう加点はやはり好ましくないと思っています。やはり入試は公正性が重要と言われていて、あまり加点するのは社会的倫理に反することにもなり、好ましくないと感じています。それにあまり点数の低い人に加点して入学させると、学力面で6年間の厳しい勉強についていけず、最終的には医師国家試験の合格も覚束なくなり、大きな問題になります。

一方で（縁故受験生の優遇措置を取り止めると）同窓生からの様々な支援が受けにくくなり、医業を円滑に進めることが難しくなると考えられるので、縁故受験生がいてくれたほうが医業を進めやすいことも確かです」

縁故受験生リスト

15年度一般入試からプレビューを導入した臼井と鈴木は1次試験後のプレビュー前、各々が縁故者から声掛けを受けた受験生について、①氏名と受験番号、②声掛けしてきた縁故者名と東京医大との関係性（たとえば東京医大同窓生なら氏名と卒業年）――などのデータを記載した2、3ページ分のリストをパソコンで作成し、プレビューの場に持参した。

寄付金を重視する臼井のリスト上には印字された情報のほか、縁故受験生の父兄が入学時に納付を確約した寄付金額や、入試前に臼井を訪ねてきた縁故者から手渡された謝礼金額などの〝裏情報〟が手書きで記載されていた。

「声掛けがあったというのは『息子が今度受験するから』という程度の意味で、東京医大を受験すると聞かされた関係者の子息をリストアップしておいたということです。彼らも『補欠合格者があと1人か2人ということになれば、同点者のなかから縁故者が優先される』という程度のことは承知していて、それを依頼してきたのだと思いますが、まさか臼井先生と私が加点していることまでは知らなかったと思います」（公判での鈴木の供述）

臼井と鈴木はプレビューの場で、学務課長の塩田が持参した全受験生のリストをそれぞれが読み込み、自身の縁故受験生の成績（科目ごとの得点と合計点、順位）を確認。持参していたリストの余白に、このデータを記入した。

そのうえでまず、臼井が自身の縁故受験生の氏名と受験番号、さらには縁故者の属性や寄付金額などの情報を公開し、基本的には自身で加点の有無や加点数を決定。次に鈴木が同様の情報を適宜公開して、臼井が加点の有無や加点数を決めた。塩田は臼井から伝えられる縁故受験生の点数と順位の改変をメモ用紙に記入した。

臼井と鈴木は自身の縁故受験生の情報を事前に交換しないため、プレビュー前に作成したリスト上には自身の縁故受験生の情報しか記載していなかった。当然のことながら、二人が互いの縁故受験生のデータを知る機会はプレビューの場に限定されることになり、二人は口頭で説明を受けた相手の縁故受験生の情報を自身のリストの余白に書き加えた。

臼井と鈴木が各々のパソコンに保存していたリストには、①自身の縁故受験生のデータだけに関するもの、②プレビューで聞いた相手の縁故受験生のデータを書き加えたもの——という2種類が存在する。①には自身がリスト作成の際に入力しなかった情報や、1次試験後のプレビューで加点する前後の合計点と順位が記入され、②には①の情報だけでなく、相手がプレビューの場で開示した縁故受験生の情報などが付け足された。このリストには言うまでもなく、2次試験後のプレビュー用のものもある。

臼井と鈴木がそれぞれ数種類作成していたリストは、公判で検察側と弁護側の双方に取り上げられ、リストに書き込まれた内容について尋問が行われた。

それは図らずも、プレビューを主導した臼井が縁故受験生に加点する際、何を重視していたのかを明らかにする場となった。実際に13人が加点された17年度一般入試の縁故受験生リストに関して、臼井に対する検察側の反対尋問でこんなやり取りがあった。

検事　これはあなたが作成、印刷して書き込みした17年度入試の縁故受験生のリストだが、受験生名の右横のカッコ内は依頼者の氏名か。

臼井　そうです。

検事　カッコ内にいくつかある10、20、１００などの記載は何の意味か。
臼井　ちょっと言いにくいですが、依頼者が挨拶に来た時に謝礼として持参した金額です。
検事　上から4番目の受験生は4桁の受験番号が手書きの○で囲われていて、他に2、済、ＯＫとある。それぞれどういう意味で、いつ書き込んだのか。
臼井　書き込んだのは1次試験のプレビュー終了後で、寄付金２０００万円、合否結果連絡済み、先方がこちらのお願いを了解してくれたという意味です。
検事　受験番号と氏名が書かれ、あなたが点数を書き込んでいるリストもあれば、このように点数以外のものが書き込まれたリストもある。こちらは一体何のために作ったのか。
臼井　同窓生がこのようにたくさん来て、縁故受験生の依頼者が誰だったのかを忘れないように作っていました。

また、別の日の臼井の公判では、寄付金と加点数との関係をめぐり、弁護人との間で興味深いこんなやり取りがあった。

弁護人　これはあなたが作成した17年度の縁故受験生の加点データだが、上から2番目、受験番号の下2桁が31の受験生は氏名横に２１６とあり、その横に＋44と記載されている。これは２１６点に44点加算したとの意味か。

臼井　そうです。

弁護人　その右横に２０００Ｋとある。２０００万円の寄付金納付見込みがあるとの意味か。

臼井　そのとおりです。

弁護人　その右横の77位２９７点とは、加点後の（2次試験結果も踏まえた）得点と順位か。

臼井　そうです。

弁護人　上から3番目以降の受験生にも何人か同じ記載がある。意味はすべて同じか。

臼井　そうです。

弁護人　リストには寄付金の数字が２０００（万円）の受験生が何人かいて、上から順に挙げていくと＋44、＋38、＋26、＋40、次の受験生はその次のページで＋35と、加点数が比較的大きい。寄付金が２０００万円と、大学に特別の利益になるような大きな金額なら加点数も大きくなるのか。

臼井　はい。

弁護人　加点後の順位を見ると、リスト1枚目の受験番号の下2桁が12の受験生は、素点が２１２なのに対し、＋40点で順位は68位と正規合格者入りするレベルになっている。さらに2枚目の上から3番目、受験番号の下2桁が71の受験生は、加点後の順位が65位と、これもかなりの高順位だ。これもやはり寄付金額が２０００万と、大学に特別な利益をもたらす高額であれば、加点幅を大きくして、より高い順位に上げてもよいとする傾向があったのか。

臼井　すべてがそうではありませんが、その傾向があったことは確かです。

ブルドーザーと呼ばれた理事長

ともに贈賄罪に問われた理事長の臼井と学長の鈴木。だが、寄付金に関する態度からもわかるとおり、二人の性格はまったくの正反対だ。そもそもこの二人、学内ではどのような関係にあったのか。

鈴木は１９４９年、愛媛県今治市の生まれ。74年3月に東京医大を卒業したＯＢだ。卒業後は広島大医学部耳鼻咽喉科で経験を積み、助教授まで務めた後、97年4月に母校の東京医大耳鼻咽喉科の主任教授に迎えられた。５年後の２００２年7月には経営を担う理事の一人に就任し、05年8月に病院副院長、08年10月に大学副学長（病院副院長併任）と歴任して、14年7月に学長に就任した。

趣味はクレー射撃と読書、それに音楽鑑賞。少し薄くなった白髪を右から左に分け、縁の細い眼鏡をかけた細身の外見からは、物静かで理想肌の医師という空気が漂う。法廷での弁護人や公判検事との受け答えは極めて理路整然として、記憶も鮮明だ。18年6〜7月に任意で何度も行われた取り調べでは、なんとか起訴を免れるため、取調検事の久保《くぼ》庭《にわ》幸《こう》之《の》介《すけ》（司法修習59期、06年10月任官）に迎合し、事実とは大きく異なる内容の供述調書にサインしたものの、起訴後は取り調べ時の供述内容を覆して無罪を主張した。

鈴木の前任の東京医大学長が臼井だ。08年10月から学長を務め、13年7月から1年間は、大学経営の最高責任者である理事長職を兼任した。3人いる副学長の一人である鈴木の学長昇任は一見、理事長職との兼任が物理的に難しくなった臼井の後継者として、順当に禅譲されたかのような印象を受ける。

ところが鈴木はその実、臼井に反対する学内関係者の推薦を受けて学長選挙に立候補し、教授会構成員による選挙によって、臼井派の対立候補を破って学長に就任していた。臼井について、鈴木は公判でこう述べている。

「臼井先生は少々の困難があっても、それをパワーで切り拓いて推し進めるというブルドーザーのような方。学事面で多大な功績を残されましたが、その一方でワンマン的、パワハラ的なところがありました。

例えば臼井先生の学長昇任の頃ですが、臼井先生の親族が経営する会社が他の病院に眼内レンズを販売し、その病院に（東京医大から）医局員が派遣されていたことが発覚し、理事会は『兼業規定に違反し、利益誘導に当たる』として、教授会が学長予定者に選任していた臼井先生の学長昇任を否決しました。最終的には教授会の方針もあって、臼井先生は学長に就任されました」

この辺りの事情は、少し説明が必要だろう。臼井には眼科学主任教授時代の06年、ファミリービジネスを問題視された過去がある。東京医大は教職員の営利企業の役員兼職を禁止していたにもかかわらず、臼井は眼科学助教授時代の85年、実母や妻、子息らとともに「有限会社オフタルモサイエンス」を設立し（06年に解散）、同社の役員を兼務。東京医大から医局員の派遣を受けていた10病院に対して、同社経由で眼内レンズを販売し、14年間にわたって総額2億円以上の手数料を受け取っていた。

この問題を受けて学内に設置された内部調査委員会は06年6月、「ファミリー企業の役員としての業務は、主任教授として利益誘導の疑惑を持たれるおそれがある、不適切なものだった」とする内容の報告書をまとめた。

このため、すでに教授会で学長予定者に選任されていた臼井の学長就任は2年間先送りされた。それでも最終的に理事会を掌握して学長就任を果たした臼井に対して、教授間で反発する声が上がった。鈴木が続ける。

「反臼井の親しい教授や耳鼻咽喉科の先輩たちから推薦されたのですが、私は理事の一人でもあり、臼井先生と対立する候補の出馬に理事会が反対していることを承知していたので、立候補するつもりはありませんでした。しかし、最終的には臼井先生と対立する彼らの熱意に推される形で立候補し、選挙では私と臼井派の候補との争いになりましたが、再投票で私が勝利しました」

だが学長就任後の鈴木は、理事長専任となった臼井との表立った対立をあえて控えてきた。もともと争いを好まない性格のうえ、それまで学事面などで大きな業績を上げてきた臼井とはできるだけ波風を立てず、様々な学事が円滑に進むよう心掛けた。ただ、実力者である臼井の仕打ちには忍耐を必要とすることもあったようだ。

「私の学長就任後、耳鼻咽喉科の後任教授を決める必要があり、その場合は所属する教室の教授が拝命することが多いのですが、臼井先生からはその候補者からの挨拶がないという理由で支援してもらえず、私としては票がまとまらずにつらい思いをしたことがありました。また、補助金関係で首尾よくいかなかった時に、臼井先生から『学長を辞めさせる』という意味の発言をされたこともあります」(公判での鈴木の供述)

それでも「学長としての業務をなるべく円滑に進めたい」と考えた鈴木は、前学長として多くの業績を上げた臼井の立場を尊重して、その指示や提言にはまず耳を傾けようと心掛けた。

学長の後悔

1次試験後のプレビューで加点対象となる縁故受験生について、「1次試験に合格していることが原則」という考えを持っていたと主張する臼井。

しかし、ここまで見てきたとおり、それは表向きに過ぎず、1次試験の合格点に達していない縁故受験生でも、実際には寄付金の多寡や縁故者の属性に応じて50点近い加点さえ罷《まか》り通っていた。すべては〝剛腕〟理事長として東京医大に君臨する臼井の胸三寸だった。

こうした状況を少しでも改善しようと動き出したのが、学長の鈴木だった。縁故受験生に対する加点幅を縮小しようと、鈴木は18年度一般入試の実施にあたり、「(1次試験後のプレビューで)加点するにしても、今年は10点までにしましょう」と臼井に持ち掛け、賛同を得た。鈴木はさらに、2

次試験後のプレビューを取り止める方向で考えていたという。

鈴木がこの行動に出たのは18年度入試が目前に迫った、17年末から18年初めのことだった。きっかけは17年夏に四国のある都市で開催された、東京医大の同窓会での出来事だ。

この会合には臼井、鈴木など大学幹部数人が出席し、終了後の懇親会で挨拶に立った臼井は「（縁故者の子息で）来年受験する人がいれば私に言ってほしい。なんとかしたいから」と発言した。ワンマン理事長の臼井にしてみれば、学内での自身の権力を誇示する狙いもあったのだろう。だが、これを聞いていた同窓生の一人が鈴木のもとにやってきて言った。

「公の場でああいうことを言うのは、マズいのではないか」

この同窓生がプレビューで行われている加点の事実に気づいているとは思えなかったものの、臼井の発言に同じ思いを抱いていた鈴木は帰京後、さっそく大学理事長室に臼井を訪ねて、「あのような場で、あのような発言をするのはマズいと思います」と釘を刺した。

「やはり（縁故受験生への）加点はよくないので、いずれやめなければいけないと考えていたのですが、こうした話が広がると加点をやめにくくなるどころか、むしろ（縁故受験生に加点しているという噂が）広がってしまうのではないかと懸念しました。そこでわざわざ理事長室まで出向き、臼井先生に意見具申したわけです」（公判での鈴木の供述）

鈴木が「今年の加点幅は10点までにしましょう」と提案したところ、臼井は「そうだね」と応じた。安堵した鈴木は、臼井の同意を得たことを学務課長の塩田にも伝えた。わざわざその時期を選んで臼井に提案を持ち掛けたことについて、鈴木は公判で次のように述べた。

「加点はやめたいとの思いが以前からあったのと、加点幅を10点程度に抑えておけば、学力に問題のある学生がそれほど入ってこずに済み、きちんと勉強した学生が医師国家試験で合格するだろうと考えていました。それに私自身、18年8月の任期満了で学長を退任する予定だったので、私の代で加点幅を10点程度に抑えておくと、次の学長が一歩前進して加点を廃止できるのではないかとの意識もあり、臼井先生にそう話しました」

ただ、鈴木は一足飛びに加点そのものを取り止める勇気までは持ち合わせていなかった。公判で鈴木は「長く続いてきたやり方ですし、あまり一度にやめたりすると、臼井先生との関係がまたぎくしゃくするのではないかと懸念しました。段階的にその方向に持って行くほうが、私にとっても大学にとっても好ましいのではないかと考えていました」と述懐した。

44人いた縁故受験生

そして迎えた1次試験は18年2月3日、東京都新宿区新宿6丁目にある東京医大キャンパスで実施され、2614人が受験した。得点結果は即日算出され、翌4日には新宿区西新宿6丁目の同大病院から程近い京王プラザホテルの一室で臼井、鈴木、塩田によるプレビューが行われている。

自身の縁故受験生リストに載せていた佐野の次男の賢次が合計226点、2614人中248位（合格者数451人）で1次試験を無事突破したことを知った臼井は、このプレビューの場で10点を加算することになるが、その場面は次章で詳しく取り上げる。

ここでは臼井と鈴木がそれぞれプレビューの場に持ち込んだ、自身の縁故受験生リストの内容に触れる。これについて臼井は公判で次のように供述した。

弁護人　このリストはあなたに声掛けがあった縁故受験生のもので、全3ページある。あなた自身が作成して18年度一般入試の１次試験後のプレビューに持ち込み、そこで示されたデータや協議した内容をあなたが手書きで付け加えている。受験生の氏名はほぼ印刷されているなかで、2ページ目と3ページ目のそれぞれ一番下のほうに、手書きで付け加えたものがあるのはなぜか。

臼井　プレビュー直前に「こういう受験生がいる」と言われて、手書きで付け加えました。

弁護人　ここには各科目の点数とその合計点、順位が書いてある。何に基づいて書いたのか。

臼井　学務課長がプレビューに持参した合格者選抜名簿です。こちらが受験番号を言えば学務課長が読み上げてくれるので、自分でデータを書き込みました。

弁護人　1枚目なら上から4番目と5番目に、氏名は印字されているのに、点数や順位が書かれていない受験生がいるが、これはなぜか。

臼井　点数と順位を聞いた時に問題外、論外の低レベルだったからです。

弁護人　受験番号１１××番（注：公判では実番号）の受験生は４科目の合計点が57点、順位２５

臼井　80位と明らかに論外の成績なのに、データが書き込まれているのはなぜか。

弁護人　成績があまりに悪いので、依頼者に不合格の理由をきちんと説明してあげないといけないと思い、備忘のために書き込んでおきました。

臼井　この資料は臼井さんが自身の縁故受験生だけを記載してプレビューに持ち込んだものだが、同じものをプレビューで鈴木さんに渡したことはあるのか。

弁護人　それはありません。

臼井　プレビューでは成績上位者から順に加点を検討していったのか。

弁護人　1次試験の合格最低点を超えた縁故受験生を中心に検討していったと思います。

臼井　氏名の読み方しか書かれておらず、紹介者名も誰の関係とも書かれていない受験生が複数いるのはなぜか。

　その情報が私の頭のなかにだけ入っている受験生です。

また臼井は別の日の公判で、この時のプレビューで鈴木と協議した内容をこう話している。

検事　18年度の一般入試の1次試験後のプレビューで、あなたと鈴木さんはまず何をしたのか。

臼井　縁故者の得点状況を確認して、例えば「何番の受験生は誰某のご子息で、1次試験にはギリギリ合格しているが、あと何点加えればよいか」という話をよくしたと思います。

検事　鈴木さんはどういう対応だったのか。
臼井　「まぁ、それでいいですね」と言ってくれることもあったし、「１次を通っていないのでそれは絶対にやめておきましょう」とも言ってくれました。
検事　鈴木さんが依頼を受けた縁故受験生に、あなたはどう対応したのか。
臼井　１次試験にきちんと合格していれば、私のほうから「加点して（順位を）上げてやりなさい」と勧めました。
検事　鈴木さんが依頼された縁故受験生は、あなたが了承しないとプレビューで加点してもらえないのか。
臼井　そんなことはありません。鈴木君が言うことに私は特に反対しなかったし、その後も鈴木君の言うとおりになっていたと思います。
検事　あなたと鈴木さんのどちらに頼んだかで、その受験生の結果が変わることはあったのか。
臼井　どちらに頼むのかは、まったく関係ありません。

臼井がこの年のリストに載せた縁故受験生は44人いたが、そのうちの10人は成績が記載されていない。これについて臼井は、公判で「リストに載せた縁故受験生は、１次試験の成績次第で加点してもよいと考えていた。だがこの10人は、合計４００点満点で50点以下と出来が極めて悪いため、成績を書き込まなかった」と話した。受験を事前に取りやめたのに、縁故者から何の連絡もなかった受験生も複数いたという。

加点対象者はどう選ばれたのか

臼井とともにプレビューに臨んだ鈴木は、縁故受験生に加点するかどうかの決断をどう下したのかについて、公判で極めて具体的に話した。

弁護人　臼井先生が加点を問題提起する形で名前が挙がった縁故受験生は何人いたのか。

鈴木　十数人ではなかったかと思います。

弁護人　それは臼井先生があらかじめリストに用意したうちの全部なのか一部なのか。

鈴木　臼井先生のリストを見ていないので明確ではありませんが、一部だったと思います。

弁護人　あなたが作成したリストの一番下に臼井氏関係とあり、5人の受験生の名前が書かれている。これはどういう人か。

鈴木　臼井先生がプレビューの場で提示したなかで、加点対象とされた5人だと思います。

弁護人　名前を出した方は十数人と言われたが、絞り込んで5人になったのか。

鈴木　そうだと思います。

弁護人　上の3人は+10とあるが、下の2人は何も書かれていない。この2人には加点しないことになったのか。

鈴木　そうです。１人は成績が良くて１００位以内なので、加点せずとも十分合格するだろうと。もう１人はかなり高齢の方ですが、順位もそこそこに良いので、２次試験を頑張ってもらえれば補欠に入るのではないかという理由だったと思います。

弁護人　鈴木さんはこの５人を知っているか。

鈴木　誰一人知りません。

弁護人　５人に絞り込んで、さらに具体的な加点は３人にしたことについて、鈴木さんも何か意見を言ったり提案したりしたのか。

鈴木　特にしていません。

弁護人　加点を全員10点までにした理由は？

鈴木　３人とも比較的成績が良くて、加点せずとも２次試験が順調なら補欠に入るだろうということと、やはり私が「加点は10点にしましょう」と事前に提案していたこともあったと思います。

弁護人　加点しなくても補欠には入ると思いながら、それでも加点した理由は？

鈴木　臼井先生からの提案なので、私にはわかりません。

弁護人　逆に鈴木さんのリストのなかで加点した方はいたのか。

鈴木　いませんでした。全般的に順位がかなり低く、加点を検討するほどのレベルに達していなかったと思います。

弁護人　成績の良し悪しとは、何番くらいが目安になるのか。

鈴木　私のなかでは、成績が悪い基準は700番、800番以下。成績が良い基準は100番以内くらいです。

実際に18年度一般入試の1次試験後のプレビューの際、鈴木が声掛けを受けた縁故受験生で加点されたケースは一件もなかった。鈴木は公判で「自分が声掛けを受けた縁故受験生の点数が総じて低かったこともありますが、自分のなかに『加点自体を減らそう』との意識があったので、そうした結果になりました」とその理由を述べたうえで、検事の「どの程度の成績なら加点する感覚だったのか」との質問にこう答えている。

「強いて言えば『10点程度の加点で済めば』という感覚はありましたが、私が声掛けを受けた成績上位の縁故受験生は200位前後だったので、その程度ならもう加点する必要はないなという感じです。そのレベルなら（補欠上位で合格できるので）強いて加点を考える必要はないし、入学後も困らないだろうと思っていました」

この不正入試問題が明るみに出た後、東京医大の内部調査委員会が発表した報告書には「臼井に逆らえば学長の地位を失いかねないと恐れた鈴木は、学長の地位に固執して臼井の言うことに従った」旨の文言が記載された。「自分は学長の地位にしがみついたり、辞めさせられるのを恐れたりする人間ではまったくない」と憤慨した鈴木は、弁護人を通じて大学と内部調査委員会に抗議文を提出している。

理事長の背信

加点数を10点に抑えようとする鈴木の意向が功を奏したのか、18年度一般入試の1次試験後のプレビューでは、臼井は前年度のプレビューで行ったような大幅加点を控えたように見える。だが実は臼井には奥の手があった。

入試用パソコンのパスワードを知る学務課課長補佐の富田に直接連絡して、鈴木には何一つ知らせることなく、自身の縁故受験生に大幅に加点するよう指示していたのだ。これについて臼井は、公判で次のように話している。

検事　18年度の入試の加点について聞く。学務課職員の富田さんを知っているか。
臼井　はい。
検事　対面か電話かを問わず、加点の件で富田さんと直接話したことはあったのか。
臼井　あります。1人か2人の名前を挙げて加点をお願いしたと思います。プレビュー前だったか、後だったかははっきりしません。

鈴木に内緒で臼井が行っていた、縁故受験生に対する大幅加点の実態は、公判での塩田と富田の証人尋問、さらには鈴木の弁護人作成の最終弁論要旨で明らかにされている。その内容のアウトラインは次のようになる。

18年度一般入試で加点された縁故受験生は臼井の関係が6人、鈴木の関係はゼロ。臼井は1次試験前の18年1月、学務課の富田に直接電話をかけて、4人から5人の受験生の受験番号を告げた後、「頼むな」と述べて、どうしても合格させたい受験生に対する加点をあらかじめ依頼した。理事長の臼井がプレビュー前に直々に電話してくるのは初めてだったことから、富田は「この受験生の1次試験の成績を合格圏内にしてほしいのだな」と受け止めた。もちろん臼井は、こうした電話を富田にかけた事実を鈴木に伝えていない。

前述したとおり、1次試験翌日の18年2月4日午後遅く、東京・西新宿の東京医大病院から程近い京王プラザホテルの一室で臼井、鈴木、塩田によるプレビューが行われた。この場で臼井が加点したのはD、E、F（賢次）の3人で、いずれも鈴木の提案どおり10点が加算された。

臼井から依頼されていた富田は、上司の塩田がホテルから戻ってくる前の同日午後5時6分、臼井から依頼のあったAに49点、Bに48点、Cに32点を加算。さらにホテルから戻ってきた塩田の指示に従って、D、E、Fに各10点を加算した。ただ富田は、臼井から電話で直接依頼されたA、B、Cに対する大量加点の事実を塩田に報告しなかった。その結果、プレビューで話題に上らなかった縁故受験生が、鈴木も塩田も与り知らないところで大量加点され、合格するに至った。また、Dについては翌5日の午後6時32分、さらに5点が加算されている。この加点が臼井の指示なのか、富田の独断なのかは不明だが、いずれにせよ鈴木はこの事実を知らされなかった。

6人の結果を加点数、最終順位、合格形態の順に記すとAが49点、137位、補欠繰り上げ合格、Bが48点、90位、補欠繰り上げ合格、Cが32点、211位、補欠繰り上げ合格、Dが15点、123位、補欠繰り上げ合格、Eが10点、36位、正規合格、F（賢次）が10点、74位、正規合格となる。

今回の事件で不正入試が表沙汰になり、図らずも臼井の背信行為を知った鈴木は、公判で次のように述べ、憤りの表情を浮かべた。

弁護人　プレビューとは別に、臼井さんが富田さんに直接連絡して、3人の受験生の1次試験の点数をそれぞれ49点、48点、32点と大幅加算した事実があった。このことは当時知っていたのか。

鈴木　知りませんでした。

弁護人　臼井さんから事前に話はなかったのか。

鈴木　ありませんでした。

弁護人　事後報告もなかったのか。

鈴木　それもありません。

弁護人　プレビューには理事長、学長以外に学務課長も加わる。なぜ3人で行うと思ったのか。

鈴木　入試は学事なので、学長が必要だろうということと、同じ理由で学務課長も必要だということ、さらに私自身にも声掛けのある受験生がいることがあるので、その3人でやることになったと思います。

弁護人　仮に臼井さんがプレビューとは別に、自分がぜひとも合格させたい受験生について、富田さんに指示して、大幅に加点して合格させるようなことが実際にあったとすれば、どういう趣旨でプレビューをやるのかという認識が変わってくるのではないか。

鈴木　そう思います。そういうことがあったとすれば、加点せずとも合格できるような人にまで加点して合格させることになります。また、私と学務課長の知らないところで、別のやり方で加点して点数を大幅に上げるとなると、私と学務課長同席で行っていたプレビューは意味をなさない、見せ掛けだけの芝居だったことになります。私は臼井先生に利用されているだけだったとも思っています。

20年7月25日の新聞報道によると、臼井は東京医大の受験生の親などから受け取った謝礼を申告していなかったとして、東京国税局から18年までの5年間で合計約1億円の申告漏れを指摘され、過少申告加算税を含めて約4000万円を追徴課税された。鈴木も同年までの4年間で数百万円の申告漏れを指摘されたが、金額面では臼井に比べて桁違いに少ない。

東京国税局は、臼井らが受験生の親などから受け取った、合格への配慮を求める手紙や受験生の氏名、受験番号、紹介者が記されたメモなどを確認しており、二人はともに修正申告している。国税局が入手した資料が検察側から提供されていることは明らかだが、入試を悪用して懐を肥やしたと、その銭ゲバぶりを非難されたとしても、臼井に反論の余地はないだろう。

白日の下に晒された〝都市伝説〟

この章の最後に、教育ジャーナリストの神戸氏に再登場いただき、臼井の主導で行われていた東京医大の不正入試について語ってもらうことにしよう。

――大手予備校で私立大医学部進学に長年携わってきた立場から、この不正入試の問題をどう見たのか。

神戸　事件が起きた18年以降さすがになくなったと思いますが、それまでの私立大医学部は御三家以外、多くの大学がなんらかの形で疑わしかった。偏差値的に何の問題もない女子や多浪生が不合格になってしまうので、医学部進学に携わる予備校関係者は「おかしいよね、不透明だよね」と話していたのですが、当の大学側が口を割らないので、こちらもそれ以上追及する手立てがない。追及したところで合否は変わらないので、泣き寝入りするしかない。

そのため女子や多浪生への差別は半ば都市伝説化していたのですが、あの事件で東京医大側が口を開かざるを得なくなり、都市伝説が実は紛れもない事実だったことが白日の下に晒《さら》されました。

その意味からも事件の意義は大きいと思います。

――公判廷での二人の供述について、どのような感想を持ったか。

神戸　「医師国家試験がある関係上、あまりに出来の悪い受験生は合格させない」という臼井被告の話は大変リアルでした。誰でも合格させているというわけではない。明文化されてはおらず、いわゆる匙加減でやっていることがよくわかります。事情を知らない人は「そんないい加減なことをやっているのか」と驚かれるかもしれないけれど、決してそうではない。「入試でこの程度の点数が取れるなら、医師国家試験もおそらく合格するだろう」という感覚的なもので上げ下げしているのです。共感してはいけないけれど、共感してしまいました。

――大学経営の責任者である臼井被告が、プレビューで加点する要素として寄付金を重視していることがよくわかった。

神戸　臼井被告の話に出てくる「寄付金2000万円を約束してくれた」というのは、縁故受験生の親が「入学後に寄付金2000万円を納めるので、ひとつよろしく」と言っている、という意味です。どこの私学も入学手続書類に「寄付金をお願いします」と入れるので、それを個々に直接「よろしく」とやるかどうかの違いです。

全学生相手にそんな真似は不可能なので、縁故入学など特殊事情がある学生の親を相手に個々にやり取りする。それは理事長、学長クラスでないとわかりません。せいぜい事務局長、学務課長まで。そうなると「これで総額1億円ほど集まった」程度のことがわかる。だけど入学後に納めてもらうから、実際に新入生の保護者が寄付金を納めたかどうかまでは確認していないと思います。例えば縁故受験生の親から「5000万円払うから子供を入学させてくれ」と頼まれて、そこそこの点数を取ったから合格させてやるとする。けれど寄付金は様々なところから入るので、その親が本当に5000万円納めたかどうかなんて、そうはチェックしていないはずです。あいつは約束を守ったかどうかなんて、おそらく見ていない。

――臼井被告は受験生の親などから5年間で約1億円もの謝礼を受け取っていた。

神戸　入試での優遇を依頼する縁故者が謝礼を持参するのは、手術を担当する医師に付け届けを渡すのと同じ感覚です。寄付金とは別に「お手数を掛けますが、ひとつよろしく。これは気持ちですので」と。そこは医学部の皆さんには普通の行為です。医学部でなければ、こんなことはありません。それに同窓生の力はやはり大きい。同窓生に「なんとか頼むよ」と言われると、どうにもならない成績の場合を除けば、1点や2点足りないのなら「まあ、じゃあなんとか」というのはあると思いますし、そうなると学校側が「くれ」と言わなくても、先方から見返りとしての寄付金を申し出てくれます。その時にこちらから「5000万で」とか「2000万で」というのはマズいけれど、向こうから勝手に2000万円寄付してくれるのなら何の問題にもなりません。開業医のほうも後継ぎがいないと困るので、子息をまず医学部や医大に入れないことには医師国家試験も受からない。そうなると１０００万円や２０００万円は決して高くはないです。それで医学部に入れてもらえるわけですから。

では、こうした東京医大の不正入試の枠組みのなかで、文科官僚の佐野の次男・賢次はなぜ臼井から一方的に10点加算されることになったのか。

第2章

「裏口入学」の真相

▼出廷する東京医大の臼井正彦前理事長(左)と鈴木衞前学長

第1志望は慈恵医大

父親が文部科学省の高官だったがゆえに、自身は何も知らされないまま大人たちの事件に巻き込まれてしまったのが、同省大臣官房長だった佐野太の次男・賢次である。事件発覚当時は東京医科大学医学部医学科1年生だった。

前章で述べたとおり、私立大医学部には補欠繰り上げ合格で入学するケースがほとんどで、賢次もその例に漏れず、実力で東京医大に補欠合格していた。ところが、臼井が一方的に10点を加算したことで、賢次は結果としてギリギリで正規合格者となった。

そもそも贈収賄事件で、請託の見返りが金銭ではなく、息子の医科大学正規合格ということ自体、極めて異例である。このため今回の事件が立件され、父親の佐野らが東京地検特捜部に逮捕・起訴されると、賢次はインターネット上で「裏口入学した」などと凄まじいバッシングの嵐に晒され、その状況は今も変わらない。

本章では、バッシングを受けながらも東京医大で勉学を続ける賢次が、どのようなプロセスを経て入学したのかを見ていく。少なくとも彼が一連の事件の最大の犠牲者であることがわかるはずだ。賢次自身が2021年3月22日、検察側と弁護側双方の証人として尋問に応じた際の証言も適宜引用する。

物語は賢次が高校3年の16年夏から始まる。

賢次自身が医学部進学を志すようになったのは、私立成蹊高2年の15年夏頃のことだ。小学5年から本格的に野球を始め、高校では1年の秋から野球部のエース投手として甲子園大会出場を目指したが、けがで整形外科の世話になる機会も多く、必然的に整形外科医の仕事に興味を持つようになった。

父親の佐野が14年2月に疲労とストレスから病を患って入院した際、担当した医師の対応に感銘を受けたことや、賢次自身が理系で、将来は理系の専門職に就こうと考えていたことも医学部を志す動機となった。父親にその考えを話したところ、かつては医学部志望だったという佐野も大賛成で、「医学部を目指すなら東京慈恵会医大がよい」と勧めた。

息子に同大を勧めた理由を、佐野は公判で次のように話している。

「慈恵医大はいわゆる私大医学部〝御三家〟と呼ばれ、慶應大、日本医科大と並ぶ私大医学部の最難関校です。自宅からも近く、一人暮らしの必要がないので費用が安く済むのと、そもそも授業料が私立大医学部のなかでは安い。息子が医学部を目指すのなら志を高く持ち、きちんと勉強して学力を身に付け、難易度の高い大学に入ってほしいと考えていました。これは息子も同じ考えでした」

甲子園を目指していた現役時代の賢次は週6日が部活動。平日は3時間練習に打ち込み、土日のほとんどは試合で潰れた。その一方で部活が休みの月曜日には英語の塾に通い、不定期で大学受験予備校「東進ハイスクール」の映像授業を週1回受講した。数学、物理、化学の理系科目が得意で、成績はクラスでも上位だったという。

16年夏の全国高等学校野球選手権大会の西東京大会で、成蹊高のエースとして同校を26年ぶりのベスト16（5回戦）にまで導いた賢次だったが、同年7月19日に東京都昭島市のネッツ多摩昭島スタジアム（昭島市民球場）で行われた対早大学院戦に11対1で敗れ、甲子園出場の夢はここで終わった。この時の活躍を伝える新聞記事のスクラップのコピーを持ち歩くほど、賢次は佐野にとって自慢の息子だった。

それまで野球漬けの日々を送っていただけに、すぐには気持ちが受験に向かわなかった賢次だが、8月下旬の引退行事を機に気持ちを受験へと切り替える。学習塾大手の「リソー教育」が経営する個別指導の「名門会」から派遣される家庭教師に英語、数学、物理を教わり、東進ハイスクールの映像授業の受講回数も増加。午前8時半から午後3時までの学校の授業が終わると、塾の自習室で午後10時頃まで自習と、一転して勉強漬けの毎日を送った。

佐野もアスリートとしての息子の集中力と突破力に期待を寄せた。というのも自身の高校時代、山岳部キャプテンだった同級生が部活動から引退した後、短期集中的な勉強で成績を伸ばし、国立大の難関校である東京工業大学に現役合格したというケースを知っていたからだ。

現役の賢次に残された時間はあと半年しかなかったが、佐野は息子もなんとか合格できるのではないかと淡い期待を抱いた。

この頃の賢次の第1志望は、佐野の勧めもあって一貫して慈恵医大。これ以外にも野球部の先輩が進学していた昭和大医学部と東京医大を候補に挙げていた。昭和大は2年次からキャンパスが東京都内に移ること（注：同大キャンパスは1年次が山梨県富士吉田市、2年次以降は東京都品川区旗の台）、東京医大はキャンパスが都内の新宿区にあることが、志望校に漠然とリストアップした理由だった。

「医師を目指す当初からずっと『慈恵医大を目指して頑張る』と父にも言っていたので、慈恵医大以外の大学はあまり考えていませんでした。野球部を引退してそう遠くない時期に、野球部の1学年上で東京医大と昭和大医学部に進んだ先輩方との食事会があり、そこで少しお話をしたので、その件を両親に伝えたことがあります。でも慈恵医大を目指してずっと頑張っていたので、『先輩が行っているから、自分も東京医大に行きたい』などと両親に話したことはありません」（公判での賢次の証言）

佐野もわずか半年の受験勉強で合格できるほど慈恵医大が簡単でないことは、重々承知していたが、賢次には「進学先のレベルは下げてほしくない。慈恵医大に受からなければ浪人もやむなし」と発破をかけた。

現役受験は不合格

賢次が本腰を入れて受験勉強に取り組み始めた16年9月頃、佐野は、羽田雄一郎・民進党（現・立憲民主党）参議院議員の政策顧問で、個人的にも親しく付き合っていた谷口浩司に対し、賢次の進路に関するアドバイスを求めた。谷口はのちに東京地検特捜部によって一連の事件のキーマン的存在とされてしまうが、この時点では誰一人それを予期していない。

「野球ばかりやってきた賢次だけど、野球を通じて知り合った医師の影響から、スポーツドクターになりたいと言っている。そうした医師になるには、どこの大学の医学部がいいの？」

鍼灸あん摩マッサージ指圧師（注：鍼師・灸師・あん摩マッサージ指圧師の3つの国家資格の取得者）と柔道整復師（注：骨折、脱臼、捻挫といった外傷を治療・回復させる技術の取得者で、接骨院、整骨院、整形外科などで勤務。施術には健康保険が適用される）の資格を持つ谷口は、政界に活動の場を移すまで、日本オリンピック委員会（ＪＯＣ）医科学委員として、世界選手権などの国際大会に出場する日本人選手に頻繁に帯同。約8年にわたり慶大や昭和大などのスポーツドクターと共に働いた経験があり、医学部入試についても知識があった。

そこで谷口はスポーツ整形に注力している大学として慶大医学部、昭和大医学部、順天堂大医学部の3校を推薦する。その理由として、①慶大は早い時期からスポーツ整形を明確に位置付け、大学病院の外来にスポーツクリニックの看板を掲げてきた歴史を持つ、②昭和大は整形外科内の一般整形とスポーツ整形とを明確に区分しており、医局もスポーツ整形に力を入れて各種現場に医師を配置している、③順天堂大には医学部とともに体育学部があり、大学内でのスポーツ整形の在り方が確立されている——などと具体的に説明した。

これを聞いた佐野が「慶大が良いのはわかるが、ハードルが少し高い。順天堂大は1年次が千葉県印西市のキャンパスでの全寮制のうえに場所が遠い」などと話したため、谷口が推薦した3校では昭和大が残った。

佐野が賢次の第1志望校に考えている慈恵医大について、谷口は「スポーツ整形ではお勧めできないが、難関校で教育レベルも高く、卒業後に医局を選ぶ際の選択肢が多い。スポーツ整形の道に進む場合も融通が利く」と判断した。旧知の臼井正彦が理事長を務める東京医大は、スポーツ整形の観点からも推薦対象に入らなかった。

「当時の東京医大の整形外科教授の専門は股関節で、しかも関節を人工関節に取り換える置換術の手術が主体だったと思います。スポーツ整形より高齢者の一般整形にウェイトが置かれていた気がしたので、スポーツ整形からは遠いと考えて、あえて勧めませんでした。ただ、調べてみると東京医大には推薦入試枠があったので、その点は佐野さんに伝えました」(公判での谷口の供述)

現役時代の17年度入試で、賢次は最終的に慈恵医大、昭和大、東京医大、東海大医学部、帝京大医学部の5校を受験した。第1志望は慈恵医大、第2志望グループが昭和大と東京医大、第3志望グループが東海大と帝京大。結果としては帝京大のみ繰り上げ合格となったが、他は残念ながら1次試験で不合格となった。ただ、7月まで野球漬けの毎日を送っていたことを考えると、短期間で必死に勉強して第3志望の帝京に合格しただけでも、佐野は賢次を誇らしく思った。

東京医大では17年2月4日に1次試験が行われ、翌々日の6日に臼井、学長の鈴木衛、学務課長の塩田純子による恒例のプレビューが行われた（注：1次試験の合格者発表は2月8日）。

臼井はこの時、賢次の受験番号、氏名、それに「官房長」という当時の佐野の肩書を、プレビューに持ち込んだ自身の縁故受験生リストの2枚目に載せていた。

プレビューで確認した賢次の成績は4科目合計で200点、順位は2832人中1051位。この年の1次試験の合格者の最低点は230点、最低順位は453位で、賢次の成績は残念ながらこれに遠く及ばない。臼井はリストに印刷した賢次の氏名の横に「200／1051」と書き足し、「加点の必要なし」との意味で、氏名と成績の上に手書きの横線を1本書き入れた。賢次の属性については、鈴木に「文部科学省高官のご子息」と伝えただけで、父親の佐野の氏名や大臣官房長という省内の地位は明かさなかった。臼井は公判で次のように話す。

弁護人　17年度の現役受験の際、佐野さんの子息に加点しようと考えていたのか。

臼井　そうです。（16年9月8日の第1次醍醐会食〈後述〉で佐野さんから）ご子息が運動をしていたり、勉強もある程度できたりする（と聞かされていた）ので、そういう人材が欲しいと思っていました。

弁護人　プレビューで佐野さんのご子息の属性をどう持ち出したのか。

臼井　「文科省でお世話になった高官のご子息」という言い方をしたと思います。佐野さんの名前は出していません。官房長という地位も出していないと思います。
弁護人　私立大学研究ブランディング事業（後述）とは何か関係があるのか。
臼井　まったくありません。
弁護人　ご子息には最終的に加点したのか。
臼井　1次試験に合格するような点数を取っていれば加点しようと考えていましたが、試験の点数が悪かったのと、順位が悪かったので加点しませんでした。
弁護人　17年度入試の前に、16年度のブランディング事業対象校の選定に漏れたという事実がある。それが理由で加点しなかったのではないのか。
臼井　まったく関係ありません。
弁護人　普通はなんの関係もない人に加点することなど考えない。なぜこの時、ご子息を縁故受験生リストに入れたのか。
臼井　欲しい人材だったからということです。
弁護人　ご子息に加点しようとしたことを、佐野さんや谷口さんに話したことがあるか。
臼井　ありません。話す必要がまったくありませんから。
弁護人　すでにブランディング事業に落選していたので、次回選定されるために恩義を売っておこうと考えていたのではないのか。
臼井　そんなことは考えてもみませんでした。

弁護人　ご子息に東京医大に入ってもらうメリットとは何か。
臼井　父親の佐野さんとも関係性ができて、東医と文科省との人脈ができるので、それで十分と考えていました。

父親に伝えられた合格ライン

臼井は、縁故者と東京医大との関係性や、縁故受験生の保護者が入学時に寄付する金額の多寡によって、合格ラインに達していなくても合格させることがあった。だが、佐野の次男の賢次に関しては、そこまでしていない。仮に賢次の合格を賄賂として、文科省高官の佐野から便宜を図ってもらう意図があれば、自身の匙加減一つでどうにでもできたにもかかわらずだ。

こうした背景は別にして、本格的な受験勉強を始めて半年も経たない賢次の学力自体、まだ1次試験後のプレビューで臼井に加点を検討させるレベルに到達していなかった。東京医大の1次試験の合格者が発表される前日（注：臼井の記憶では発表翌日）、谷口は臼井に電話して賢次の合否状況を尋ねた。臼井は谷口に賢次の合否と得点、それに合格最低点などを伝えたうえで、「順位が1000番台なので、合格はちょっと無理だった」と話した。これを聞いた谷口は「ああ、1000番台ですか。それじゃもうしょうがないですよね」などと答えて、この結果をすぐ佐野に伝えた。

また、谷口は東京医大の1次試験の合格発表に先立つ1月末、やはり賢次が受験した昭和大医学部の1次試験の合否結果と点数、順位などについて、発表前夜に同大の親しい教授に電話で尋ね、これを佐野に伝えた。昭和大、東京医大の合否結果とも、谷口が自身で培った人脈から自発的に入手したもので、佐野に依頼されて入手したものではない。

「友人や知人のご子息が受験する医学部に私の親しい医師がいる場合、その医師から聞いた点数を教えていました。インターネット時代の現代では、親子は同時に合否結果を知ることになりますが、親が少しでも先に結果を承知しておくと、ご子息の反応に多少なりとも余裕を持って対処できるということで、結果を伝えた友人から大変感謝されたことが以前ありました。佐野さんの場合もこの一環で、佐野さんから頼まれたわけではなく、親友に対してできることをしてあげたいという、私の勝手なお節介です。

当時、知り合いの医師がたまたまいたのが昭和大と東京医大の2校で、賢次君がその2校を受けた関係で合否情報を入手できたのですが、（発表日前日の）その時点ではもうまったく変更しようのないもので、それを公表少し前に教えてもらっている認識でした。もちろんこちらから加点を依頼したことなどなく、両校で不正な加点が行われている事実など知る由もありませんでした」（公判での谷口の供述）

一方、谷口から賢次の東京医大1次試験の結果を伝えられた佐野は、手帳の17年2月6日から始まる週のページの余白に「東医」と記入。その下に、上から順に「400点　200点」「1000番　230」「1051番　200」「英語×」と記入したうえで、一番上の200点を○で囲い、そこから右斜め上に矢印を引いた先に「250」と書き込んだ。これは受験雑誌などに大学医学部の合格ラインは6割（400点満点なら240点）と書かれていたため、それよりわずかに高い250点を、今後の賢次が目指すべき得点とする、という意味だった。

また「1000番　230」「1051番　200」は、谷口から「1次試験の合格ラインは230点で、その順位は1000番、賢次君は200点、1051位で不合格だった」と伝えられたため。さらに「400点　200点」と書いた右横に、少し離して「270　800人～900人」と記入したのは、谷口から「270点取れば800番から900番になる」と伝えられたからだった。

実際には東京医大の17年度一般入試の1次試験合格者数は453人で、谷口が佐野に伝えた情報には、思い違いから生じた複数の誤りが存在したが、同大の募集要項には1次試験の合格者数が記載されていないため、それが誤りであることを佐野が理解する術はなかった。

セブ島での英語合宿

佐野は、17年度の昭和大医学部と東京医大の1次試験の合格発表前日に、賢次の成績を谷口から電話で伝えられ、これを自身の手帳に記入した。佐野は公判で、谷口から聞かされた内容について次のように話している。

弁護人　「英語×」と書かれている意味は？

佐野　谷口さんから「特に英語がダメだった」と聞いた話で、そうなっています。

弁護人　谷口さんとのやり取りで、「賢次君の昭和大の入試成績で水増しを試みた」といった話はあったのか。

佐野　まったくありません。

弁護人　東京医大の1次試験は17年2月4日に行われ、2月8日に結果が発表されたが、東京医大の結果発表の前日に谷口さんとどんなやり取りをしたのか。

佐野　試験の点数と、不合格だったことを教えてもらいました。

弁護人　谷口さんはなぜ点数がわかるのか。

佐野　臼井先生とお話しされたのではないかと思いますが、私にはそこはわかりません。

弁護人　佐野さんのほうから特に教えてくれるよう、谷口さんに頼んだことはあるのか。

佐野　昭和大同様、私から頼んだことは一度もありません。

弁護人　谷口さんから「加点の補助ができる」とか「加点がない」などと伝えられたのか。

佐野　まったくありません。

弁護人　佐野さんの認識では、臼井さんから谷口さん経由で何を伝えられたのか。

佐野　息子が1次試験で不合格だったこととその成績、それに合格ラインの結果がいかなるものだったのかを教えてもらいました。

弁護人　そこから17年5月10日の醍醐での2度目の会食までの間、臼井さんとのやり取りはあったのか。
佐野　何もありませんでした。

どこからも合格通知を得られないまま、賢次の浪人生活が始まろうとしていた。昭和大と東京医大の1次試験で賢次の英語の得点が低かったと聞かされた谷口は、かつて自身が私設秘書を務めた民主党の元衆議院議員、早川久美子《はやかわくみこ》の甥が参加して高く評価していたフィリピン・セブ島の英会話合宿を思い出し、賢次が卒業式を迎えるまでの間、そこに賢次を参加させてみてはどうかと佐野に提案した。

「私は賢次君が英語を少々苦手にしていると聞いていて、今の医師は読み書き話せる英語力が非常に重視されることも知っていたので、医学部受験もさることながら、賢次君はチャンスがあれば英語力を強化しておいたほうがよいと考えていました。そんな時、雑談していた佐野さんから『賢次も受験が一段落して、まもなく浪人生として再スタートを切る。4月からは予備校が始まるので、準備させなければ』という話が出ました。私は、早川さんの甥から『英語力を上げる目的で参加したセブ島の英語合宿が非常に有意義だった』と聞かされたのを思い出し、費用も10万円程度と聞いていたので、佐野さんに『まだ時間があるので、可能なら賢次君も参加してみたら』と提案しました」（公判での谷口の供述）

谷口のこの提案を聞いた佐野は当初、セブ島の衛生状態や治安を不安視して躊躇した。だが早川の甥が同時期に合宿に再度参加する予定だったことや、佐野夫妻に海外留学の経験があることから、最終的に賢次の合宿参加を認めた。

「朝から晩までフィリピン人の英語講師と一対一で英語の授業があり、そこでは日本語が禁止されていて、ずっと英語しか話してはいけないような状態で、ご飯もそこの学校の寮で出されて、外に行くことはほとんどありませんでした」（公判での賢次の証言）

谷口は賢次から「モチベーションも上がって、これから頑張れそうです」との報告を受けた。この合宿の費用は11万円余り。佐野は手続きを代行してくれた谷口に、現金で12万円を支払って精算した。

「立派な医者になってみせる」

セブ島から帰国した賢次に、想定外の事態が出来する。３月に入り、帝京大から繰り上げ合格の通知があったのだ。帝京大は東京医大などとは異なり、２次試験合格者の発表時は正規合格者の受験番号だけを公表して、補欠合格者については公表しないシステム。このため佐野は、賢次が補欠合格者に名を連ねているのかどうか承知していなかった。最終的に賢次は帝京大入学を辞退するが、その時の心境について、佐野は公判で次のように話している。

「帝京大は第１志望ではありませんでしたが、せっかく現役で医学部に合格できたこともあり、辞退するのはもったいないのではないかということで、家族でどうするのか話し合いました。

ただ、集中して半年間勉強した結果、曲がりなりにも医学部に合格できたので、もう1年浪人すれば難易度の高い大学の医学部に受かるのではないかという結論になり、繰り上げ合格を辞退して浪人することにしました。私も浪人の経験があるので、長い人生のなかで1年や2年は集中して必死に勉強する時期があってもよいと考えていましたし、何をするにも基礎力が重要で、受験という過程を通じて基礎力を身に付けることは非常に大事だと思うので、息子にはむしろ浪人を強く勧めました」

父の勧めもあって浪人生活を決意した賢次はこの時、「浪人するからには慶應や慈恵などの難関校に絶対合格して、入院したお父さんの命を救ってくれたような立派な医者になってみせる」と話した。佐野は法廷で「その言葉を息子から聞かされた日のことが、昨日のように思い出されます」と述べたが、その声はわずかに震えたように聞こえた。

これに先立ち佐野は、医学界に幅広い人脈を持つ谷口にも、浪人すべきかどうかアドバイスを求めた。谷口は帝京大の繰り上げ合格を辞退し、賢次に浪人受験の道を選ばせるよう勧めた。

「帝京大が悪い学校というわけではありませんが、授業料が大変高額なうえ、卒業した私の友人の医師はキャリアをアップする際にとても苦労していた記憶がありました。それを考えると、高い授業料を払って帝京に行かずとも、1浪して難関校を目指したほうがよいと考え、佐野さんにもそう伝えました」（公判での谷口の供述）

賢次が自宅と予備校を往復しながら勉強漬けの毎日をスタートさせるにあたり、佐野は賢次と相談して志望校を再設定した。予備校で模擬試験を受ける際に志望校を書き込む必要があるからだ。

志望順位は現役時代から一貫していて第1志望が東京慈恵会医大、第2志望が昭和大医学部、第3志望が偏差値の高い順天堂大と日本医科大。その後は模試の成績を参照しながら、それ以外の大学の志望順位を変更し、17年4月の時点で第6志望だった東京医大は同年9月以降、第3志望に浮上した。その理由について、賢次は公判で「受験の時期も近づき、受験、志望する学校にターゲットを絞っていたというのと、偏差値のレベルの高い大学ばかりを並べていてもしょうがないので、第3志望ぐらいに中堅の東京医大を志望しました」と証言している。

駿台予備校の入塾試験で好成績を収めた賢次は、私立大医学部を志望する受験生向けの最難関コースに通うだけでなく、前述した「名門会」から派遣される家庭教師と一対一で英語を学習。さらに同じリソー教育系列のオンライン個別指導塾「スクールTOMAS」にも入塾し、セブ島在住のフィリピン人講師から週2回程度、一対一で英会話を学んだ。この頃の賢次の勉強時間は一日14〜15時間にも達していたという。

その賢次を人一倍気遣ったのが、セブ島での英語合宿への参加を提案した谷口である。ゴルフの練習やラウンドなどを通じて、15年4月頃から佐野と家族付き合いするようになった谷口が賢次と初めて会ったのは、賢次が高校2年の同年夏頃のこと。野球で肩を怪我した賢次は父の紹介で、谷口が経営する東京都目黒区の整形外科クリニックに通院し、そこに谷口が来てくれたのが、二人の交流の始まりだった。

　賢次は証人尋問で「たまにゴルフなどに行く父の友人で、医療コンサルタント、病院などを経営する人という認識でした。詳しい話を父から聞かされたことはありませんが、話していてとても優しくてフレンドリーで面白くて、医療の話もすごくしてくれて、話していると受験勉強のモチベーションがとても上がるような人でした」と谷口を評した。

大人たちのバックアップ

　佐野から「賢次は予備校から帰宅すると連日、目から出血するのではないかと心配するほど猛勉強している」と聞かされていた谷口は、少しでも気分転換になればと考えて17年7月、妻の一華と住んでいた東京・赤坂の赤坂アークヒルズ住居棟の屋上に佐野の家族4人を招き、バーベキューパーティーを開いて賢次を労った。

　パーティーもお開きになる頃、谷口が「どう？　少しは気分転換になった？」と声を掛けたところ、賢次からは少し疲れた様子が見てとれた。

「なんとか力になれないものか」と思案した谷口は、ともに参院議員の羽田の政策顧問を務める古《こ》藤《とう》信一郎《しんいちろう》に相談した。谷口同様、医療系コンサルティング会社「東京医療コンサルティング」（TMC）取締役に名を連ねていた古藤は、米国留学の経験から英語に堪能だった。そこで古藤から提案されたのが、TMCがコンサルティング契約を結んでいる通信設備工事会社「アイシン共聴開発」（現・アイシンピークス）が東京・溜池山王に構えている通称「赤坂オフィス」で、アイシンのスタッフとともに賢次に英単語のタイピングを練習させる手法だった。古藤およびアイシンも今回の事件の公判で何度も名前が出てくることになる。

「私の大学の後輩である社長の日髙正人《ひだかまさと》を含め、アイシンにはパソコンをブラインドで打てるスタッフが少なく、同社のオフィスのIT化を進めるにあたっては、スタッフにタイピングのソフトを使って練習してもらっていました。その一環として賢次君にも、タイピングしながら英単語を覚えてもらおうというのが古藤さんの提案でした。自身が米国留学中にその手法で英単語を覚えた経験を持つ古藤さんは、『英語への苦手意識を克服するには、タイピングで単語を打ち込んで覚える手法が効果的』と判断し、賢次君には17年8月下旬から2ヵ月近く、医学部受験に出題される本に登場する単語を、その本のページごとに打ち込ませていました」（公判での谷口の供述）

また谷口は17年8月、賢次を改めて慰労しようと、自宅で2度目のバーベキューパーティーを開催。谷口はこの時、スポーツドクターを志す賢次の参考になるよう、自身の友人で現役のスポーツドクターの家族を招き、その医師に体験談を語らせて賢次を激励した。

「7月のバーベキューパーティーの際に、賢次君のモチベーションを少し上げてやりたいとの思いがあり、スポーツドクターの生の声を聞いてモチベーションを上げてもらえればと考えて友人を紹介しました。友人もやはり浪人して国内の大学医学部を出た後、ひとかたならぬ苦労を重ねて東大の医局のスポーツドクターになった。そんな話を聞かせたかったのですが、当の賢次君が実に生き生きとしていて会話も盛り上がり、後から『大変参考になった』と喜んでいたので、よい機会だったと感じました」（同）

さらに17年9月頃には、やはり英語に堪能なＴＭＣ社長の尊田京子《そんだきょうこ》にも賢次を紹介し、浪人受験の中盤戦を迎えた賢次の勉強への協力を要請。18年1月末から始まる医学部受験のスケジュールに照準を合わせ、賢次がさらに学力を伸ばすにはどのようなプランを立てればよいのか、アドバイスを仰いだ。賢次のほうも、独力で医療系コンサルティング会社を立ち上げた尊田を尊敬して勉強について相談し、尊田も賢次を「非常に素朴で、率直で、いい子」と高く評価して、親身になって応じた。

疑惑を招いた次男のツイート

18年1月から2月にかけて実施される18年度入試に向けて、賢次が追い込み態勢に入った17年末、谷口は佐野に「年末年始にセブ島で行われる英語の短期集中合宿に、賢次君を行かせてはどうか」と申し出た。賢次のセブ島での英語合宿は、現役時代の同年2月以来のこと。谷口はなぜ、入試シーズン本番目前のこの時期にセブ島での短期集中合宿を提案したのだろう。この時の佐野と谷口との会話を、それぞれの公判での供述を基に再現してみよう。

谷口　尊田社長から「賢次君はこの年末年始どうしてるの？　日本はお正月ムードでなんとなくダレてしまうけれど、キリスト教国のフィリピンのセブ島では、クリスマスは完全休養でも年末年始は誰もが通常どおり働いている。私は年末年始にセブで仕事の予定が入って現地にいるので、もしよければ賢次君をセブに誘ってみてはどうかしら。私も現地でしっかり勉強を見てあげられると思うよ」と提案がありました。どうしますか？

佐野　飛行機の移動時間が無駄なんじゃない？　万一のことがあると困るし、受験目前のこの大切な時期に、下痢などで体調を崩すのも心配だ。息子のことをいつも気にかけてくれるのはありがたいけど、この時期に海外渡航して勉強させるなんて、いくらなんでも強引じゃない？　今回はさすがに難しい。

谷口　確かに初めて東南アジアに行く日本人は、現地の水道水や氷にあたって下痢することも多いけれど、今回は現地事情に精通した尊田社長が現地で賢次君をきちんと管理してくれるので、そのあたりの心配は無用です。

この説明を聞いた佐野は「確かに正月に家にいるとダラけてしまう可能性がある。集中してたっぷり勉強できるなら、海外での短期合宿も有効だ。今年2月の合宿の後、英語がかなり伸びた事実もある。それならこの際、セブ島で短期集中して頑張らせてみよう」と思い直し、反対する妻の佳代を説き伏せて賢次のセブ島行きを認めた。

17年12月28日に成田を発った賢次は英語を集中して勉強し、年明けの18年1月2日に帰国。佐野に「集中して効率よく勉強できた」と報告するなど、本番に向けて手応えを感じている様子だった。

賢次の報告が嘘ではなかったことは、その11日後に行われた大学入試センター試験で早くも明らかになった。名実ともに受験シーズンの幕開けを告げるこの重要な試験で、賢次は英語200点満点中190点、数学同172点、物理100点満点中93点、化学同87点と、私立大医学部受験で必須の4教科合計で平均90％以上という高得点を叩き出した。特に苦手だったはずの英語は、95％という極めて優秀な成績。結果を聞いた佐野は「本番を迎えて、いよいよ波に乗ってきた」と、息子を頼もしく感じた。

ところで賢次は浪人中、いかにも18歳の少年らしい無邪気な文章を自身のツイッターに数件投稿している。これが佐野らの逮捕後にインターネット上に晒され、「東京医大の入試で加点されることを、父親からあらかじめ聞かされていた証拠」などと邪推されて、世論の大バッシングを浴びるきっかけとなった。こうしたツイートの文章の真意について、賢次本人が法廷で証言した内容をここで記しておこう。

●17年5月3日の記述「浪人して良かったー！！！！！！」について

「現役時代に東京医大を受験した時に隣に可愛い子が座っていて、その子が浪人の時の予備校でたまたま一緒で、それで嬉しくてそのツイートを書き込みました」

●17年11月9日の記述「俺ら間違いなく日本で一番幸せな浪人生だわ、受験やめよっかな」について

「塾の後、友達と一緒にいた時に、タレントの橋本環奈さんとお会いしてとても嬉しくて、ウケ狙いでそのような書き込みをしました」

さらに、法廷では取り上げられなかったが、17年12月28日午後9時半過ぎの「センター16日前なのに俺セブ島で何してんだっていうね　ここで年明けます来年もよろしく☀」というツイートもある。これはセブ島のホテルの自室写真などとともに投稿され、ホテル到着後のツイートとみられる。弁護人から「証人がしたツイートは、受験で優遇されるなどという話とはまったく関係がないということか」と尋ねられると、賢次は「はい、ありません」と明確に答えた。

こうした賢次の一連のツイートについて、検察側が「東京医大の一般入試で賢次に加点されることを佐野があらかじめ認識していて、それを賢次に伝えていた証拠」などとして採用した事実はない。佐野も公判で「世間一般では『すでに東京医大に前もって合格をお願いしているので、それがわかっていて、息子をセブ島にバケーションに行かせた』などと揶揄されていますが、そういうも

のではまったくありません」と断言している。
ただ、常にネタに飢えているネット民にすれば、賢次のこのツイートが事件を煽る格好の材料になったことは否めない。

検察も実力での合格を認める

18年度の浪人受験で、賢次は両親と相談のうえ、最終的に杏林大学医学部（1次試験1月19日）、日本医科大（同月22日）、昭和大医学部1次募集（同月26日）、帝京大医学部（同月27日）、北里大学医学部（同月28日）、東邦大医学部（同月31日）、東京医科大（2月3日）、東京慈恵会医科大（同月5日）、日本大医学部（同月8日）、東海大医学部（センター試験利用）、昭和大医学部2次募集（3月3日）の10校を受験（注：昭和大は1校として計算）。うち帝京大、北里大、東邦大、東京医大、慈恵会医大、東海大の6校で1次試験を突破し、最終的には東京医大に正規合格、帝京大、東海大に補欠繰り上げ合格した。

1月後半に1次試験を実施する大学は2月上旬に2次試験を行うため、佐野は2月上旬に1次試験を実施する大学の入試が極力連続しないよう、1週間かけて妻の佳代とともにタイムテーブルを作成した。

前述したとおり第1志望は難易度が高く、学費が安く、自宅から近い慈恵医大、第2志望は国際面に力を入れており、賢次が志すスポーツ医学でも先進的な昭和大、第3志望が伝統校で自宅から近い東京医大、そして第4志望が東海大と帝京大になった。賢次の合否について、佐野は浪人生の賢次を常に慮ってくれた谷口に1次試験から結果を伝え、特に見事合格した場合には速やかに報告した。センター試験の成績を利用して1次試験に合格した東海大に関しては、例年の結果から推測して合格する可能性が極めて高いと伝えた。

第2志望である昭和大医学部の1次募集の1次試験は1月26日に実施された。谷口は前年と同様、合格発表前日に賢次の合否結果を教えてくれるよう、同大の親しい医師に依頼。1月30日に件の医師から電話で聞かされた結果は残念ながら不合格だったが、賢次の成績は4教科合計で400点満点中276点（得点率69％）と、合格ラインにわずか9点足りない惜敗だった。

もちろん佐野から事前に頼まれたわけではなかったものの、谷口はさっそく佐野に電話して賢次の合否と成績、それに1次試験の合格ラインを伝え、佐野はそれまでの習慣どおり、自身が日々使っている手帳にその内容を書き取った。谷口は「あと少しで合格だったので残念ですが、昭和大の難しい問題でここまで取れた。他はどこでも受かりますよ」と佐野を励ました。

昭和大医学部（1次募集）の1次試験結果の発表と同じ1月31日、賢次は東邦大医学部の1次試験を受験。そこから中2日の2月3日、今度は第3志望の東京医大の1次試験に臨んだ。臼井と鈴木の縁故受験生に関するプレビューが行われたのは、その翌日の4日である。

二人は前年度と同様、各々の縁故受験生の受験番号、氏名、さらには縁故者の属性と東京医大との関係性などをパソコンで入力したリストを事前に作成し、これを印刷してプレビューに持ち込んだ。臼井は4種類作成したリストの1つを持ち込んでいたが、3ページ目の一番上に賢次の受験番号と氏名、さらにその右横に（文科）と記載していた。ここまでは1年前とほぼ同じだ。

臼井と鈴木はまず、学務課長の塩田が持参した、全受験生2614人の1次試験の結果を記載した資料のなかから、それぞれの縁故受験生をピックアップ。彼らの得点と順位を確認したうえで、臼井が中心となって、加点の有無と、加点する場合の点数を決めた。検察側はこの時の経緯に関して、冒頭陳述要旨で次のように主張している。（傍線は著者）

> 平成30（2018）年度の入学試験において、次男は東京医大、帝京大及び東京慈恵会医大を含め、医学部医学科合計10校を受験した。それらのうち東京医大においては、（中略）**次男の成績は合計400点満点中226点で、順位は受験者2614人中248位であった。**
>
> （中略）
>
> 被告人臼井は**次男の成績について、1次試験の合格ラインには達していたものの、**例年の状況に照らすと、1次試験における次男の順位や得点では、2次試験の結果も踏まえた最終合格者の決定にあたっては、正規合格できないことはもとより、補欠合格も困難であるものと認識した。そこで被告人臼井は、被告人佐野が平成29年度ブランディング事業の事業計画書の記載について助言・指導してほしいとの被告人臼井の依頼に応じてくれるなどしたことへの礼として、次男の1次試験の得

点に加点して賢次を合格させたいと考えた。
被告人臼井は被告人鈴木に対し、次男が平成29年度ブランディング事業に関し、被告人臼井の依頼に応じて申請書類の記載の助言・指導をしてくれた文部科学省幹部の子息である旨を改めて伝えたうえで、１次試験の得点を10点加点する旨提案した。被告人鈴木は、学長の立場からこれを承認し、次男の１次試験の得点に10点が加算されることになった。（中略）その結果、次男の成績は合計で２２６点から２３６点となり、順位は２４８位から１６９位に上昇した。

検察側も賢次が実力で１次試験を突破したことは認めており、それを冒頭陳述にも明記しているのである。そこには「臼井と佐野の間で入学時の寄付金納付の約束が交わされていた」という記述も、「１次試験で不合格だった賢次は、プレビューで臼井に10点加算されて２次試験に進んだ」という記述もない。２次試験後に賢次が74位で正規合格するまでの経緯は後述するが、読者はまずこの事実を深く脳裏に刻んでもらいたい。

「正規合格させるつもりはなかった」

臼井は公判で、プレビューの様子や賢次に10点加算した理由をこう話している。

弁護人　あなたは18年度一般入試の縁故受験生のリストを４件作成し、うち１件をプレビューに持ち込んでいる。それには手書きでメモがいろいろ書き込まれているが、持ち込まなかったリストA（注：実際は検察側が提出した証拠の分類番号、以下同様）2枚目の下から3番目に「1963　佐野賢次（ブランディング　文科）」、リストB3枚目の上から3番目に「1963　佐野賢次（ブラン）」とあり、プレビューに持ち込んだリストC3枚目の1番目に「1963　佐野賢次（文科）」とある。賢次君の現役受験の時のリストには、佐野さんの属性を官房長と書いていたが、ここで（文科）とだけ記載しているのはなぜか。

臼井　佐野さんが官房長ではなかったからです（注：当時の佐野は科学技術・学術政策局長）。

弁護人　プレビューで鈴木学長に「この受験生の父親には、ブランディング事業の際にお世話になった」と話したのか。

臼井　話していません。

弁護人　プレビューに先立って鈴木学長にそう話したことはあるのか。

臼井　必要がなかったので、話していないと思います。

弁護人　1次試験後のプレビューで佐野さんの子息に加点した理由は何か。

臼井　有為な人材であるし、ご子息に入ってもらえれば佐野さんとの人脈もできます。ご子息の1次試験の得点は248位で、合格していました。

弁護人　17年度の文科省のブランディング事業でお世話になったので加点したのか。

臼井　まったく関係ありません。佐野さんにブランディング事業で特に何か具体的なことをしてもらったわけでもなく、17年5月31日には（東京医大の事業計画書案を確認して助言・指導をしてもらいたいという）こちらの依頼をまったく無視される状態でした。

弁護人　ブランディング事業支援対象校に選定された後に入試があり、そこでご子息に加点して、ご子息が合格している。客観的に見ると疑わしいのではないのか。

臼井　関係ありません。

弁護人　佐野さんのご子息の得点に10点加算するのに何か基準はあったのか。

臼井　特にありませんが、10点加算すると順位が２４８位から１６９位に上がるので、私のこれまでの経験上、補欠合格できる程度の点数にはなると考えて加点しました。

弁護人　ご子息を正規合格させるつもりがあったのか。

臼井　まったくありませんでした。私の経験では、ご子息の順位で10点加算する程度では、正規合格には届かないからです。

また臼井は公判で、リスト上の佐野の属性表記がそれぞれ異なる点や、属性にブランディングという表現を使っている点を問われ、次のように答えた。

「入試では（優遇措置を）頼んでくる人が非常に多いので、記載漏れがあってはまずいと思い、リストはプレビューに持ち込まないものも含めて（何パターンか）毎年作っていました。リストＡでブランディングと記載したのは、佐野さんの肩書が官房長ではなくなったので、関係を覚えやすい事項としてブランディングとかブランという書き方にしたと思います。リストBでブランとしたのは単にその時の気分で、リストCで文科としているのは余白の幅の関係です。余白に手書きでデータを加えたリストは、2次試験後のプレビューにも持ち込んだと思います」

さらに臼井は同じ公判で、佐野の属性を鈴木にどのように伝えたかについて「『去年と同じ文科省の人のご子息』という言い方をしました。鈴木学長には『今までの自分の経験から考えて、10点加点してもよいか』と尋ねて、特段の反対もなく同意してもらえたと認識しています」と答えている。

なぜ10点しか加算しなかったのか

その鈴木の18年6月28日付の検察官面前調書（検面調書）には次のような記載がある（谷口の弁護人の最終弁論要旨から引用、傍線は著者）。

「年によって変動はありますが、私は、例年の状況からして、第1次試験で160番台か170番台であれば、第2次試験の結果にもよりますが、補欠合格できる可能性が高いと考えていました。臼井理事長は長年、東京医大の入試に携わっていた方ですから、私よりもそのへんの感覚に優れていると思いますが、賢次君の順位に関しては、私と同じような感覚を持っており、賢次君の248位という順位を成績表で確認した際、『このままだと危ないから、10点加点しよう』という趣旨の発言をしました。成績表を見れば、賢次君の点数を10点加算すれば160番台から170番台くらいまで順位が上がることはすぐにわかりましたので、この**臼井理事長の発言は、点数を10点加算して、補欠合格できる可能性が高い１６０番台から１７０番台くらいまで順位を上げようという意味の提案であることは明らかでした**」

　つまり鈴木も臼井と同様、１次試験は合格したものの、現状では賢次が補欠合格できない可能性もあるので、補欠合格できる可能性が高い順位になるまで加点する、という認識だった。

　また鈴木は公判で、１次試験後のプレビューに持ち込んだ自身の縁故受験生リストの余白に書き込んだメモに関する質問にこう断言している。

弁護人　あなたが１次試験後のプレビューに持ち込んだリストには、点数や順位とは別に関係性についても書かれている。臼井先生関係の縁故受験生には5人ともそれぞれ何か書かれていて、賢次君に関しては「文科省」となっているが、これはどういう意味か。

鈴木　臼井先生が言われた関係性をそのまま書いています。官房長などの役職までは聞かされていません。賢次君の名前を聞いた際に「前年度のプレビューでも出たな」という記憶はありませんでした。

弁護人　佐野さんの子息の加点を了承する際、ブランディング事業を念頭に置いて了承したのではないか。

鈴木　それはありません。

弁護人　プレビュー時に臼井先生から「佐野さんにはブランディング事業の申請でお世話になった」という話は出たのか。

鈴木　それもありませんでした。

さらに鈴木は公判で、プレビューでの段取りに関して「まず臼井先生が依頼を受けた縁故受験生、次に私が依頼を受けた縁故受験生の順に協議して、その点数や順位を確認し、臼井先生が加点の有無や加点幅を示します。その流れで佐野さんのご子息にも同じようにしたと思います」と説明。検事の質問には以下のように答えた。

検事　18年度一般入試の1次試験のプレビュー前に、佐野さんのご子息に関して臼井さんから何か聞かされていたことはあったか。

鈴木　「去年も受けた佐野さん」と言われた記憶はありますが、時期ははっきりしません。1次試験後のプレビューではなかったと思うので、プレビュー前の可能性がありますが、明確には覚えていません。1次試験後のプレビューで臼井先生から「文科省関係の人」という以外の話は出なかったと思います。佐野さんのご子息に10点加算する件は臼井先生から出ましたが、理由の説明はなかったと思います。

検事　10点加算すれば順位はどのくらいに上がるのか、話はあったのか。

鈴木　その点は学務課長とその都度話し合いながら決めているので、話はありました。
検事　臼井さんが佐野さんのご子息に加点する理由を考えたことはあったのか。
鈴木　その時の加点対象は佐野さんのご子息だけではなかったので、特に考えませんでした。加点幅が10点になったのはおそらく、私が臼井先生にあらかじめ「今年の加点は10点くらいにしましょう」と言っていたことと関係があるのではないでしょうか。
検事　それまでのプレビューでの協議に文科省関係者が出てきたことはなかったと述べたが、本当に不審には思わなかったのか。
鈴木　特に思いませんでした。

ある程度の配慮

18年2月7日午後4時に発表された東京医大の1次試験の結果について、佐野は自身がインターネットで調べたのか、妻の佳代か賢次からなんらかの形で伝えられたのか定かではないものの、発表から1時間以内に吉報を知った。この時点で帝京、東海、北里、東邦に次ぐ5校目の1次試験突破である。佐野はこの吉報を谷口に電話ですぐに伝えて、息子の快進撃を喜び合った。

それから約3時間後の午後8時31分、臼井は賢次の1次試験合格を伝える電話を、佐野ではなく谷口にかけた。

「遅くなって悪かった。もう聞いているかもしれないが賢次君、1次試験合格おめでとう。2次試験もこの調子で頑張って、と伝えてください。一応、報告の電話でした」

この時点の谷口はすでに佐野からの報告を聞いていたが、臼井は賢次の合否結果を常に気にかけている谷口を早く喜ばせてやろうと考えて電話したという。佐野に直接祝意を伝えなかった理由を公判で尋ねられた臼井は、「確かにそのとおりですが、佐野さんに連絡するのは敷居が高い感じでした」と話している。

谷口は臼井に対して、合否発表の前日にその結果を伝えてくれるよう、あらかじめ依頼していた。だが臼井からの連絡はなく、そうこうしているうちに佐野から1次試験合格の知らせが先に届いた。谷口は臼井に「夕方に佐野さんからお電話いただきました。わざわざご報告いただき、ありがとうございます」と礼を述べて、1次試験の点数や順位を問い質すことなく、4分弱で電話を切った。

「臼井先生のほうから点数や順位の話はなく、賢次君も合格したので、私も『まぁ、いいか』と考えて、何も聞かずにそのまま電話を切りました」（谷口の公判での供述）

それでも臼井がわざわざ電話で祝意を伝えてくれたことを多とした谷口は午後8時37分、佐野に電話して「臼井先生からご丁寧に合格通知の電話が来ました」と話した。

「わざわざご丁寧に。本来は私のほうからご報告すべきだった。電話いただいたのなら、お礼を言わなくては」

こう考えた佐野は午後8時52分に臼井に電話したものの、すぐに留守番電話に切り替わった。そこで佐野は電話を切って谷口にかけ直し、「臼井先生に電話したが、出なかった」と報告した。

臼井はその夜のうちに佐野から着信があったことに気づいたものの、すでに深夜の時間帯であることを考慮して、翌朝、登庁前の佐野に電話して祝意を伝えようと考えて就寝した。

翌2月8日午前7時17分、臼井は佐野の携帯電話を鳴らした。ところが朝が苦手な佐野は、この電話に半ば寝惚けた状態で対応してしまった。この時の状況について、佐野は公判で次のように話している。

「当日の私の出勤時間は午前9時で、前夜の就寝時間が遅かったため、(臼井から電話をもらった時間は)電話に出ても目が覚めていない状況で、ベッドの布団のなかで臼井先生の話を聞いていました。先生からは『息子さんが1次試験に合格してよかった。2次試験も面接と小論文があるので頑張ってください』と言われ、私も『ありがとうございます』と答えたのですが、呂律が回らず、非常に失礼な態度だったと思いました。

そこで(電話を切った後)きちんと起きて顔を洗い、こちらから電話して『先ほどは寝惚けていて申し訳ありません』と謝罪したところ、臼井先生からは改めて『1次試験合格おめでとうございます、2次試験頑張ってください』と言われたので、それが先ほどいただいた電話の趣旨とわかり、すぐに電話を切りました」

ところで佐野の弁護人の最終陳述要旨によると、18年7月15日付の臼井の検面調書には、この電話での会話の際に、臼井が「ご子息の件ですが、こちらでもある程度の配慮はいたしましたけれども、1次試験には通りましたから」と話したと記載されている。検察側は冒頭陳述要旨にもこの供述を引用している。（傍線は著者）

「被告人臼井はその頃、被告人佐野に電話し、『ある程度の配慮はいたしました』旨言ったうえで、次男が1次試験に合格した旨や、2次試験の面接や小論文による試験を受験するうえでの留意点を伝えた」

検察側のこの主張に対し、佐野と臼井は公判でそれぞれ次のように真っ向から反論した。

弁護人　その電話で臼井先生から「ある程度の配慮はしました」などと言われたのか。

佐野　そんな恩着せがましい言葉を聞いた覚えは一切ありません。どれほど寝惚けていても、私の頭のなかに「ある程度の配慮」という言葉の概念、息子に対する配慮という概念はまったく残っていません。仮にそうした言葉を言われていれば、間違いなく聞き直しています。「ある程度配慮しました」などという言葉を聞いた覚えは一切ありません。

弁護人　他に臼井さんの裁量で賢次君の点数を操作したと言われたことはあるのか。

佐野　配慮や加点とかいう言葉は一切言われていません。

弁護人　合格発表の件で佐野さんに電話した際、「私のほうである程度の配慮はいたしました」と言ったのか。
臼井　まったく言っていません。
弁護人　はっきり記憶にあるのか。
臼井　あります。

最下位で正規合格に

1次試験を突破した賢次は18年2月10日、2次試験の小論文、面接、適性検査に臨んだ。翌11日には臼井、鈴木、塩田の3人が鈴木の学長室に集まり、2次試験を終えた各々の縁故受験生の成績をプレビュー。自力合格した1次試験の後のプレビューで臼井から一方的に10点を加算され、順位が248位から169位に上がっていた賢次は、2次試験の小論文で65点を獲得し、この時点で順位が87位に上がった（10点加算がなければ150位）。2次試験後のプレビューでは、縁故受験生に対する加点そのものが行われなかった。

プレビュー3日後の2月14日午前、学長の鈴木が主催する入試委員会が開かれた。出席者が学務課作成の「一般・2次合格者選定名簿」を1ページずつ確認しながら、面接や適性検査などで留意すべき項目が存在する受験生について協議した結果、プレビューを終えた時点で賢次の上位にいた2次試験合格候補者が13人も除外される予想外の事態が出来（うち8人はセンター試験利用合格候補者）。このため、プレビュー終了時点で補欠候補者上位の87位だった賢次の順位はさらに繰り上がり、2月17日午前11時に発表された2次試験の合格者では同点2人の74位と、最下位ながら正規合格者となった。

この間の経緯に関して、検察側は冒頭陳述要旨でこのように主張する。（傍線は著者）

被告人臼井は（入試委員会が開かれた）2月14日の夕刻、被告人佐野から電話を受け、次男の合否について尋ねられた。

被告人臼井は合格者の選定等を行う入試委員会や教授会には出席していなかったことから、被告人佐野から電話を受けた時点では次男が正規合格者となることまでは知らなかったため、被告人佐野に対し、最終的な合格者については調整中であるものの、**次男は80位台であり、補欠合格は確実である旨を伝えた。**

これに対し被告人佐野は、被告人臼井に「補欠合格ではなく正規合格させてほしい」旨依頼し、自ら手帳に「80番　補欠　調整中」と記載した。

2次試験後のプレビューが2月11日に終了し、入試委員会が開催される前日の13日午後9時8分。臼井は現状を説明する目的で谷口に電話した。この電話について、谷口は公判で次のように説明している。

「用件は賢次君の2次試験の発表のことだったと思いますが、臼井先生はいつにもましてダミ声というか声が枯れていて、何を話しているのかわからない。（直前の2月8〜10日に右眼の緑内障の手術で入院して）とても疲れているのか、本当に聞き取りづらかったのですが、70、80と数字がなんとか聞こえて、最後に『まだ決まっていない』と話していました」

要するに、病み上がりの臼井がダミ声で話した内容から、谷口が理解できた内容は、①70、80という数字、②2次試験の結果はまだ決まっていない——というわずか2点だけ。公判で検事に「なぜ臼井さんに改めて確認しなかったのか」と問い質された谷口は、「臼井先生の声が聞きづらいうえに、一年で一番多忙な時期なのだろうと考えて、そんな時に何度も電話するほうが失礼かなと思いました。その数字が大事な意味を持つとは別に思わず、特に聞き直す必要はないと思いました」と述懐している。

臼井との会話を2分余りで終えた谷口は午後9時11分、佐野の携帯電話に連絡した。この時の二人の会話を、それぞれの公判での供述をもとに再現する。

谷口 臼井先生から先ほど電話がありました。東京医大の2次試験の結果は、現時点ではまだ正規合格も補欠合格も決まっていないようです。それから70、80という数字を話していましたが、なにしろダミ声で何を言っているのかよくわかりませんでした。臼井先生から言われたそのままをお伝えしておきます。

佐野 結果はまだ出ていないのですね。臼井先生は他に何かおっしゃっていましたか？ その70、

80というのは何の数字だったのでしょう。

谷口　1次試験の合格者は450人（注：正しくは451人）いたらしく、これはあくまでも私の推測ですが、おそらく70番台が合格、80番台が補欠合格または不合格という意味ではないでしょうか。賢次君もまだどうなるのかわからないようです。臼井先生は最近また手術をしたようで、体調が相当悪そうでした。体調が悪すぎて、3月いっぱいでリタイアするという噂です。

佐野は谷口から聞かされた情報を、自身が使う18年の手帳の2月12日から始まる週の欄外に「450名↓」、そのすぐ下の2月12日の欄に、上から順に「70番　正規」「80番　補欠」と記入。さらにその右横に少し空けて「2／13　調整中」と書き込んだ。

この意味について、佐野は公判で次のように説明している。

「私が谷口さんから（2月13日に）聞いた内容は、450人の1次試験合格者がいて、2次試験ではその結果が70番の者は正規合格になり、80番以降については補欠合格になる、2月13日時点ではまだ正規合格者も補欠合格者も決まっていないということです。70番、80番という数字は息子の順位を書いたものではありません。息子の順位というより、一般的に450人の1次合格者がいて、70番は正規合格になり、80番以降は補欠合格になるが、まだ補欠合格も正規合格も決まっていないという一般論を聞いて書いたものです。調整中という言葉は、私たち役人が対外的によく発するもので、ここでも『まだ決まっていない』という意味で使っています」

佐野は各大学医学部の定員が国公私立を問わず１００人から１２０人と知ってはいたが、東京医大の一般入試の具体的な募集定員や正規合格者の人数までは把握していなかった。佐野には新しく知った重要情報をメモにして書き込む習慣があり、一般論ではあるものの、東京医大では70番までが正規合格、80番以降は補欠合格という情報は、重要かつ自身が初めて認識したものだったため、あえて手帳に書き入れた。

また、この記載内容について、前述した検察側の冒頭陳述要旨では、佐野が2月14日午後5時過ぎ、自身の執務室から臼井と電話で話している最中に書いたものとされている（この時の会話内容は後述する）。だが、実際には手帳に「2月13日」と日付が明確に記されており、検察側が完全に事実誤認したか、佐野にとって不利な材料を少しでも増やそうと、事実と異なる内容を意図的に認定したとしか考えられない。佐野は公判で次のように述べている。

弁護人　記載右側の「2月13日　調整中」の意味は？

佐野　谷口さんから電話で聞いたのが2月13日だったので、その日の時点では補欠者、正規合格者はまだ決まっていないという意味で書いています。

弁護人　検察官冒頭陳述では、この手帳の記載は18年2月14日に書いたものとされている。

佐野　2月13日と書いてあるので、2月13日に聞いて書いたものです。

弁護人　13日の谷口さんとの電話で、賢次君の順位が80番台と知ったのか。

佐野　そのような話はまったく聞いていません。

弁護人　13日の谷口さんとの電話で、賢次君が補欠の上位に位置していて、確実に繰り上げ合格できそうだと知ったのか。

佐野　それもまったく聞いていません。補欠の上位にいて確実に合格しそうだと言われていれば、その情報が最も重要になります。この場合ならここに80番台とか、補欠確実とか、補欠合格の予定などと、そうしたことを必ず書きますが、そのようには書いていません。

それに佐野はそもそも、東京の私立大医学部に絞って受験する賢次が合格するのなら補欠で当たり前、と考えていた。前章で医学部受験のカラクリを詳細に説明したが、佐野も公判で医学部受験の〝常識〟を披瀝している。

「私立大医学部に正規合格するには、国立大医学部に合格するくらいの偏差値でないと難しいと言われています。私立大医学部の正規合格者は国立大との併願組がほとんどで、併願組は（学費の安い）国立大学に合格するとそちらに流れてしまいます。実際には私立大医学部の入学者の大半が補欠合格者であるという事実は、受験雑誌などでは常識なので、仮に息子が合格するなら補欠だと思っていました」

谷口からの電話で賢次の合否や順位が判明しなかったことから、佐野は谷口との電話を切った後の2月13日午後9時25分、インターネットの検索画面に「東京医科大学、補欠合格」と入力した。

「賢次が東京医大に合格するのなら補欠」と端から認識していた佐野は、「東京医大の補欠合格者が多いほど、賢次が受かる可能性も高くなる」と考えて、前記の二つのキーワードを入力、過去数年間の同大の補欠合格者数を検索したというわけだ。谷口からの電話で「補欠」という言葉が出たとも、このタイミングで「補欠合格」と検索する動機になった。

さらに佐野は手帳の2月17日の欄に「東医合格発表」、その右横に「補欠者を含む」と書き込んだ。この日は午前11時に東京医大の2次試験の合格者が発表されることになっていたが、なぜ「補欠者を含む」と記入したのか。

「前年度の帝京大の合格発表の際、息子の受験番号は合格者のなかにありませんでした。ところが何日か経った後、繰り上げ合格ということで私に電話がありました。そのため私は、『補欠者は発表されず、のちに電話で繰り上げ合格者として連絡が来る』と思い込んでいたのですが、2月7日に北里大の合格発表があり、息子の番号は補欠者として公表されていました。その時初めて、補欠者を発表する大学があることに気づき、東医が補欠合格者を発表するのかどうかを調べてみると、どうやら発表しそうなことがわかりました。そこで備忘のため、事前に東医合格発表の次に『補欠者を含む』と書き込み、合格発表時には補欠者もきちんとチェックするよう自分に言い聞かせておこうと考えたのです」（公判での佐野の供述）

読者はすでにおわかりだろう。検察側が主張するように、仮に佐野が臼井から「賢次の順位は80番台」と聞かされていたのなら、その時点で賢次の補欠合格はもう確実だ。あえて佐野が補欠合格者数について検索する必要も、手帳に「補欠者を含む」と書き込む必要もなかったのである。

佐野から依頼はあったのか

佐野が谷口と電話で禅問答のようなやりとりをした翌日の2月14日夕方、谷口が別件で佐野の執務室を訪ねてきた。二人の間で打ち合わせする案件が短時間で終わると、佐野が「そういえば昨日の臼井先生の話、あれは何が言いたかったのかな？　谷口さん、なんだと思う？」と、前日の谷口と臼井との会話の件を再度持ち出した。その後、臼井に連絡しておらず、新たな情報を持ち合わせていなかった谷口は佐野にこう勧めた。

「なにしろダミ声だったので、70、80とか、それ以上のことは私にもよくわかりません。それほど気になるのなら、佐野さん自身で臼井先生に直接電話して尋ねてみてはいかがですか？　今日はもう、結果が出ているかもしれませんよ」

このアドバイスに従って、佐野は執務室から臼井の携帯電話に直接電話することにした。谷口も佐野の隣に座り、電話から漏れ伝わってくる臼井の声に耳を傾けた。実はこの前日、賢次は第1志望で最難関校の慈恵医大の1次試験に合格していた。同大の2次試験は4日後の2月18日。猛勉強を1年間続けてきた息子がその成果を挙げているのを受けて、この時の佐野には三つの思いがあったという。

「一つ目は臼井先生が昨日の会話で谷口さんに何を言ったのか結局わからなかったので、それが知りたいという思い。二つ目は昨日の慈恵医大の1次試験の合格発表で息子が合格していたので、この調子なら東京医大も合格するのではないかという思い。三つ目は東京医大の入試結果がもう出ているのなら、それを知りたいという思いです。臼井先生に何かをお願いしようと考えて電話したのでは、もちろんありません」（公判での佐野の供述）

佐野が臼井に電話をかけたのは午後5時14分。「もしもし、佐野でございます。大変お世話になっております」と丁重な姿勢をとった佐野に対し、臼井は「はい、何の御用件でしょうか」と、いつになく他人行儀でぶっきらぼうな反応だった。佐野は即座に「なにか取込み中なのかな、変な時に電話しちゃった、やめればよかったな。早く切らなきゃ」と後悔の念に駆られた。

実は臼井はこの時、右眼の緑内障の手術を終えて退院したばかりだった。体調は最悪で、夕方早い時間にもかかわらず、すでにベッドで臥せっていた。しかも前年末からはストレスに起因する鬱病を発症するなど、心身ともにどん底の状態。そんなタイミングで佐野は臼井に電話をかけていた。

臼井のぶっきらぼうな反応に戸惑いながらも、前日に谷口から聞かされた臼井の発言の意味を問い質そうと考えた佐野は、臼井に「昨日は谷口さんにどんなお話をされたのでしょう？　谷口さんから聞いた内容が、私にはよくわかりませんでした」と尋ねた。臼井は懸命に様々な話をしてくれているように感じたものの、体調がとても悪い様子で、いつも以上にダミ声で滑舌が悪い。臼井がいったい何を話そうとしているのか、また実際に何を話しているのか、佐野には皆目見当がつかなかった。
「お互いに話はしているのですが、双方向の意思疎通が成り立っているとか、筋の通った会話をしているといった状態ではなかったことをよく覚えています。会話では時々、臼井先生が前日の谷口さんとの会話で発したという『70正規、80補欠』という単語が含まれているように思えましたが、それが賢次のことを言っているのか、それとも一般論なのか、私にはまったくわかりませんでした」（公判での佐野の供述）
困り果てた佐野はとりあえず「はい、はい」「そうですか」「ええ、ええ」などと、臼井が発する言葉に型どおりの相槌を打ち続けた。
「通常の会話でも、相手が発した言葉で全体の流れがわからなかった場合、相手のその言葉をそのまま繰り返すのはよくあることです。例えば相手が『補欠』と言えば『補欠ですか？』と尋ねたり、『正規』と言われれば『あぁ、正規ですか』と言ったりするのは特段珍しいことではなく、この時もそう答えたように思います。最後に臼井先生から『合格発表を見てください』と言われたのはよく聞き取れたので、結果がまだ出ていないのだから合格発表を待つのは当然と考えて、それ以上聞き直さずに『そうですね』と返答しました」（同）
結局、佐野は臼井の話の中身がよくわからないまま電話を切った。臼井の体調が悪いのは明らかで、しかもその最初の反応がどこか他人行儀でぶっきらぼうだったため、「まだ2次試験の結論が出ていないことは理解できた」と判断した佐野は、臼井をそれ以上問い詰めなかった。公判での谷口の供述によると、佐野は二人の電話での会話を隣で聞いていた谷口にこう話した。

佐野 確かに谷口さんが言うとおり、まずダミ声ではっきり言ってよくわからなかった。結局、結果はまだ出ていないようなので、合格発表を待つしかないですね。

谷口 そうでしょう、だから私が言ったとおりだったでしょう。臼井先生、もうヤバいんじゃないかな?

その後、賢次の正規合格が判明した2月17日午前11時過ぎに、佐野が臼井に合格を報告する電話を入れるまでの間、臼井からの連絡はまったくなかった。佐野は公判で、弁護人の質問に次のように答えている。

弁護人 検事は2月14日午後5時過ぎの臼井先生との電話で、佐野さんが『補欠ではなく正規にしてくれ』と頼んだ」としているが、実際にそうした依頼をしたのか。

佐野 この法廷でここまで申し上げたことがすべてで、そのような依頼は一切していません。入学者選抜試験と言われる入試は入学できる資格がある者を選考するもので、補欠合格であれ、正規合格であれ、入学者を選抜する意味では、法的性格はなんら異なるものではないと思います。経済的負担の面から見ても、入学金や授業料は補欠も正規もまったく変わりありません。また、本人の入学後、補欠合格か正規合格かで差別を受けることもまったくありません。一般的に私立大医学部の入学者は補欠合格者が非常に多いと言われ、合格するのなら補欠で十分と思われます。補欠では駄目で、正規合格を望むという理由は見当たりません。それが私の認識です。

弁護人　検事は、臼井先生が2月13日の時点で谷口さんを通じて、佐野さんに「次男は80位台で、補欠合格は確実」と伝えたと主張している。そのようなことを伝えられていたとすれば、14日の佐野さんの臼井先生に対する電話はどうなっていたと思うか。

佐野　私が13日午後9時過ぎの谷口さんとの電話でその話を聞いていたとすれば、わざわざ次の日に臼井先生に電話する必要はまったくありませんでした。

弁護人　2月14日午後5時過ぎの臼井さんとの電話で、賢次君は補欠合格者の上位に位置していて、確実に繰り上げ合格できそうだと聞かされたのか。

佐野　まったく聞かされていません。補欠合格者の上位に位置していて、確実に繰り上げ合格できそうだと聞かされていれば、その言葉は非常に重要なので、2月14日の出来事として確実に手帳にメモして残していると思います。手帳のメモを見ていただいてわかるとおり、私は重要なことは必ず後で見てわかるようにしています。その記載が手帳にないことは、手帳を見てもらえば一目瞭然です。私が2月14日に臼井先生から電話で聞いた内容は、谷口さんから聞かされた内容を上回るものではありません。

弁護人 東京医大の入試の合否は何で決まると思っていたのか。

佐野 募集要項に書いてある1次試験の結果と2次試験の面接、小論文、適性検査で決まるものと考えていました。息子の受験前に東京医大の募集要項を見て、他の大学と異なり適性検査があることも知っていました。それ以外の要素でも決まるなどとは思ってもみませんでした。

「検事に忖度して言ってしまった」

この電話のやり取りに関する臼井の記憶は、佐野や谷口のものとは少し異なっていて、その原因は主に臼井の体調に起因するものと考えられる。このため臼井が話した内容が佐野に正しく伝わっていなかったり、佐野が尋ねた内容を臼井が誤って聞き取ったりした可能性は大いにある。少し長くなるが、この電話での佐野とのやり取りに関する、臼井の公判での供述を紹介しておく。弁護側の主尋問に、臼井はこう話している。

弁護人 18年2月14日午後5時14分からの佐野さんとの電話で、「正規でお願いします」という発言はあったのか。

臼井 それはありません。「正規じゃないんですか」という言葉は出てきたと思いますが、「正規でお願いします」という言葉は出ていないと思います。
弁護人　検事には「佐野さんから『正規でお願いします』と依頼された」と供述したのか。
臼井　正規とか補欠とかいろいろなことが（頭のなかで）ゴチャゴチャしていて、また「正規じゃないんですか」みたいな言葉もあったりして、最終的に想像したような形で、推論と言いますか、推察したような感じで喋ってしまいました。
弁護人　検察官の前では「依頼の趣旨だった」と話したのか。
臼井　依頼の趣旨かどうかですが、逆に（私が）「そのように（「正規じゃないんですか」と）言われた」と話したら、検察官から「それは依頼の言葉じゃないか」と言われて、そのままになったような感じがします。

また、検察側の反対尋問には次のように供述している。

検事　佐野さんとの電話では、2次試験結果について「正規とか補欠とか話したような気がする」と答えているが、実際にはどう話したのか。
臼井　その時の正規、補欠という話は、正規なら70番台まで、それ以降が補欠と話したと思います。ご子息は補欠合格者のトップに近い成績で、学務課職員から87番くらいと聞いた記憶があるので、そう話しました。佐野さんからは「正規じゃないんですか」と言われたと思いますが、私はご子息が補欠のトップのほうにいるとわかっていたので、なんとも答えませんでした。補欠の上のほうにいることは言ったような気がします。

検事 それは「正規じゃないんですか」と聞かれるより前か後か。

臼井 前だった気がします。「正規じゃないんですか」と尋ねられたように聞こえたのですが、なにしろその時は私も調子が悪くて、夕方でもう休んでいたので、記憶が定かではなく、状況としては悪い時でした。

検事 「補欠では不満で、正規がいいんだ」と考えなかったのか。

臼井 その時点では辞退者（注：臼井は合格発表前の入試委員会で決まる不合格者と、合格発表後の入学辞退者とを一貫して混同しており、ここでは不合格者が正しい）が多いなど、よほどのことがない限り順位は前後しませんので、正規かどうかは言えない状況でした。正規は75位までで、87位が正規になるには13人辞退しなければならないので、あの時点で13人は辞退しないのではないかと考えていました。

検事 取り調べの際、2次試験の合格発表日（2月17日）数日前の出来事として、谷口さんに「ご子息は80番台で間違いなく補欠合格にはなる。正規の75番以内に入るかどうかは入試委員会で決まることだ」と伝えた、と話していないか。

臼井 取り調べではそう話したんだと思います。

検事 取り調べでは「佐野さんとの電話で『次男は80番台で補欠の1番のグループにいる。この順位なら必ず受かる』と伝えると、佐野さんが『補欠はちょっとねぇ、正規のほうがいいですよ、正規でお願いします』と言ってきた」と供述していないか。

臼井　検察官には「2月14日夕方に佐野さんから電話をもらい、正規か補欠かいろいろ話しているうちに、佐野さんから『正規じゃないんですか？』と尋ねられた」と話したのですが、取調中は結構調子が悪く、「佐野さんから『正規でお願いします』と言われた」というところは、実際は検察官に忖度して言ってしまったと記憶しています。

10点加算は賄賂に当たらず

2月17日午前11時に東京医大の2次試験合格者が発表され、賢次は同点最下位ながら正規合格者に名を連ねた。結果を確認した佐野は発表7分後に臼井に電話を入れて、第一声で「合格しました」と報告。臼井は賢次が正規合格するとまでは考えていなかったものの、「それはよかった、おめでとうございます。これからも勉強が大切なので、ご子息に頑張るよう伝えてください」と応じ、佐野も「ありがとうございます」と儀礼的な挨拶を返して、わずか36秒で電話を切った。賢次を応援してくれた谷口にも、佐野がこの吉報を伝えたことは言うまでもない。

この時点では翌18日に賢次の第1志望校である慈恵医大の2次試験が、さらに3月3日には第2志望の昭和大医学部の2次募集の1次試験が控えており、「私立大医学部入学は補欠合格が当たり前」と考える佐野が、臼井に「正規合格したので東京医大に入学する」などと宣言するはずもない。その後、佐野が臼井と接触する機会は4月7日の東京医大入学式まで一度もなかった。

浪人受験した賢次が東京医大の18年度一般入試で収めた成績を、ここで改めて整理しておこう。18年2月3日に２６１４人が受験した1次試験の4科目合計点は４００点満点中２２６点、順位は２４８位（合格点の下限は２１７点、４３７位）で合格。翌4日の１次試験後のプレビューで臼井が個別調整して10点を加算したため、賢次の得点は２３６点となり、順位も１６９位に上昇した。同月10日に４５１人が受験した２次試験では小論文で65点の高得点を取ったため、賢次の属性調整後の順位は87位にランクアップ（10点加算がなければ１５０位）。さらに２次試験での適性検査と面接の結果が協議される2月14日の入試委員会で、賢次より上位の合格候補者５人が不合格とされたことから（その前段階でセンター試験利用の上位合格候補者８人が除外された）、同点２人の74位に浮上した賢次は結果的に最下位の正規合格者となった。

佐野は公判で、賢次の浪人時代の東京医大受験を次のように総括した。

「18年度の東京医大の入試では（第2次補欠者まで合わせて）２２６位の生徒までが合格しました。賢次は10点の加算がなかった場合、１５０位でした。つまり正々堂々と合格していたことがわかります。10点の加算がなくても合格したのですから、その加点が賄賂に当たるとはまったく考えていません。東京医大では性別などの属性で点数調整がなされていたと聞いています。そうした属性調整や加点が一切なくても、賢次は２２６位までの合格者中１７１位で、立派に合格していました。これは大学側から私たちに示された成績開示の資料からも明らかになっています」

賢次とともに東京医大の2次試験合格を確認した佐野は、「明日はいよいよ第1志望の慈恵医大の2次試験だ。一心岩をも通すという格言がある。本命は明日だから、東京医大に合格したことは忘れて、さらに上を目指し必死になって頑張ろう」と息子を励ました。賢次も当然、そのつもりだったので、佐野は直ちに東京医大の入学手続き（この年の手続き最終日は2月26日）を進めようとはしなかった。

2月18日の慈恵医大の2次試験を終えた後、賢次は「やれるだけのことはやった、全力は尽くした」と話すなど、合格を予感させる空気を漂わせていた。東京医大にもすでに合格していたが、佐野はそれでも2日後の2月20日には昭和大医学部の2次募集の受験料6万円を払い込んだ。仮に慈恵医大が不合格でも、第2志望の昭和大医学部に合格すれば、第3志望の東京医大を辞退してそちらを選ぶのは当然で、佐野には躊躇の欠片もなかった。

そして慈恵医大の2次試験合格者が発表される運命の2月23日。残念ながら、そこに賢次の受験番号はなかった。

2浪を話し合った家族会議

第1志望で最難関の慈恵医大に不合格だったことに佐野親子は落胆したものの、佐野は「落ちたことは仕方がない。気持ちを切り替えて、3月3日の昭和大医学部の2次募集の試験に向けて頑張ろう」と賢次を督励した。この時の家族間の話し合いの模様について、佐野は公判でこう話している。

「さらにもう1浪、つまり2浪するかどうか大変迷いました。息子は第1志望の慈恵医大の1次試験に合格し、2次でもやれるだけのことをやって『受かるかもしれない』というところまでいった。もう1浪すれば、慈恵やそれ以上の難易度の大学に行けるかもしれないと思うようになっていました。

それに死力を尽くしたにもかかわらず、慈恵医大に不合格だったことを非常に悔しがり、そのリベンジを果たしたいという思いが強くありました。私もまったく同じ思いだったので、2浪するかどうか、2浪すればさらに上位の大学に行けるのではないか、合格できるのではないかという思いに駆られ、家族でかなり悩みました」

そんななかで佐野は2月26日、東京医大の入学金納付最終日に入学金を振り込んだ。第3志望校とはいえ、せっかく合格した私立大医学部である。佐野は賢次に2浪させるかどうかを家族で迷いながらも、入学資格を確保するため、とりあえず同大に入学金を納めることにした。ただ、目前に控えた昭和大に合格すれば、そちらを優先させる考えに変わりはなかった。

ところがちょうどその頃、1月半ばから1ヵ月を超える長丁場を戦ってきた賢次の体調に異変が生じる。インフルエンザに罹り、連日39度を超える高熱を出したのだ。このまま熱が下がらなければ昭和大の受験が難しくなる事態に、息子の体調を第一に考える妻の佳代は「39度も熱があるのに無理して受験させる必要はない」と主張。一方、「少しでも難易度の高い大学に息子を通わせたい」とする気持ちが強かった佐野は、「ここが正念場だ、這ってでも行ってこい」と賢次を励ました。このため夫婦間で激しい言い争いが起きたという。

昭和大の試験当日の朝、賢次の熱は少し下がったものの、相変わらず38度もあった。賢次は「悔いは残したくない」と言い残して会場に向かい、土曜日で休日だった佐野も息子を試験会場まで車で送った。だが万全の状態からは程遠かった賢次は、残念ながら不合格に終わった。

こうして1浪して臨んだ賢次の受験シーズンは1次試験合格6校、2次試験合格3校という結果を残して幕を閉じた。なかでも私立大医学部〝御三家〟の一角、慈恵医大の1次試験に合格できた事実は、賢次にとって大きな自信になった。佐野は息子の受験の相談相手になってくれた谷口とこの1年間を総括し、今後の展望を話し合った。

佐野 賢次は大変よく頑張って、慈恵医大の1次試験に合格できるまでの実力を身に付けた。この調子でもう少し頑張れば、さらに上のレベルの大学医学部を目指せると思う。東京医大に入学金を振り込んで辞退しても、入学金以外はほぼ返ってくるので、捨て金は100万円程度で済みます。

谷口 同感です。僕も慈恵医大の1次に受かるとは、正直思っていませんでした。賢次君は非常に実力が付いたと思います。この流れなら東京医大は辞退して、さらに上のレベルの大学医学部を目指して2浪目を頑張るべきです。

佐野　長い人生のなかでは、集中して基礎学力を身に付けたり、学問に対する姿勢を身に付けたりする時期がどうしても必要になる。その意味からも、若いこの時期に必死になって勉強しておくことは非常に重要。2浪することに抵抗感はありません。谷口さんの提案はよく理解できるし、私も同感ですが、これぱかりは息子や家内に相談して、意向を確認してみないとね。

賢次自身、「せっかく第1志望の1次試験まで受かったのに2次試験で落ちてしまい、すごく悔しい。もう1年浪人してリベンジしてやろう」という思いと、「さすがに疲れたし、もう1年勉強しても慈恵や昭和に受かる保証はない」との思いの狭間で揺れていた。結局、賢次は2浪の道を断念して、自身の選択として東京医大への進学を決めた。賢次は公判で決断の背景をこう証言している。

「浪人を1年終えて単純にすごく疲れたのと、もう1年勉強したからといって、来年は昭和や慈恵や東医に受からないかもしれないという不確実さもあるし、来年もまたインフルエンザに罹るかもしれないというリスクもあります。東京医大はキャンパスが新宿にあって立地もよく、先輩もいるので東京医大にしようと決めました」

18年4月7日土曜日、桜吹雪舞い散るなかを、賢次は両親とともに、東京都新宿区新宿6丁目の東京医大で執り行われた入学式に臨んだ。

佐野はこの時、同大正門近くで偶然にも臼井と11ヵ月ぶりの再会を果たし、挨拶程度の他愛のない会話を交わした。そこでも臼井による10点加算の説明はなく、佐野は最後までその事実を知らなかった。

これについて臼井は、公判で「私から無理やり加点されて、それにより誹謗中傷を受けている佐野さんのご子息に対しては、心から申し訳ないと思っています」と謝罪した。

「父の身の潔白を信じています」

本章で明らかにしたとおり、佐野父子にとっての第1志望校は一貫して慈恵医大。東京医大は最後まで第3志望校にとどまり、同大への入学は1年間の猛勉強で燃え尽きた賢次が選択した道だった。そんな存在の大学に息子を入学させるために、キャリア官僚という職を危険に晒してまで、臼井に便宜を図るような真似をするだろうか。常識ではおよそ考えられない話だ。賢次は公判で悔しい気持ちをこう話した。

「自分は現役時代も浪人時代も一生懸命勉強して、加点がなくても東京医大に合格したにもかかわらず、ずっとこれまで裏口入学、裏口入学と言われ続け、とても悔しい気持ちです。あとSNSでも自分への誹謗中傷などの書き込みが絶えず書かれていて、私はこれまでその被害に傷付きながらもずっと必死に耐えてきました。また、受験中に自分が優遇されるとかされないとかいう話を父から聞いたことは一切ないので、父の身の潔白を信じています。今回一刻も早く、この裁判を通して真実が明らかになることを願っています」

　また佐野自身も、公判で身の潔白を訴えた。

「今日まで犯罪者扱いが続いている社会的制裁などについて、一言述べさせていただきます。息子は10点の加算がなくても正々堂々と合格しましたが、それにもかかわらずいまだに裏口入学の誹《そし》りを受け続けています。特にSNS上では『合格もしてないのに、お前はまだ大学にいるのか。早く出ていけ』『死ね』『一家心中しろ』などという書き込みが今も数多くなされています。世間からのこうした誹謗中傷に、私たち家族は必死に力を合わせて耐えていますが、精神的苦痛は極限状態に達しつつあります。息子の大学生活はまさに茨の道を行くようなもので、前途溢れる青年の大学生活とはまったく異なるものになってしまいました。

　報道が過熱したことで、私は住んでいた住居から出ていかざるを得なくなり、友達、同僚、親戚を失い、収入は激減し、私は今、まさに生き地獄を味わっています。今日に至ってもなお、悪夢にうなされる毎日が続いています。私が18年7月に逮捕・起訴された2ヵ月後、父は失意のあまり他界しましたが、その葬儀に出ることも叶いませんでした。

　私は国家公務員としての誇りを持って30年以上粉骨砕身し、世のために尽くしてきたつもりですが、このような形で最後まで仕事を全うできなかったことは無念でなりません。この裁判で真実を知っていただき、私の冤罪が晴らされるよう衷心より祈っています」

　一貫して冷静で論理的な供述を続けてきた佐野だが、この時ばかりはさすがに感情が激したのか、時折言葉に詰まった。

第3章

第2次醍醐会食

◀佐野太元文部科学省科学技術・学術政策局長

佐野・臼井・谷口の出会い

「東京医科大学事件」の最大の特徴は、検察側が「請託が行われ、それを承諾する事実があった」と主張する会食の模様が、音声データの形で丸ごと残されている点にある。

会食は2017年5月10日、東京都港区の愛宕グリーンヒルズフォレストタワー2階にある「精進料理 醍醐」の個室で行われた。文部科学省大臣官房長の佐野太、羽田雄一郎参議院議員政策顧問の谷口浩司、それに東京医大理事長の臼井正彦の3人が集まり、前年12月に心臓手術を受けた臼井の快気祝い名目で約2時間、様々な話題を組上に乗せて盛り上がった。3人での会食は前年9月8日に同じ醍醐で初めて行われて以来、この時が3回目で、すでに気心知れた者同士の宴会だった。

検察が便宜上「第2次醍醐会食」と呼ぶこの会食の模様は、谷口がその時着ていたワイシャツの胸ポケットに入れていたボイスレコーダーで録音されていた。この音声データがのちに東京地検特捜部に提供され、一連の事件の端緒となった。

公判検事の関根亮《せきねりょう》（司法修習50期、1998年4月任官）は公判前整理手続きの打ち合わせで、弁護側に「請託内容は17年5月の料亭に同席していた者の供述及び録音データとその反訳（音声データを文字化したもの）で立証する予定」と断言。後任の加藤良一《かとうりょういち》（同53期、00年10月任官）も同様の趣旨を述べた。つまり、裁判官を含む私たちは、録音された音声データとその反訳を検証することで、密室での会話内容を克明に知ることができるはずなのだ。

ところが検察側がわざわざ「同席していた者の供述」と付け加えたように、会食時の録音データだけで請託の事実を立証するのは困難だった。会話そのものではなく、会話に込められた意味を、特捜部の意のままに供述してくれる人物が、なんとしても必要だったのだ。そこで特捜部が目を付けたのが臼井である。

臼井は任意の取り調べで過去の悪事の暴露を仄《ほの》めかされ、それを恐れて取調検事の水野朋《みずのとも》（同52期、00年4月任官）に迎合する内容の供述をした。体調不良状態で身柄を拘束（逮捕）されることへの恐怖心もあった臼井は、この会食以前の3人での会食やメールのやり取りに関しても、水野の〝作文〟調書の作成に協力した。それにもかかわらず起訴されたことから、臼井は取り調べ段階の供述を翻して無罪を主張することになった。

このため本章で紹介する検察側の主張には、水野が迎合的な臼井を誘導して引き出した供述がふんだんに盛り込まれている。

それによると臼井は第2次醍醐会食の場で、佐野に「文科省の平成29（２０１７）年度の私立大学研究ブランディング事業（注：全学的な独自色を大きく打ち出す取り組みを行う私立大に対し、文科省が経常費、設備費、施設費を一体化して重点的に支援する公募事業）の対象校に選定されたい」とする意向を伝えた。そのうえで「東京医大の事業計画書の記載内容に助言・指導するなど、有利かつ便宜な取り計らいを受けたい」と依頼（請託）して、佐野はそれを承諾。臼井はその見返りとして、東京医大の18年度一般入試を受験した佐野の次男・賢次の1次試験の得点に10点加算して正規合格者の地位を与えたという。果たして本当にそうだったのか。

本章の後半では、20年7月20日の東京医大事件の第2回公判で、東京地裁刑事104号法廷に流れたこの会食の模様を詳細に再現するが、まずはこの会食当時の佐野、臼井、谷口3人の関係性から説き起こしていく。その起点となるのは16年9月8日の「第1次醍醐会食」である。

紹介者は落選中の文教族議員

佐野、臼井、谷口が互いに面識を持ったきっかけは、実のところバラバラである。佐野と谷口は13年末に東京・恵比寿のホテルで開かれたアイバンク（角膜移植を待つ患者に角膜を斡旋する公的機関）のチャリティーオークション、佐野と臼井は同年11月の東京・赤坂の和食料理店「古母里《こぼり》」での邂逅《かいこう》、臼井と谷口は14年6月26日に東京・代官山の洋食レストランで開かれた佐野の大臣官房審議官昇進祝いの会でそれぞれ面識を持った。

佐野と臼井は「古母里」でともに会食したわけではない。お互い別の相手と会食していて、トイレに立った臼井が佐野の傍らを通り掛かった際、佐野の会食相手の眼科医が臼井に気づいて佐野に紹介した。この眼科医というのが、愛知県比例東海ブロック選出の民主党衆議院議員で、当時は落選中だった吉田統彦《よしだつねひこ》（17年10月の第48回衆院選で比例復活当選して現在3期目）である。

アイバンクのチャリティーオークションで佐野と谷口を引き合わせたのも、自身が企画した佐野の大臣官房審議官昇進祝いの会で臼井に谷口を紹介したのも吉田その人だった。谷口は地元の名古屋を拠点にしていた落選中の吉田から名刺を預けられ、代理として政治関係のパーティーに出席するなど、吉田の東京での政治活動を手助けしたり、吉田が陳情処理のために中央省庁を訪問する際には同行したりするなど、吉田の秘書的な立場（東京事務局長）で活動していた。その吉田が自身の右腕と恃《たの》む谷口を佐野や臼井に紹介することは、ある意味で当然だった。

佐野が吉田と知り合ったのは、民主党政権発足から約1年後の10年秋頃のことだ。佐野は当時、科学技術・学術政策局政策課長という立場で国会対応を担当。一方の吉田は民主党の科学技術政策の取りまとめ役を担っており、佐野は科学技術政策を調整するため、議員会館や関係する会議室で吉田と面会する機会が増えていた。吉田から「政策に関する勉強会を開くので参加してほしい」と依頼された佐野は、勉強会に出席しては参加したメンバーと科学技術政策に関する意見交換を重ねた。参加メンバーには吉田の支援者の医療関係者や、同僚の国会議員が多かったという。

「眼科医の吉田先生は米ジョンズ・ホプキンス大学の研究員時代の経験もあるなど、研究現場を熟知していて、研究関係の政策に一家言ある、科学技術政策を理解している先生の一人と認識していました。科学技術に関する様々な政策の方向性を私と議論して、その結果を民主党の政策要綱に反映させてくれるなど、有言実行の政治家と認識していました」（公判での佐野の供述）

文科省で科学技術政策を担当する佐野にとって、いきなり発足した民主党新政権がどのような政策を打ちだすのか、方向性を見極めるのは難しい課題だった。そうした状況下で的確な意見を述べてくれる吉田は、佐野や文科省にとって大変貴重な存在。それだけに「大事にしなければいけない」との思いが、佐野にも文科省にもあったという。

09年8月の第45回衆院選で初当選した吉田は、次の12年12月の第46回衆院選で落選するが、選挙区のある名古屋市と東京の双方に拠点を持ち、落選中も現役時代と同様に政治活動を続けて、懇談会や勉強会に佐野を誘う機会がよくあった。佐野は「吉田先生は相手を私に紹介する際、『仲良くしてやってほしい』とか『よろしくお見知りおきください』と言葉を掛けることが多かった。そうした人は吉田先生自身が大切にしている相手なので、私自身も蔑《ないがし》ろにできないと感じていました」と述懐する。

その吉田から谷口を紹介された13年末のアイバンクのチャリティーオークションでは、休憩時間に吉田が谷口を佐野のところに連れてきた。吉田から「自分の政治活動のうえで大変お世話になっている。彼自身が病院を経営して、病院のコンサルタントもやっている」と紹介された谷口に、「今度、役所に伺ってもよろしいですか?」と尋ねられ、佐野は「構いませんよ」と答えた。

佐野は公判で「目の前の吉田先生から『自分の政治活動上お世話になっている人』と紹介されては無下に断れないと考えて、『構いませんよ』と答えたと記憶しています」と回想する。

それからまもなく、谷口は文科省の佐野の執務室を来訪。日体大ラグビー部出身で、スポーツトレーナーを長年務めて著名スポーツ選手を何人も診てきた経歴や、現在は複数の国会議員の秘書的活動や医療系コンサルタントをしている現況を話した。谷口はその後、佐野の下を訪れては雑談して帰る機会が増えていった。

「谷口さんはフラッと執務室にやってきて、私も空いていれば部屋に通して話しました。大学の先生や文科省OB、国会議員の秘書などはそういう形で来省する機会が多いです。ただし私にアポイントメントを取っているわけではないので、空いている時にお会いするのが通常パターンでした。谷口さんは民主党も自民党も議員をよく知っていて、全体として政治情勢が今どうなっているとか、政治まわりの話が中心でした」（公判での佐野の供述）

そして15年初夏以降、仕事を超えた佐野と谷口とのプライベートな交流が始まる。この両者の関係に特捜部が目を付け、事件の構図が描かれることになるのだが、それはまだ先の話だ。

佐野と臼井が初めて会ったのは前述したとおり、13年11月の「古母里」である。佐野が吉田と日本眼科医会会長の高野繁と3人で会食中、たまたま傍らを通り掛かった臼井に、吉田が「お久しぶりです！」と声を掛けたという。佐野によると二人は大変懇意な様子で、吉田から「眼科医の世界的権威で大学の卓越した経営者。非常に尊敬している先生です」と臼井を紹介された佐野は、二人が師匠と弟子の間柄にあるような印象を受けた。名刺交換した臼井に「機会があればまた会食でもお願いします」と声を掛けられた佐野は、「またよろしくお願いします」と答えた。一方の臼井には、吉田から「文科省の方」と紹介された以上の記憶はないという。

それから7ヵ月後の14年6月26日に東京・代官山の洋食レストラン「小川軒」で開かれた、佐野の大臣官房審議官昇進祝いの会で二人は再び出会う。佐野には事前に吉田から「大臣官房審議官に就任されたお祝いも兼ねて、政策懇談会を開きたい」との提案があり、吉田の支援者である臼井も誘われて出席した。出席者は主に吉田の支援者の医療関係者十数人で、高名なワイン評論家で労働問題に詳しい弁護士の山本博も参加して、ワインに関する蘊蓄《うんちく》を披瀝した。

会合の中心は吉田の近況報告だったが、隣り合わせに座った佐野と臼井は山本が語ったワインなど飲み物の話や、臼井が13年7月から理事長を務めている東京医大の経営などの話題に花を咲かせた。臼井は所管官庁の文科省に人脈を構築する必要性を痛感しており、佐野との雑談で感じた真摯な人間性に好感を持った。

この会合には当然、吉田の右腕的存在の谷口も出席していた。前述したとおり、臼井と谷口とはこの時が初対面。吉田は谷口について、臼井に「病院運営や資金運用などに大変詳しいので、よければ一度説明に上がります」と紹介。一方の臼井については、谷口に「臼井先生は同じ眼科医としての大先輩で眼科医会の重鎮でもあり、非常にお世話になっている支援者の一人でもある。とても偉い方なのでよろしくお願いします」と説明した。

この会合から約2ヵ月半後の14年9月9日、臼井は吉田の進言に従って谷口を東京医大に招き（注：同大からは銀行出身の財務部長が同席）、病院経営や資金調達の問題などについて谷口の意見を求めた。谷口は公判で、この面談の趣旨を次のように説明している。

「病院の一般的な資金調達について主に説明しました。当時は国土交通省の病院ＲＥＩＴ（不動産投資信託。詳しくは後述）のガイドライン検討会がまさに立ち上がる時期で、病院ＲＥＩＴはホットなニュースでした。吉田先生からも『病院ＲＥＩＴという資金調達手段について、臼井先生に説明してあげてください』と指示されていたので、国がどのような手法の病院ＲＥＩＴを考えているのかを含めて説明させてもらいました」

「文科省に人脈を作りたい」

佐野の昇進祝いの会で紹介されて以降、臼井は14年末までに前後4回、吉田を交えて谷口と複数人で会食し、谷口の能力を高く評価した。谷口も吉田から「今後何かあれば、自分に代わって臼井先生と話してほしい」と指示された経緯があり、吉田抜きで臼井と面談するようになった。

その谷口に臼井から頼み事の連絡があったのは14年末のことだ。

「小川軒でお会いした佐野さんに会いたいので、席を設けてもらえないか。理事長になって文科省絡みの仕事がいろいろ増えてきたので、文科省の人と人脈を作りたい。年明けに新年会でも開こう」

14年1月に大臣官房審議官に就任した佐野だったが、着任早々の同年2月に病を患い、約2週間入院。ただ、谷口とは前述した忌憚のない関係を続けていた。臼井の要望を聞いた谷口は、佐野に「吉田先生が『みんなで新年会をしたいのだが、佐野さんのご予定はいかがですか』ということです」と声を掛けた。だが、佐野は多忙を理由に参加を辞退する。臼井も「佐野さんが来られないのなら」と後ろ向きになり、新年会は沙汰止みとなった。

　それから1年半以上が過ぎた16年8月、臼井は再び佐野との会食設定を谷口に依頼する。臼井はその理由を公判で語っている。

「佐野さんとの人脈を作りたいと思っていたのですが、佐野さんも私も多忙だったので、なかなか実現できませんでした。病院の件で多くを相談できる人脈を作りたいと思い、お目にかかったことのある佐野さんと会食してみたいと思いました。具体的な相談事は特にありませんでしたが、看護学科の定員数の件などを聞いてみたいと考えていました」

　また谷口によると、佐野との会食を企画する前に臼井とたまたま電話で話していた際に佐野の話題になり、谷口が「佐野さんは（大臣）官房長に昇進されたんですよ」と伝えたところ（注：佐野の大臣官房長就任は16年6月）、臼井のほうから「昇進祝いの会を設定してほしい」と依頼されたという。

　ところが当の佐野は、谷口から「臼井先生が官房長の佐野さんに会いたいと言っています。文部科学行政について懇談したいそうです」と言われても、にわかには臼井を思い出せなかった。だが、いろいろ話しているうちに、吉田から紹介された高名な眼科医で、吉田が尊敬している相手だった事実や、小川軒で隣に座り、大学経営の話などを聞いた記憶が蘇った。

　当時の佐野はすでにゴルフを通じて谷口と個人的な友人関係を築いていたが、谷口と臼井が懇意にしている事実は知らなかったようだ。佐野が「なぜ臼井先生を知っているの？」と尋ねると、谷口は「昔からよく知っていて懇意にしている」と答えた。「高名な臼井先生とお話しできれば、理事長として現場で何をしているのか聞くことができて、行政に役立つ勉強にもなる」と考えた佐野は、谷口に「勉強のため、お会いしても構いませんよ」と伝えて、臼井の申し出を了承した。

ただ、佐野には一抹の不安があった。14年2月に病気で入院して以降、血圧とコレステロールの数値に対して非常に神経を使うようになっており、店の選択を他人に一任すると、どんな料理が選ばれるのかわからない。そこで佐野は自ら臼井に電話で事情を説明したうえで、顔馴染みの「精進料理　醍醐」を予約した。ここは店長が以前から懇意の友人で、料理が健康的なだけでなく、値段を抑えるための酒の持ち込みも認めてくれるなど融通が利く。当初から割り勘を考えていた佐野には格好の店だった。

佐野は谷口だけでなく、臼井に対しても礼を失しないよう自ら電話で店名を伝えたものの、「高名な眼科医の臼井先生と意見交換する際、会話が途切れては失礼にあたる」と考えて、谷口に「何を話せばよいものか」と尋ねた。谷口は「確かに臼井先生は吉田先生の大切な支援者ですが、ざっくばらんに意見交換したいと望んでいるので、気にしなくても大丈夫ですよ」と話したという。

会食で話し合われたこと

佐野はこの時、臼井に自己紹介と話題提供する目的で、自身の履歴書に加えて、①母校の山梨県立日川高校（山梨県山梨市）の同窓会報に掲載された自身に関する記事、②山梨大出向時に自身が関係した活動に関する新聞記事、③7月まで成蹊高校野球部のエースだった次男の賢次に関する新聞記事のコピー――などを持参した。

賢次の野球に関する新聞記事スクラップのコピーは、賢次の活躍が新聞に載り始めた高校1年時からのもので、佐野は随時更新し、鞄に入れて持ち歩いていた。

会食に同席する谷口が日体大ラグビー部OBで、プロのスポーツトレーナーでもあったため、佐野は「会食ではスポーツの話題が必ず出る」と予想して、息子自慢のために継続して作成してきた賢次関連のスクラップ記事集を持参、臼井との会話がスムーズに運ぶよう準備した。

「私自身も中学では野球部で、大学でも同好会に入るなど、野球は幼い頃からとても身近なスポーツでした。会食では野球の話題が出ることを期待していたし、野球の話をしたいと考えていました。息子自慢の気持ちがあったことは否めず、親バカと言われればそれまでですが、様々な機会に話題として提供し、国会議員とその話になったこともあります」（佐野の公判での供述）

16年9月8日のこの会食は、検察側によってのちに「第1次醍醐会食」と呼ばれることになる。佐野が持ち込んだ日本酒や、運ばれてくるヘルシーな精進料理に舌鼓を打ちながら、佐野のこれまでの経歴や、山梨大出向中の活動内容、さらには大学改革の在り方などがまず話題となり、その後は佐野が予想したとおりスポーツの話題に移った。

谷口は自身の経歴を臼井にあまり話してこなかったこともあり、大学時代の体験や、スポーツトレーナーとして海外で戦う選手に帯同した体験などを披露した。そんな話の流れのなかで話題が野球に及ぶと、佐野は持参した新聞記事を示しながら、数ヵ月前までの息子の活躍ぶりを紹介。会食は大いに盛り上がった。

ところで、この会食では、臼井がこの年から公募が始まった16年度のブランディング事業の件を持ち出している。佐野は公判で次のように話した。

弁護人　ブランディング事業は話題に出たのか。

佐野　臼井先生から「ブランディング事業というのを申請しているのですが、どうなりましたか？」と尋ねられ、私は「所管ではないのでまったく知りませんが、学校の特長や個性を生かしてブランドを高めていくのは非常に重要なことです」と申し上げました。実際、この事業については何も知りませんでした。

弁護人　知らないのになぜ話したのか。

佐野　当時の文科省の大学経営の基本方針は、少子化のなかでの大学の重要な役割として、どこの大学も十把一絡げの教育研究を均一に行うのではなく、建学精神を生かして特長ある経営を行うということでした。臼井先生からブランディング事業という言葉を聞いて、そうした文科省の基本政策を推進するための支援の事業であることは容易に想像できたので、今申し上げたような会話になりました。

弁護人　佐野さんがそう話した後はどうなったのか。
佐野　その1回のやり取りで終わった記憶があります。私が「まったく知らない、わからない」と申し上げたので、臼井先生も関係ないと思われたのでしょう。
弁護人　ブランディング事業に関して臼井さんから何かお願い事はされたのか。
佐野　何もされていません。

この件を会食で持ち出した臼井も、公判でこう述べている。
「ブランディング事業はすでに応募した後だったので、『うちも応募しています』と話しただけで終わったと思います。佐野さんからは『大学の特色あるブランド力を発揮することは非常に大切なこと』と言われましたが、所管外という言葉で『この事業にはまったく関わっていない』と言われたと思います。申請後だったので、佐野さんから何か有益な指導を頂戴できると考えたことはないし、東京医大をブランディング事業の支援対象校に選んでもらえるポイントを教えてもらえると考えたこともありません」

その後は前述したとおり、会食の話題がスポーツに移り、佐野は持参した新聞記事のスクラップのコピーを二人に見せて息子自慢を披瀝した。高校生の賢次は定期的に塾通いを続けてはいたものの、当時は部活動から引退して本格的な受験勉強を始めたばかり。東京慈恵会医科大を第1志望に据えてはいたが、成績が医学部を受験できるレベルにまで到達するかどうか見通しはまったく立っておらず、具体的にどの大学を受験するのかも白紙の状態だった。佐野と臼井との間ではこんな会話が交わされた。

臼井　ご次男は高校３年生のようだけれど、今後どうされるのですか。

佐野　もちろん大学を受験するはずですが、野球ばかりやっていたので、成績がこれからどうなるかわかりません。仮に成績が上がれば医学部を目指したいと考えています。息子には東京都内か、東京近郊で自宅から通える大学を選ぶように伝えてあります。

臼井　医師を目指すのは大変良いことです。うちも良い大学なので、ぜひお越しください。

佐野　受験勉強を始めたばかりなので、今後どうなるのかは、まだちょっとわかりません。今、一生懸命頑張っているところです。

臼井　大丈夫です、なんとかなりますよ。頑張ってください。

臼井の「うちも良い大学なので、ぜひお越しください」という言葉を、佐野は社交辞令の一環として受け止めた。会食は約２時間で終了。次回の会合について、臼井の馴染みのすっぽん料理店「田吾作」に仮り決めした後、谷口がこの日の費用をカードで一括して支払った。佐野は後日、自身の負担分１万５０００円を谷口に現金で手渡した。

食い違う調書と供述

ところで検察側はこの第1次醍醐会食が行われた経緯や、会食での会話内容について、冒頭陳述要旨で次のように主張している。（傍線は著者）

東京医大は平成28（2016）年度ブランディング事業に応募したものの、被告人臼井はその準備に十分な時間をかけることができないまま応募したことなどから、支援対象校に選定される自信がなかった。

そこで被告人臼井は、以前国会議員経験者から紹介を受けたことのあった佐野に、東京医大がブランディング事業の支援対象校に選定されるよう、助力等をしてもらうよう依頼しようと考えたが、直接面談を申し込むことのできるほどの関係にはなかったため、かねて被告人佐野と懇意にしていると聞いていた被告人谷口に、被告人佐野との面会の機会を設け、同席するなどして被告人佐野との仲を取り持つよう依頼した。

被告人臼井に対し病院REITに係る営業活動等を行っていた被告人谷口も、被告人臼井の依頼に応じることで、東京医大に対する営業活動を有利に進められることなどからこれを承諾し、被告人佐野に、被告人臼井の前記要望を伝えた。

被告人佐野は、当時高校3年生であった賢次が東京又はその近郊の私立大学医学部に進学することとを望んでおり、東京医大は上位の志望校であったため、理事長の被告人臼井と面談することで、賢次の受験等にあたり有利な取り計らいを受けることができることを期待して、被告人臼井と面談することとし、被告人佐野は自ら、東京都港区内の飲食店「精進料理　醍醐」を予約した。

（中略）

被告人佐野、被告人臼井及び被告人谷口は平成28年9月8日、醍醐において会食をしながら面談した。被告人臼井は、被告人佐野に東京医大が平成28年度ブランディング事業に応募している旨を伝え、**同事業の支援対象校への選定に向け、助力等を求めた。**

他方、被告人佐野は、自らの経歴等に関する書面及び被告人佐野が国立大学法人副学長を務めていた際の活動に関する新聞記事の切り抜きのほか、賢次の高校野球地方大会での活躍ぶりに関する新聞記事の切り抜き等を被告人臼井に手交して、被告人佐野の文部科学省幹部官僚としての経歴、実績等について示すとともに、当時高校3年生だった賢次が高校野球で顕著な活躍をしたこと及び大学医学部への進学を希望しており**東京医大も志望校である旨を伝えた。**

東京医大では、東京医大を卒業した医師等の縁故者等から依頼があれば、その子息等の受験生が入学試験で合格最低点に達していなくても、歴代の理事長や学長の判断により、当該子息等の1次試験等の得点に加点して合格させるという優遇措置を講じていたところ、**被告人臼井は被告人佐野に、賢次の入学試験の成績がある程度の得点に達すれば、仮に合格点に達していなくても、被告人臼井の判断により合格させることができる旨を伝えた。**

一方、被告人谷口は、賢次を大学医学部に進学させたい被告人佐野とブランディング事業の支援対象校への選定に向け被告人佐野からの助力を受けたい被告人臼井の仲を取り持つことで、その見返りに、被告人佐野から東京医療コンサルティングの事業等に関して有利な取り扱いを受けることや、東京医大において病院ＲＥＩＴによる資金調達を採用してもらうこと等を期待し、第１次会食の代金を支払った。

つまり検察側は、実質的に初めてとなる佐野、臼井、谷口３人による会食の席で、のちの贈収賄罪につながる三者三様の思惑がすでに存在していたというのだ。

もちろん要旨の内容は佐野、臼井、谷口の公判での供述と著しく異なる。実は検察側の冒陳要旨のこの部分は、臼井の取り調べを担当した東京地検特捜部検事の水野が、18年７月９日に臼井を任意で取り調べた際に作成した検面調書に基づいて作成されている。

臼井に対する水野の取り調べは18年６月18日から８月12日まで前後28回、また東京医大学長の鈴木衞に対する東京地検特捜部検事の久保庭幸之介の取り調べは臼井と同じ同年６月18日から７月24日まで前後23回にわたって行われた。

同年７月４日に佐野が受託収賄、谷口が同幇助の疑いで東京地検特捜部にいきなり身柄を拘束されたのに対し、臼井と鈴木は一貫して、身柄を拘束されない任意の状態のまま取り調べられた。しかも鈴木は取り調べ初日の夕方、捜索令状もない状態で自身の執務室である学長室の家宅捜索まで受けている。

水野と久保庭という2人の検事による取り調べの実態は第五章で詳述するが、特に臼井は、入試に絡んで受け取った保護者からの謝礼が脱税に当たるなどと仄めかされ、かつ体調不良もあった。それゆえ、特捜部長の森本宏《もりもとひろし》（司法修習44期、１９９２年４月任官）と、この事件の主任検事である廣田能英《ひろたよしひで》（司法修習50期、98年4月任官）が構築したシナリオに沿った供述をしないと不機嫌になる水野に迎合して検面調書に署名押印を続けた。

この関係は鈴木と久保庭との間でも同様で、臼井と鈴木は、逮捕・起訴されたくない一心で取調検事に迎合し、佐野と谷口に不利な供述調書を作成され続けた挙句、最終的に自身も起訴されてしまった。

佐野の弁護人の最終弁論要旨によると、前述した18年7月9日付の臼井の検面調書のうち、第1次醍醐会食の部分は次のようになっている。（傍線は佐野の弁護人）

「また、私は、息子さんの賢次君が通学している成蹊高校の**野球部員として活躍している記事までわざわざ持参して私に渡してくるほど**、佐野さんが賢次君を東京医科大学医学科に合格させたいと考えていることもわかりました」（検面調書9ページ）

「私は、このようにご自身の経歴・記事や賢次君が野球部員として活躍した記事を持参してきた佐野さんの行動を見て、佐野さんは、こうした受験生の親である自分の文部科学省官僚としての地位や業績、そして東京医科大学医学部を受験する予定である賢次君の高校野球における**実績を示すこ**

とによって、**東京医科大学の理事長である私にこれらの成績以外の要素も考慮してもらって、賢次君の入試の成績のみで合否を決定せずに、賢次君を優先的に合格させてもらえることがあるとわかっておられるのだと思いました**」(同)

「実際に東京医科大学の同級生らが、東京医科大学医学部を受験する子息についてその**合格を私に依頼してくる際には、受験生の経歴やその親や家族の経歴などを持参・提出してくることが多く、**佐野さんの行動は合格を依頼してくる受験生の父兄らがしてくるアピールと同じものがありました」(同)

「そこで私は、東京医科大学医学部医学科入試においては理事長である私が受験生の入試成績以外の要素を考慮して合格させることがあるのを佐野さんが知っているのがわかり、『**いい線まで行けば、なんとかしますよ**』などと言って、賢次君がそれなりの点数を取ってくれさえすれば合格点まで達しなくても私が点数を加算するなどの配慮をして賢次君を入学試験で合格させる気持ちがあることを伝えました」(検面調書10ページ)

これこそ特捜検察の〝作文〟調書の典型例である。特に傍線部は、検面調書を読む裁判官に対する印象操作の狙いが露骨に現れている。

なかでも特筆すべきは「いい線まで行けば、なんとかしますよ」という部分だ。検面調書上のこの記載について、臼井は公判で「佐野さんに『いい線まで行けば、なんとかしますよ』と伝えたことはありません」「なんとか『しますよ』ではなく、なんとか『なりますよ』くらいのことだと思いますと」と話したうえで、「しますよ」と「なりますよ」の違いに関して、次のように説明した。

「『なんとかしますよ』は、そこになんらかの意図的な指示が加えられることを意味していて、『なんとかなりますよ』はそうした指示がなくても、周りのいろいろな状況でそうなることを意味しています。２次試験後の入試委員会では面接とか本人の評価とか、いわゆる属性調整が結構あり、現役の賢次君であれば20点くらいあります。その意味で『なんとかなりますよ』というのは、客観的なものとして言っていました」

ほぼ初対面の文科省幹部に不正を告白？

臼井の18年7月9日付の検面調書には、次のような記載もある。（傍線は佐野の弁護人）
「そのため、私は、佐野さんの息子さんの賢次君が東京医科大学を受験するという話を知った時にも、佐野さんからブランディング事業について東京医科大学が選定されるよう**特別の配慮をしていただけるのであれば**、私のほうも東京医科大学に合格できるよう佐野さんの息子さんに特別な配慮をして恩返しをすればよいなどと、**当然のように考えてしまったのでした**」（10ページ）
これも検事の水野が捻り出した、臼井の内心に関する供述である。仮に臼井がこう考えたとしても、それを佐野本人に伝えなければ意味はない。もちろん、調書には臼井がこれを佐野に話したという供述は登場しない。そんな事実は一切なかったからだ。にもかかわらず、あえて臼井の心情を書き込むことで、信憑性を持たせようと企てたのだろう。これでは調書というより〝文学〟の類だ。さらにはこんな記載もある。
「そこで私は、佐野さんから指導等を頂戴できるのであればその恩返しやお礼として、私が東京医科大学の理事長として配慮をすることで賢次君を東京医科大学医学部医学科に**優先的に合格させる気持ちがあることを、佐野さんにお伝えしました**」（この調書冒頭の要旨記載部分）
佐野の弁護人によると、臼井の検面調書に「気持ちを伝えた」という曖昧な書きぶりを多用しているのが、水野の特徴的な手法だ。この調書のその後の本体部分には、臼井がこうした内容を佐野に「（実際に話して）伝えた」という具体的な記述はまったく出てこない。これについて臼井は、公判で次のように話している。

弁護人 あなたの調書を見ると謝礼、お礼、恩義、恩返しという言葉が時々に出てくるが、これはあなたの言葉なのか。
臼井 そういう言葉は検察官によって録られた言葉です。（水野検事は）謝礼とかお礼とか恩義とか恩返しとか、いろいろな言葉を使い回して、私はそれを見せていただいて、「そういうことはありません」と結構否定しましたが、調書に残っているようです。
弁護人 検面調書を見る限り、取り調べ段階では（あなたが）犯行を認めているような調書が録られている。この法廷になってから一転して争うことにしたのはなぜか。
臼井 公判になっていろいろな書証を読んでみると、私の考えているニュアンスとかなり違っていたり、実際は言っていないことが書かれていたり、いわゆるデッチ上げられたところがあるように思えたので、拒否（否認）しました。

また佐野も公判で、次のように反論をしている。

「息子の入学試験の成績がある程度の得点に達すれば、仮に合格点に達していなくても臼井さんの判断で合格させられることなど、臼井さんから言われたことは一度もありません。そもそも私と会うのが実質的に初めてで、かつ文科省幹部の私に対して、自身の大学の不正工作を臭わせるようなことを話すなど、常識では考えられないことです」

加えて佐野は別の日の公判で、公判検事の加藤良一《かとうりょういち》（司法修習53期、00年10月任官）から「次男が受験するかもしれない大学の幹部と会食して、当時のあなたはなんとも思わなかったのか」と問われ、次のように反論した。

「外向き、前向き、現場主義がモットーの私は、臼井先生からの会食の申し出を非常に良い機会と捉えて、いろいろご教示いただこうとお会いしました。初めから息子の存在があって臼井先生と会食したわけではないし、会合で臼井先生に何かお願い事もしていません。全体として山のように喋っている会話の一部分として、臼井先生から聞かれた息子の進路を私が申し上げたもので、特にそこで何か後ろめたいことを話したつもりはまったくないので、それについては当時、それが悪いことだという認識はまったくありませんでした」

儀礼的挨拶が裏口依頼に化けた

会食翌日の16年9月9日早朝、臼井は佐野が公務で使っている文科省のメールアドレスに、前日の会食のお礼メールを送信した。その要旨は次のようなものだった。

「昨日は主客転倒になり失礼しました。今後何かとお世話になりますが、どうぞよろしくお願いします。私のほうもできる限りの配慮をさせていただきます」

この臼井のメールが届いてから8日も経った同月17日、佐野は「先般は貴重なお時間を賜り、ご懇談させていただきまして、誠に有難うございました。バタついていてお礼が遅れましたことを深くお詫び申し上げます。どうか今後とも宜しくご指導お願い申し上げます。なお今後はこの私用のメールアドレスで連絡を取らせていただければ幸いです」とのメールを、自身の私用携帯電話から臼井に送信した。このメールのやり取りに関して、検察側は冒頭陳述要旨で次のように主張している。（傍線は著者）

被告人臼井はその翌9日、被告人佐野が公務で用いている文部科学省のメールアドレス宛てに、第1次会食のお礼を述べたうえで、**ブランディング事業に関し**「今後何かとお世話になりますが、どうぞよろしくお願いします」などと記載し、また、**賢次の東京医大入試について**「私のほうもできる限りの配慮をさせていただきます」と記載したメールを送信した。

これに対し、その頃多忙であった被告人佐野は、９月17日になって、私用の携帯電話機から、返信が遅れたことを詫びたうえで面会の御礼を述べるとともに、賢次の東京医大受験について「今後とも宜しくご指導お願い申し上げます」などと記載したうえ、「今後はこの私用のメールアドレスで連絡を取らせていただければ幸いです」と記載したメールを返信した。

検察側のこうした解釈に対し、佐野は公判でこう主張した。

「臼井先生からのメールに返信が遅れたのは、会食翌日の朝に登庁してメールをチェックした際に緊急性と重要性を感じなかったからで、『私のほうもできる限りの配慮をさせていただきます』との文言が意識に残ることもありませんでした。それに公用のアドレスに来たメールを私用アドレスに転送するのは禁じられていたので、臼井先生のメールに返信するのを失念していました。ただ、そうは書けないので、『バタついていてお礼が遅れました』と書きました。私の『どうか今後とも宜しくご指導お願い申し上げます』という表現は、日常的に使っている儀礼的な文言で、手紙でもメールでも最後には必ずこの言葉を続けます。『今後とも宜しくご指導』という表現について、次男の受験での優遇を求めたものとする検察側の解釈は、こじ付け以外の何物でもありませんし、言いがかりです」

また、「今後はこの私用のメールアドレスで連絡を取らせていただければ幸いです」との文言に関しても、佐野は同じ公判で「返信に１週間以上も空いてしまったのは、目上の人に対して大変失礼にあたる行為です。常日頃持ち歩いている携帯電話の私用メールなら、こうした失態は繰り返さないので、臼井先生に失礼にならないようにとの思いからこう書きました」と述べた。

一方の臼井も公判で次のように主張した。

弁護人　メール中で「私のほうもできる限りの配慮をさせていただきます」と記載しているが、この文章はどういう意味なのか。

臼井　次男さんがもし来てくれるなら大歓迎しますよという、私としては好意で書いたつもりです。それに佐野さんともようやくお近づきになれたので、できるだけ仲良くしたいということで書かせていただきました。佐野さんからの返信メールも、やはり同じように一般的、儀礼的な挨拶のメールだったと思っています。

弁護人　佐野さんが返信メールで「どうか今後とも宜しくご指導お願い申し上げます」と書いているが、あなたは「佐野さんが入試で次男に優遇措置を講じるよう依頼している」と認識したのか。

臼井　そんなことはまったくありません。単なる儀礼的な挨拶文だと思いました。

自宅に送られてきた入試要覧

16年9月8日の第1次醍醐会食から12日が経過した同月20日、佐野は文科省でブランディング事業を所管する高等教育局私学部私学助成課長の淵上孝《ふちがみたかし》に連絡し、16年度のブランディング事業の選定スケジュールを尋ねている。同事業に応募した東京医大が選定された場合、文科省内で慣例として行われている範囲内で、公表直前に結果を臼井に伝えようと考えたからだ。

「記者発表前日か当日朝に、国会議員や文科省ＯＢに結果を伝えることは慣例的に行われてきました。私がいた旧科学技術庁系の公募事業の選定結果は当日朝に伝える慣行でしたが、旧文部省系では伝えるタイミングが異なるのかもしれず、それにこれは旧文部省系の事業なので、その慣行に従う必要があると考えて淵上課長に連絡しました。臼井先生からは『11月開催の東京医大創立１００周年記念式典に松野博一《まつのひろかず》大臣（当時）をお呼びしたい』と聞いていたので、その関連で（大臣官房長として）選定スケジュールを知っておきたいと考えたし、臼井先生とは次回お会いする約束だったので、その程度は知っておこうと思いました。それが淵上課長に尋ねたすべてで、東京医大の事業計画書の内容を尋ねたり、便宜を図ってくれと依頼したりしたことなど、まったくありません」

（公判での佐野の供述）

ブランディング事業委員会の審査は同年11月１日に行われ、申請１９８校のうち40校が支援対象校に選定されたものの、東京医大は１７５位で不選定。佐野は同月７日、東京医大の結果だけを書面で淵上から伝えられ、その２日後に行われた官房長レクチャー（注：大臣向けレクチャーの前に官房長の承認を得る目的で行われるレクチャー）の際は、東京医大が不選定だった「事実」（注：不選定の「理由」ではない）だけを、淵上が口頭で佐野に説明した。佐野は「大臣が東京医大の創立１０

0周年記念式典に出るかもしれないので、選定結果を知りたかった。選定されなかったのなら、淡々と大臣レクをしてもらえれば結構」と答えて、これを了承。不選定の理由を尋ねたり、東京医大に関する個別の資料を目にしたりすることはなかった。

その2日後の11月11日、臼井の顔馴染みのすっぽん料理専門店「田吾作」で、佐野、臼井、谷口の3人が2ヵ月ぶりに顔を合わせた。この会合は当初10月21日に予定されていたが、佐野が別の会食を優先させたために順延され、谷口が日程を再調整してこの日に決まったものだった。同店はすっぽん料理では名の通った店で、谷口は以前も臼井に連れられて訪れたことがあったが、佐野はまったくの初体験。どの部位を食べればよいのかなど、臼井からすっぽん料理に関する知識を伝授され、いきおい会話はすっぽん料理の話題が中心を占めた。その他は雑談に終始した。

ここで再び、検察側の冒頭陳述の記載に触れる。佐野が淵上にブランディング事業の選定スケジュールを尋ねて以降、田吾作会食に至る経緯は概略、次のようになっている。（傍線は著者）

被告人佐野は、平成28（2016）年度ブランディング事業の支援対象校の選考結果公表に先立ち、東京医大の選考結果を被告人臼井に内報しようと考え、9月20日頃、当時私学助成課長だった淵上に、東京医大の選考結果を公表前に自身に教えるよう依頼。11月1日に行われた同事業の事業委員会による審査で、東京医大は支援対象校に選ばれず、その結果は同月22日に公表されることになっていた。淵上は結果公表前の同月7日、これを被告人佐野に書面で伝えた。

被告人佐野と被告人臼井は、再び被告人谷口を介して会食の約束を調整。11月11日、被告人谷口の同席の下、東京都内の料理店で面談した。被告人佐野はその際、被告人臼井に対し、東京医大の事業計画書はブランディング事業の制度趣旨に沿ったものではなく的外れであった旨などを論評し、**東京医大が支援対象校に選定されなかったことを暗に伝えた。**

被告人臼井は、被告人佐野に対し、翌年度の平成29年度のブランディング事業に再度応募した際には、支援対象校に選定されるよう助言・指導等をしてほしい旨依頼し、被告人佐野もこれを承諾した。

被告人臼井は翌12日、被告人佐野に面談のお礼等のメールを送信するとともに、その後、東京医大医学部医学科の同29年度一般入学試験の願書や大学要覧等を郵送した。

検察側のこの主張に対し、佐野は公判で、田吾作で実際に交わされた会話をこう説明する。

「ブランディング事業の件は少し話題になり、私は『公募事業は趣旨を理解していないとなかなか通るものではない。文科省の担当課に行けば丁寧に教えてくれるので、よく勉強することが重要です』といった、文科省の役人が公募事業に関してよく口にする説明を話しましたが、臼井先生から特に反応はありませんでした。その時点では東京医大がブランディング事業に通りそうにないことを知っていたものの、公表のタイミングがまだ少し先だったこともあり、臼井先生にはその結果を話していません。臼井先生から『来年申請する時には事前にご指導ください』などと言われたり、次男の受験が話題に上ったりすることはありませんでした」
一方の臼井も公判で次のように話した。

検事 田吾作会食ではブランディング事業についてどういう話が出たのか。
臼井 ブランディング事業の資金は競争的資金なので、事業の趣旨に沿っていないとなかなか通らないという説明を受けました。私のほうも初めての挑戦で、なにしろ応募してみようということで、ブランディング事業自体あまり理解せず、ただ科学研究費（科研費）のような形で応募したので、事業そのものに強い認識を持っていたわけではありませんでした。
検事 事業の何を具体的に話したのか。
臼井 その年のブランディング事業を申請しているという話だけです。
検事 選定結果の公表が間近に迫っている時期だったが、気にはならなかったのか。
臼井 まったく気にならなかったわけではありませんが、1回目の挑戦で準備もあまりできずに申請していたので、特段の思い入れはありませんでした。その会食でも選定結果が話題になることはありませんでした。
検事 佐野さんから「担当者に聞けば、趣旨をきちんと教えてくれる」という話が出たということだが、どのような話の流れでそうなったのか。
臼井 競争的資金というのは、なにしろ事業の趣旨をよく理解しないとなかなか通らなくてね、という話だったと思います。

検事　佐野さんの次男の受験の話は出たか。

臼井　記憶にありません。

検事　会食の後、佐野さんに田吾作の領収書とともに東京医大の願書を送っている。次男の話題が出なかったのに願書を送ったのはなぜか。

臼井　願書を送るのは前から考えていたわけではなくて、その時は願書ができたということをたまたま聞いていて、理事長にも数通来るので、そういえば佐野さんのご子息が（東京にある大学の医学部を）受験されるということだったと思い出して、1部送りました。特に深い意味があったわけではありません。

佐野の弁護人の最終弁論要旨によると、臼井の18年7月9日付の検面調書には、田吾作での会食で次のような会話があったとされている。（傍線は佐野の弁護人）

「この会食の時までに佐野さんは、東京医科大学のブランディング事業の**申請書を見てくれていた様子でした**が、選定結果の発表が迫ったこの時期に、佐野さんから

ああいう書き方では厳しいですね。

ピント外れでしたね。

趣旨に沿っていませんでしたね。

などと言われました」

これについて、佐野は公判で全面的に否定している。

検事　東京医大の16年度ブランディング事業の計画書を一度も読んだことがなかったのか。

佐野　選ばれなかった事業計画書は、そもそも部外者には入手できないので読めません。

佐野が田吾作会食までに東京医大の事業計画書を見ていたという事実は、取り調べ済みの証拠からも出ていない。「見てくれていた様子でしたが」などという主観的で曖昧な記述を検面調書に書き込むのが、臼井の担当検事水野の常套手段であることがわかる。

「気持ちを込めた」メール

田吾作会食の勘定は臼井が一括して支払い、佐野はその場で自分の負担分1万円を手渡して、臼井からは後日、領収書が郵送された。

その後、11月22日にブランディング事業の選定結果が公表されたが、佐野は東京医大の選定結果を臼井に連絡しなかった。佐野は「選定されれば、めでたい話なので連絡してあげようかと思っていたのですが、選定されなかったのと、そもそも臼井先生からブランディング事業で何かお願いされているわけでもないので、あえて連絡しませんでした」と回想している。

年が明けて17年1月1日、佐野は臼井に年賀状代わりのメールを送信した。年賀状にしなかったのは、佐野が臼井の自宅住所を知らなかったため。田吾作での会食の後、臼井から東京医大の入試要覧が送られてきたこともあり、律儀な佐野は臼井へのお返しとして、山梨の実家に帰省した際に甲州ワインを購入。それもあって「お忙しいとは思いますが、新年会でも開かせていただき、お渡しできればと存じます。何れに致しましても、今年の一年も、大変お世話になることと存じますが、どうか宜しくご指導の程、お願い申し上げます」と記した。

ワインの件を除けばごくありふれた儀礼的な挨拶文で、佐野も公判で「昨年も懇談していろいろご教示いただいたということを受けて『また今年もお世話になります』と儀礼的に書いたもの」と話す。

このメールに対する臼井からの返信はなかった。実は臼井は前年12月、心臓弁膜症の手術を受けてしばらく入院し、誰とも連絡を取り合わない状態が続いていた。そんな事情など露知らない佐野は、臼井に無視されたと誤解して、自身から臼井への連絡を絶った。ここから同年5月10日の第2次醍醐会食までの間、佐野と臼井との交流は完全に途絶える。

佐野の弁護人の最終弁論要旨によると、臼井の18年7月9日付の検面調書には、この佐野のメールに関して、次のような驚くべき記載がある。（傍線は著者）

「佐野さんは、賢次君を東京医科大学に合格させてもらいたいという強い気持ちを持っていたからだと思いますが、平成29年年始にはその**気持ちを込めたメール**を私に送ってきました」

「『何れに致しましても、今年の一年も、大変お世話になることと存じますが、どうか宜しくご指導の程、お願い申し上げます』と記載されていますが、この時期における私と佐野さんとの主な関わりとしては、ブランディング事業のことと賢次君の東京医科大学の入試のことしかありませんでした」

だが、佐野のメールの文面はどう見ても、単なる一般的な儀礼的・定型的な挨拶文で、これを賢次の優遇措置を希望する気持ちを込めた文面と解釈するのは、こじ付けだろう。佐野が臼井にこのメールを送るまでの間には、第1次醍醐会食や田吾作会食で互いの共通の関心事である大学経営や大学行政などを話し合ったり、東京医大創立100周年記念式典への参加などに関するやり取りがあったり、田吾作会食で臼井から「次は新年会でも」と申し出があったりと、公私にわたる交流関係が築かれていた。

佐野が一般的・儀礼的なメールを臼井に送ったところでなんの不思議もなく、臼井と佐野との主な関わりがブランディング事業と賢次の東京医大入試の「ことしかなかった」などと、ことさら不自然に強調しているのは、水野が臼井を意図的に誘導して、自身に好都合な供述をさせたとしか考えようがない。

久しぶりの電話

さて、ここからはいよいよ肝心の第2次醍醐会食に入る。この間に賢次は、繰り上げ合格した帝京大を辞退して浪人受験の道を選択し、改めて慈恵医大など最難関の私立大医学部〝四天王〟を目指すことを決めている。

まだ賢次が現役受験に奮闘していた17年1月後半、谷口の携帯電話に臼井から久しぶりに連絡が入った。

「あまり多くの人には言っていないが、実は心臓手術のため入院していた。長らく連絡せず申し訳なかった」

谷口が「佐野さんとの新年会、どうしましょうか?」と尋ねると、臼井は「まだ体力にあまり自信がないので、夜の会食は一切入れていない。時期も時期でこれから入試、卒業式、入学式とバタバタしてちょっと忙しい。落ち着いたら会食も含めて連絡するから、その時は頼む」と話した。

それから2ヵ月が過ぎた4月初め、臼井から谷口にようやく電話があった。

「やっと落ち着いて体調も回復した。仕事も少し落ち着いたので、延び延びになっていた佐野さんとの会食の件、よろしく頼む」

臼井の健康回復に安堵した谷口は「では先生の快気祝いということでやりましょう」と提案。他の2人の承諾を得て、前々回の3人の会食で利用した佐野の馴染みの「精進料理 醍醐」を5月10日午後7時から佐野の名義で予約した。店側には「佐野さんが予約で利用する時と同じメニューで」と伝えた。

臼井は公判で、「佐野さんのご子息は現役で東京医大を受験した際に不合格だったので、4科目の科目ごとの得点などを伝えて、来年の参考にしてもらいたいと考えていました」と話したうえで、佐野との会食に第1次醍醐会食と同様、谷口を同席させた理由をこう説明した。

「私と佐野さんとの会食では人脈作りに繋がらないとは決して思いませんが、谷口さんは非常に話術も上手いし、私と佐野さんが2人で会うより谷口さんも交えて3人で会ったほうが、いろいろと話が盛り上がります。私に谷口さんを紹介した吉田統彦先生からも『この人は病院経営や資金繰りの話などが上手いですよ』と言われていて、何かあれば谷口さんにいろいろ聞いてみたいと思っていたので、3人で話すのも決して不思議ではありませんでした。谷口さんと佐野さんはもう親友のような関係で、スポーツの話などでも非常に乗っていたし、私に話題がない時は谷口さんに助けられていたので、別に不思議だとは思っていませんでした」

そして会食当日。谷口が午後7時少し前に店に着くと、先着した臼井が部屋で待っていた。佐野はまだ到着しておらず、臼井と谷口の久しぶりの再会は臼井の手術の話から始まった。

「心臓手術は年末年始の出来事で、私には臼井先生が意外と元気そうに見えたので、一般的なカテーテルという、表面的に管を通して心臓の血管を膨らませる簡単な手術だったのかなと思っていました。ところが話を聞くと、開胸して心臓弁を人工弁に置換する置換手術をやったということで、回復力のすごさに驚きました。私が『(手術は)ご自身の大学ですか?』と尋ねると、臼井先生は『あまり大きな声では言えないけれど、実は違う病院でやったんだ』と。人工弁などを使って開胸して実施する、難しくて体力を消耗する手術なのに、先生はもう元気になられて、お酒も少しぐらいならもう飲めると言われる。お年を考えるとリハビリ期間もそれなりに必要だろうと考えていたので、『お元気ですねぇ』と驚いた次第です」（公判での谷口の供述）
それから、ほどなくして佐野が到着し、３人の前に料理が運ばれてきた。

隠し録りされていた会話

実は会食の冒頭、佐野と臼井が挨拶を交わした後に、谷口は所持していたボイスレコーダー（ＶＲ）のスイッチを入れてワイシャツの胸ポケットにしまい、佐野と臼井には無断で会食の様子の隠し録りを始めた。もちろん佐野と臼井は、この谷口の行動に気づいていない。

このＶＲは会食の１ヵ月ほど前、東京医療コンサルティング（ＴＭＣ）取締役を務める古藤信一郎から、会議や会合の備忘録を作成する目的で渡され、鞄に入れていたものだった。谷口によると、ＴＭＣは顧客との打ち合わせや社内ミーティングなどの内容をＶＲに録音した後、その音声データをクラウドコンピューターに保管して、社内の情報共有化を進めていた。

谷口はなぜ、この３人の会食をわざわざＶＲに録音したのだろう。

「そもそも録音したことすら忘れていたのですが、臼井先生と同席してお酒が結構入ると予想されたので、何か重要な案件が出て忘れてはマズいと思い、自分の備忘録として録音することにしたのだと思います。佐野さんと臼井さんの了解を得なかったのは確かですが、録音データ自体を誰かと共有するつもりはなく、いつものように自分の備忘録として使おうと考えていただけなので、了解を取らなくてもいいと思いました。（音声データを文字化した）反訳文を見ると、私が心臓手術の件で臼井先生と話している部分や、佐野さんが入ってきて挨拶した部分が入っていないので、おそらく佐野さんが入ってきて挨拶し終わったところからVRのスイッチを入れたのだと思います」（公判での谷口の供述）

谷口はこの録音データを利用して、佐野と臼井を籠絡《ろうらく》する考えでもあったのだろうか。

「そんなつもりはまったくありません（笑）。その録音があるせいで、私は今ここにこうした状況でいるわけですが、仮に佐野さんと臼井さんを籠絡するつもりで録音していれば、もっときちんと管理しています（注：谷口自身は音声データをクラウドコンピューターではなく、USBメモリーに移してTMC社内に置いていた）。私としては何か悪いことをしている状態で録音したつもりはまったくなく、本当にただ単に録音してしまっていたという状況です」（同）

検察はこの会食をどう見たか

この音声データは事件の唯一の直接証拠（物的証拠）として、のちに東京地検特捜部に提供され（注：その経緯は第6章で詳述する）、20年7月20日の第2回公判の法廷で再生された。

醍醐での会話内容に関して、検察側が主張した要点は、①東京医大が17年度の文科省私立大学研究ブランディング事業の応募に向けて作成した事業計画書が、その制度趣旨に沿っているかどうかについて、臼井から助言・指導を依頼された佐野は、文科省の関係部署から自身が適切な職員を選んだうえで、谷口を介して同大の担当者に助言・指導させる旨約束した、②臼井はその見返りとして、賢次が東京医大の18年度一般入試で一定の得点を取れば、合格点に達していない場合でも、自身の判断で加点して合格させることができる旨を伝えた――という2点に尽きる。

少々長くなるが、検察側が冒頭陳述要旨で主張した、第2次醍醐会食の内容を紹介する。（傍線は著者）

被告人佐野、被告人臼井及び被告人谷口は平成29（２０１７）年5月10日、精進料理店の個室において再度会食しながら面談した。その際、被告人谷口は、その状況を被告人佐野と被告人臼井にも秘密裏に録音していた。

被告人佐野は、着席するや直ちに、被告人臼井に対し平成30年度の東京医大医学科の一般入試を再受験する予定の次男について、「またよろしくお願いします」旨切り出し、これに対して被告人臼井は、「来年は、絶対大丈夫だと思いますので」などと述べたうえで、あらかじめ用意していた平成29年度一般入試での次男の成績を記載した書面を手渡し、「もうあと5点、10点欲しい」などと述べ、**次男の成績があと5点または10点程度高ければ、合格点に達していなくても、被告人臼井の判断により加点して合格させることができる旨伝えた。**

引き続き、被告人臼井は、平成29年度ブランディング事業に関し、「出す前に、ちょっと、ご指導を賜ることができたらというふうに思っている」などと切り出し、**平成29年度ブランディング事**

業の事業計画書の記載について、文部科学省への提出前に、東京医大で事業計画書の作成を取りまとめ、連絡窓口となる大須賀浩（東京医大法人事務局研究支援部研究支援課長）に対し、助言・指導等をしてほしい旨依頼した。

これに対し、被告人佐野は、事業計画書案の書き方を指導することは違反になってしまうのでできない旨述べながらも、被告人臼井に対し、「この制度の趣旨はどういう趣旨なのかっていうことは……説明できたりする」、「この制度の趣旨をよく理解していただいて……東医で考えてるものについて、ちょっとこう意見交換してもらって……趣旨にあってるかどうかっていうようなことはサジェスチョンできると思います……そういうやり取りをしていると、段々に見えてきます」などと言い、東京医大が考えている事業計画書案について意見交換しながら、東京医大の案が制度趣旨に沿っているかどうか示唆する体制をとれば、東京医大に対し、事業計画書の記載等について助言・指導をすることができる旨言った。

その後、乾杯や世間話をするなどしたのに引き続き、被告人佐野は、「私が直接大須賀さんに電話するのもなんなんですね。ちょっと谷口さん通じて」、「誰がいいかちょっと見繕いますので、その決めた者のところに」、「谷口さんに『誰のところ行ってくれ』って言いますから」などと言い、被告人佐野において文部科学省の関係職員のなかから適切な者を選んだうえ、被告人谷口を介して大須賀と連絡を取らせ、該当文部科学省職員をして、大須賀への事業計画書の記載等についての助言・指導をさせるようにする旨言った。

被告人佐野、被告人臼井及び被告人谷口は、その後も歓談を続けたうえ、再度ブランディング事業について触れ、被告人佐野は、東京医大の平成28年度ブランディング事業の事業計画書について、「厳しい状況でした」、「その延長線だと、また今年も無理だと思います」、制度趣旨等が記載されている公募通知の「読み方が……的を外れてるんだと思います」などと言い、東京医大の平成28年度ブランディング事業の事業計画書は、同事業の制度趣旨を的確に捉えたものではなく、昨年度同様の考え方に基づいて事業計画書を作成したのでは、平成29年度においても支援対象校に選定されるのは困難である旨述べた。

そのうえで、被告人佐野は、その場で、事業計画書については医学についての知識が乏しい他の分野の委員が審査する可能性があることに触れるなどしながら、「誰が見てもわかるようにしなきゃいけない」、「研究の中身をやるんじゃなくて、ブランディングを高めていくっていうその目的に合ったことを何をするかっていうのが重要」、「何が、自分のところは日本一なんだ」、「自分のところはここが尖ってます、他と違う」というところを示すことが重要である旨や、東京医大の研究について、「世界にこう発信するんだという、……これをやったことによって、どういう波及効果があるかということも示していかないといけない」、「低侵襲の……モデルになるとともに、……世界における グローバルスタンダードになるように波及させていくっていうような、そういった調子で」などと、東京医大の低侵襲医療に関する研究成果を世界に発信し波及効果を示すことが重要である旨などを述べ、東京医大がブランディング事業に応募するテーマとしていた低侵襲医療に係る

研究計画を具体的に踏まえながら、ブランディング事業の制度趣旨を敷衍《ふえん》して自ら助言したうえ、今後、東京医大の作成する事業計画書案がこのような制度趣旨に沿っているかどうかを、文部科学省職員のなかから選定した適切な者に指導させる旨述べた。

加えて、被告人佐野は、このように東京医大に助言・指導をすることについて、自分の名前を口外しないよう言ったうえで、「そうするともう指導できなく、あ、あの、お話しすることができなくなっちゃう」などと言って口止めし、被告人臼井もこれを承諾した。

被告人佐野は、その後、歓談を続けるなかで、再度次男の話題を持ち出し、現役時代には帝京大学医学部にも合格したが進学せず、浪人生活をしていることなどに言及した

さらに、会食の終盤には、被告人臼井が「また、……谷口さんに連絡して」と言い、これに被告人谷口が「この大須賀先生の件、私がやりますんで」と応じたのに対し、被告人佐野が「もう5月末か6月だと急ぎますんで……連絡しますから」などと答え、**再度、東京医大の事業計画書の記載の助言・指導に関し、東京医大側の連絡窓口となる大須賀への連絡を、被告人谷口を介して行う旨を確認した。**

また、**被告人佐野は、その見返りに次男の受験にあたり、被告人臼井の判断により合格させてもらうことを重ねて確認すべく**、次男について「重ね重ねちょっと」、「きちっと今度は勉強してやりますので」などと言及したのに対し、被告人臼井は、「ぜひぜひ、もううちに予約しておいでになって」などと言い、**第2次会食において、被告人佐野が被告人臼井の依頼に応じ東京医大の平成29年度**

ブランディング事業の事業計画書の記載等について助言・指導等をすることを約したことを踏まえ、その見返りに、次男が東京医大医学科の平成30年度一般入試を受験し一定の得点に達すれば、合格点に達していなくても被告人臼井の判断により加点し合格させる旨、再度言及した。

被告人谷口は、被告人佐野が東京医大の事業計画書の記載について適切な助言・指導をすれば、東京医大が支援対象校に選定され、被告人臼井も、その見返りに、次男の受験にあたりその判断により合格させてくれるものと認識し、被告人佐野のために次男の東京医大合格に向け働き掛けるべく、この被告人臼井の言に応じ、「そうそう、予約入学」などと言った。

被告人谷口は、その間、被告人佐野及び被告人臼井に対し、**自らが連絡窓口になって被告人佐野との仲介役になることを申し出るなどするとともに、**被告人佐野から、次男が平成29年度に合格した他の大学医学部には進学せず、浪人生活をしている旨を被告人臼井に事前に伝えたかどうか確められた際には、既に伝えている旨返答した。

被告人谷口は、次男の東京医大等への進学を期待する被告人佐野及びブランディング事業の事業計画書の記載等に係る助言・指導等を期待する被告人臼井の間を取り持つことで、それぞれから被告人谷口らの事業のために有利な取り計らいをしてもらうことなどを期待し、第２次会食の代金を自らのクレジットカードで支払った。

「もうあと5点、10点欲しいな」

この冒頭陳述を一読して感じるのは、検察側が被告3人の各々の発言に関して事細かく注釈を書き加えていることだ。これに対して3人は公判で、検察側が冒頭陳述に盛り込んだ賢次の受験に関する3人の発言について、自身の発言の真意や、相手の言葉をどう受け止めたのかを供述した。

検察側の解釈と3人の供述のどちらが信用に足るのか、具体的に見ていこう。四角で囲んだ部分は、音声データに残されている各々の発言。それに続く部分が、その発言の真意や、発言を聞いたほうの受け止め方について各々が述べたものだ。ページ数は公判廷に出された反訳文のページ数である。

【賢次の受験に関する会話】

1ページ

佐野　申し訳ないです。本当に、あの、あのー、申し訳ございません。本当に、申し訳ございません。また、よろしくお願いします。

佐野　（第1次醍醐会食で）臼井先生から「息子さんの受験、頑張ってください」と励まされていたのに、現役合格できなかったので、それを申し訳なく思い、このように謝っています。一般的に役人というだけで高飛車に思われるきらいがあるため、私はある時期から会話や会合の際には平身低頭で接することを心掛けてきたつもりです。特に相手が目上の方の場合、まずは謝るところから入るのが私の基本的な姿勢で、ここでもその姿勢で謝っています。「また、よろしくお願いします」は一般的な、儀礼的な挨拶の言葉として、何か特定のこと、具体的なことを指してお願いしているようなものではありません。

臼井　ご子息が現役時の試験で不合格だったので、それについて私に「申し訳ない」と謝っているのだと思います。私が（賢次君が東京医大に）入ると期待していたので、申し訳ないと言っている気がします。

臼井　**ぜひぜひ。まあ、来年は、絶対大丈夫だと思いますので。**

臼井　1年浪人して頑張れば、普通にやれば来年は大丈夫だと思い、そう言って励ましたつもりです。

佐野　息子が浪人して頑張っているのだから、来年はきっと大丈夫ですよ、と励ましの言葉をいただいたと思っていました。受験で加点などの優遇をする意味だとはまったく思いもしていませんでした。

臼井　**これね、後でゆっくり見てください。今回のご子息の内容が書いてありますので。**

臼井　ご子息は不合格でしたが、万遍なく点数を取っていたので、浪人生活を一生懸命やってもらえば、来年は大丈夫との印象を持ち、それ（注：賢次の17年度一般入試の成績）を印刷した紙を封筒に入れて持っていきました。試験の成績は合否発表後なら公開しても構いません。成績表は会食を始める前、佐野さんに「後でゆっくり見ておいてください」と話して、封筒に入れたものを渡しました。佐野さんは紙を封筒から出したりせず、「来年頑張らせますので、またよろしくお願いします」と話していました。

佐野　会食の最初の頃、東京医大の17年度の1次試験結果が書かれた紙を入れた小さな封筒を、臼井先生から渡された時の会話です。臼井先生からは「後でゆっくり見てください」と手渡されたのですが、録音を聞いてもわかるとおり、かなり急な一瞬の出来事で、とても開封して中を見る状況にありませんでした。開封しないまま、胸ポケットに入れたと記憶しています。

谷口　「これ、ご子息の成績が入っています。後でゆっくり見て、参考にしてください」という話で、封筒に入った紙を臼井先生が渡したと思います。私は中身を見ていません。

臼井　やっぱ、もうあと5点、10点欲しいなとね。
佐野　そうですね。ほんと申し訳ございません。
谷口　ま、ま、そこの差が実はちょっとね、頑張れるか頑張れないかで。
臼井　でも、非常にもう、万遍なくきれいに取ってるんだよ。だけども、まあ例えば一つが30点以下とか、そういうのじゃなくて、ずっと40とか60とかこうやって行ってるんだけど、トータルですると。

臼井　「あともう少し点が取れれば入れたかもしれない」と慰めたということです。

佐野　「もう少し点数を取らないとね」という漠とした言い方で、私の印象には残っていません。この時点ではもう、東京医大の17年度1次試験の合格ラインの点数や、息子の点数など、ずいぶん遠い過去の話で、まったく思い出しもしませんでしたので、私も「ほんと申し訳ございません」とだけ返しています。

谷口　5点、10点という表現になんら疑問は感じませんでした。そもそも賢次君が加点を受けていたことは、逮捕後の取り調べで検事から聞かされるまで知らなかった事実で、この臼井先生の発言にそうした意味があったとしても、私が理解できるはずもありません。

40ページ

臼井　来年は普通にやってくれれば必ずもう、入れる、それがね、150から160点でいくと、僕の今までの経験だと、2年、3年かかりますね。

佐野　息子は現役時代にそれなりの高得点だったので、このまま1浪して普通に頑張れば受かるでしょうという、励ましの言葉をいただいたのだろうと思いました。それが自力（実力）での合格であることは、当り前のことです。

46ページ

佐野　きちっと今度は勉強してやりますので。

佐野　今度は一生懸命頑張って勉強させる、合格させてみせるという決意表明の言葉です。

臼井　「子息にきちんと勉強させて、来年は受かるようにやる」という決意のようなものと受け取りました。

臼井　ぜひぜひ、もううちに予約しておいでになって。

谷口　予約して……そうそうそう、予約入学（笑）。

臼井　頑張ってやって来てくだされば、来年は私のところに約束して来てくださいと、こちらから佐野さんにお願いしている感じです。

佐野　臼井先生は以前にも「うちも良い大学なので、ぜひうちにお越しください」と仰っていたので、臼井先生の願望を表した言葉とも、「お待ちしていますよ」という歓迎の言葉とも受け取れますが、これが印象に残ったなどということはまったくありません。「予約」という言葉に、検察側が主張するような「受験で次男を優遇する」という意味があるなどとは、常人にはとうてい理解不能です。そのようなことは微塵も考えていませんでした。それから私が谷口さんの発言に特に反応していないのは、息子には他に志望順位の高い大学があり、東京医大に行くことは約束できなかったからです。

谷口　予約という言葉は「予約診療」とか「予約受付」などの形で普通に使う、医師特有のユーモア、ジョークの一種です。「医学部にたくさん合格したとしても、うちに来てほしい」という意味になるので、「臼井先生はよほど賢次君に来てほしいのだな」と思った記憶があります。加点するとの趣旨にはまったく受け取れませんでした。それからこの一連の発言自体、食事がすべて終わり、だいぶ酔っ払いながら部屋のなかでなんとなくダラダラ帰り支度をしている時の立ち話で、私が「そうそう、予約入学」と発言した後、女将が襖を開けて「どうぞ」と声を掛け、臼井先生の退出を促しています。そうした状況下での発言です。

「これは違反になっちゃいます」

ここまで第2次醍醐会食での賢次の受験に関する会話の内容を紹介した。続いてブランディング事業に関する会話に移ろう。

【ブランディング事業に関する会話】

３ページ

佐野　あのー、基本的にはですね、これを良いとか悪いとかっていうのは、あのー、言えないんですよ。
臼井　ああ。ああ。
佐野　したがって、その、この制度の趣旨はどういう趣旨なのかっていうのは、こう、説明はできたりするんですね。
それと、あと、前回落ちた時の、おー、なんて言うんでしょう、どこが悪かったかっていうのは、それはまた説明できますので。

臼井　ああそうですか。
佐野　ええ。これの書き方の指導をするっていうことは、これは、あの、違反になっちゃいますので。
臼井　ええ、ええ。
佐野　それは無理なんですね。
佐野　私が引き受けたのは、東京医大の研究支援課長にブランディング事業の趣旨を説明する文科省の担当者を紹介することです。私からは「書き方について指導することはできません」と、この場で明確にお断りしています。
臼井　見てもらいたいと思ったのは確かで、佐野さんに「書き方を指導するのは違反になってしまうので、それはやはりできない」と言われたことも覚えています。私のほうは違反とまでは思いませんでしたが、そういうことは内規上、役職柄してはいけないのかなとは思いました。

7ページ

佐野　私が直接、大須賀さんに電話するのもなんなんでですね。ちょっと谷口さん通じて、あのー、あれしますので。
臼井　はい、そうさせてください。
佐野　臼井先生のほうから「大須賀さんに連絡して」という話もありましたが、私が大須賀さんに直接電話すると私の名前が知られることになり、大須賀さんが私の名前を悪用することも考えられなくもないので、「私が直接、大須賀さんに電話するのもなんなんで」と申し上げました。

佐野　で、あの、私が担当の者をですね、えっとー、誰がいいかちょっと見繕いますので、その決めた者のところに。
谷口　私に1回言っていただければ。
佐野　谷口さんに「誰のところに行ってくれ」って言いますから、だから、あの、大須賀さんにコンタクト取ってもらって。
谷口　はい、わかりました。
佐野　電話を入れれば、あのー、すぐちゃんと対応するように、もう。
谷口　なってますからってことで。
佐野　事前に言っときますんで。
谷口　はい、承知しました。
佐野　それで先生、よろしいですかね？
臼井　ええ、ええ、それで結構です。よろしくお願いします。

佐野　酒の席なので気持ちよく飲んでもらうためで、別に官房長だからリップサービスをしたわけではありません。酒の席なのでそんなに詳しく考えているわけではありませんが、「紹介する」と言ったので、紹介する際に「よいのをちゃんと紹介しますよ」と言えば相手も安心するというか、まさにリップサービスで気持ちよくなってもらえる。酒席を楽しくするための方便です。そこで臼井先生に何か恩を与えたとか、そんなことは一切思ってもいませんでしたし、話してもいません。

臼井　ブランディング事業の申請書の書き方について、趣旨を説明してくれる担当者を紹介してほしいとお願いしました。佐野さんは「よく相談できる担当者を紹介するので、互いに意見交換しておやりください」と言っていました。

第2次醍醐会食序盤に臼井が持ち出した17年度ブランディング事業に関する会話の終わり近く、佐野は臼井にあるお願い事をしている。

11ページ

佐野　2つお願いがあって、1点は私の名前を絶対この、この人には言わないでほしい。

佐野　この人とは東京医大研究支援課長のことです。私は以前、バレエの地方公演への支援に関して第三者に「文化庁を訪ねて聞いたらどうか？」と助言したところ、その第三者は私の名前を勝手に持ち出して、その公演には予算をすでに付けてくれることになっていると、私から聞いているかのような言い方を担当者にしました。私の名前が権威付けのために勝手に使われたことで、私自身も、私の名前を告げられた文科省の担当者も非常に不愉快な思いをしたことがありました。私にはそれがトラウマになっていたので、このような話をしています。今回の件で言えば、私の名前を知った東京医大の研究課の課長が、文科省の担当官と会った際に私の名前を悪用して高圧的な態度に出たり、無用の発言をしたりすることが起きてほしくないという思いから発言しています。

臼井　佐野さんのような局長クラスの方がそういうことをするのはやはり、世間体から見てマズいからなのかと、単純にそう思いました。文科省高官の方が私たちに教えるのは役所柄マズいのかなということです。

12ページ

臼井　わかりました。あの、今もまだ、あの、佐野さんのお名前、１回も出してませんから、なかでは。

佐野　ええ、ええ、あの、そこは私が上手くやりますので。

佐野　私がこの時やろうと考えた具体的行動は、まず文科省の私学助成課の課長に電話して、担当官の名前を教えてもらい、その担当官の名前を東京医大にお伝えするという担当者紹介と、その担当課の課長に「東京医科大からブランディング事業に関するアポ取りがいずれあると思うので、よろしく対応してやってほしい」ということでした。「私が上手くやりますので」というのは、単に「大丈夫ですよ」ということを誇張してお話ししたものです。「特に私の名前を出していただかなくても、きちんとアポイントメントは取れて、お話を伺えるようになるでしょう」との趣旨で申し上げました。

会食での会話を切り貼りした調書

第2次醍醐会食では結局、佐野がブランディング事業の趣旨を説明する文科省高等教育局私学部私学助成課の担当者を東京医大側に伝えることを約束し、谷口は東京医大の担当者を文科省に同行して私学助成課の担当者に引き合わせる役目を請け負った。会食代金は谷口がまとめて支払い、佐野は後日、自身の会食費を谷口に現金で支払ったが、会食の趣旨が臼井の快気祝いだったため、谷口は臼井に代金を請求しなかった。

会食翌日の5月11日、臼井から谷口にお礼のメールが届いた。

「おはようございます、昨晩は大変お世話になりました。またご馳走になり申し訳ありません。次回は小生が企画します。ブランディングの件について、当方の大須賀研究支援課長をよろしくお願いします。6月の終わりか7月に、例えば6月23日、27日、7月3日あたりに会食はいかがでしょうか。佐野先生にもご都合を伺っておいてください」

このメールの趣旨について、臼井は公判で「単なる挨拶で深い意味はありません。連絡お願いしますという意味が込められていなくはないと思いますが、それを特段強調する状況ではないと思いました」と話している。

臼井からのメールに対して谷口は、「諸々承知いたしました。大須賀先生の担当が決まり次第ご連絡致します」と返信。だが、それからこの件で佐野からの連絡はなく、佐野から連絡があるものと承知していた谷口も、大須賀を文科省に同行すること自体、日々の忙しさにかまけて失念していた。谷口から佐野に「あの担当者の件、どうなりました？」などと確認することもなかった。谷口は公判で「すごく大切な案件ではないと思っていたので失念していたと思います」と話している。

ちなみに臼井が持ち掛けた次回の会食も佐野の都合がつかず、実現することはなかった。

佐野の弁護人の最終弁論要旨によると、第2次醍醐会食に関する臼井の18年6月28日付、同年7月14日付の検面調書には「気持ちを伝えた」「気持ちを聞いた」「暗にお伝えし」「気持ちを示してきた」などと、取調検事の水野にとって曖昧で都合のよい記述が目立つという。それはもはや〝水野文学〟と呼んでも過言ではないだろう。また、6月28日付の臼井の検面調書には、次のような記載もある。（傍線は著者）

「この（第2次醍醐会食の）最後の会話において、佐野さんは、最後の最後まで、大事にされておられる息子さんの賢次君を東京医科大学に合格させたいという気持ちからだと思いますが、帰り際にも、私に、賢次君が東京医科大学を受験した際に配慮してもらえるようお願いしてきましたので（注：佐野がそうした発言をする場面は録音データに存在しない）、私からは、『我々も』という表現で、賢次君の入試に関しては私が配慮するけれども、その一方で、東京医科大学の平成29年度ブランディング事業の申請に関しては、東京医科大学がブランディング事業の対象に選定してもらえるように佐野さんにご指導をお願いしたいという気持ちを申し上げました」

だが、第2次醍醐会食の終了時までに、臼井が東京医大を受験した賢次に優遇措置を与えることで佐野との間に意思疎通ができていたのなら、検面調書にあるように「佐野さんが第2次醍醐会食の『最後の最後まで』『帰り際にも』繰り返し優遇措置をお願いしてきた」と臼井が受け止めていることのほうが、かえって不自然な話だ。

臼井の取調検事の水野はまず、第2次醍醐会食に至るまでの事実経過に関するシナリオを作り、それに続けて同会食での3人の具体的なやり取りのうち、立件に向けて使えそうな発言を都合よく切り取って列挙。その発言に恣意的な意味付けを施している。

この後も17年度のブランディング事業の事業計画書案の作成をめぐり、検察側の主張は空想や妄想の度合いを強めていく。

第4章

4000万円超の補助金

▼東京都新宿区にある東京医科大学

私立大学研究ブランディング事業

東京医科大学理事長の臼井正彦が申請に向けて動いていた、文部科学省の公募事業「私立大学研究ブランディング事業」について、ここで改めて詳しく説明しておこう。同省が２０１６年度から始めた同事業は、「学長のリーダーシップの下で、優先課題として全学的な独自色を大きく打ち出す研究に取り組む私立大学等に対し、経常費・施設費・設備費を一体として重点的に支援する」(同省ホームページより)というもの。支援対象校を選定するまでの手順は次のとおりだ。

ブランディング事業を所管する文科省高等教育局私学部私学助成課はまず、各大学を経営する学校法人の理事長に宛てて、対象校を公募する通知を送付する。補助金交付を希望する私立大は、実施を考えている事業内容を記載した事業計画書などの書面を提出。これを受けて各分野の専門家らで構成される審査部会の委員が計画書を審査する。この結果を踏まえて、同省の委嘱を受けた学識経験者らで構成される事業委員会が審議を重ね、補助金を交付する対象校を選ぶ。

事業予算額は16年度が72億５０００万円(選定予定校数30~40校)、17年度が79億円(同50~60校)、18年度56億円(同50校程度)だったが、18年7月にこの事件が勃発したことを受けてわずか３年で打ち切りとなった。

東京医大の研究テーマは初年度の16年度から2年続けて「低侵襲医療」。これは患者の身体に対する侵襲(生体内の恒常性を乱す可能性のある手術や注射などの刺激)をできるだけ少なくする医療のことを指す。学長の鈴木衛によると、このテーマは臼井が学長時代から中心となって取り組んでいるもので、同大には担当する部署として「健康増進先制医療応用部門」と「ロボット診断治療装置開発部門」の二つが置かれ、前者は臼井、後者は鈴木を中心として研究が進められていた。

前者の代表例は「メタボローム解析」で、これは例えば体内に生じたがん細胞が分泌する代謝物質のたんぱくを詳しく解析して、低侵襲での診断技術の開発につなげるというもの。後者の代表例が「ダヴィンチ手術」で、東京・西新宿の東京医大病院から程近い工学院大学と共同研究を重ね、医学と工学を合体させた様々な診断方法の確立を目指していた。

第２次醍醐会食の翌日、文科省大臣官房長の佐野太は私学助成課に電話をかけ、17年度ブランディング事業の公募要項が掲載されている同省ホームページ上のＵＲＬを教えてもらった。前夜の会食では臼井から応募の締切日などの大まかな話しか聞いておらず、公募要項の中身まで詳しくは聞いていなかった。そこで佐野は担当者を紹介するにあたり、まず17年度ブランディング事業の概要を知ろうと考えた。ところが各私立大に送られた公募通知を読んで、佐野は愕然とする。書面の「４．留意点」にはこう書かれていた。

「記入要領等に係るお問い合わせについては、公平性の観点から、原則として電話にてお願いします。なお、その場合であっても、申請内容が事業の趣旨に合致しているか等、個別大学の申請内容に関わるお問い合わせには対応できません」

佐野はこの通知を印刷し、該当する部分に青色のアンダーラインを引いた。科学技術庁と文科省の科学技術系部署で公募事業を何度も取り扱ってきた佐野だったが、こうした文章を目にした記憶はそれまでになく、前年度のブランディング事業の要項にも書かれていなかった。佐野は公判で、この時の心境を語っている。

「実際に担当者を紹介するかどうかはそれほど慌てる話ではないので（注：提出期限は17年6月8日午後5時）、まず公募通知を読んでどうするか考えようと思っていました。ところが『問い合わせは、原則として電話でお願いします』と書かれていた。これでは担当者紹介は決まりに抵触することになり、臼井先生との約束も守れないことになる。30年を超える役人人生のなかで初めて見た文章で、大変違和感がありましたが、大臣官房と高等教育局では事業の所管と権限が独立しており、官房長には高等局の担当課が決めた内容を問い詰める権限がありません。また、その必要もないと考えたので、それ以上の問い合わせはしませんでした」

ところで当の私学助成課は実際のところ、ブランディング事業に関する各私立大からの問い合わせにどのように対応していたのだろう。当時の課長だった淵上孝が公判で証言したところによると、各私立大からの問い合わせには事業の制度趣旨を丁寧に説明し、国会議員や文科省ＯＢを通じた問い合わせには、対面でも説明していたという。

淵上によると、初年度の16年度には30〜40校を選定する予定だったが、公募通知を出した後に問い合わせが数多くあり、最終的には予想を大幅に超える１９８校が申請（注：選定数は40校）。私学助成課が対面で問い合わせに応じていると時間を取られるうえに、各大学の事業計画書の内容に踏み込んで発言してしまう恐れもあった。それを踏まえて17年度は表向き、電話での対応に限定したのだという。

つまり佐野が驚いた17年度の「留意点」は、あくまで課内での運用ルールに過ぎず、実際には守られていないケースもあった。淵上は「私学助成課の予算の獲得・維持の観点から、大学側にはできるだけ事業の制度趣旨を理解してもらい、それに合った取り組みを通じて積極的に応募してほしいという思いがあった」と説明している。

だが官房長でもある佐野は、公募要項の記載にあくまでも忠実であろうと決めた。そしてここから約１ヵ月間、佐野、臼井、谷口の３人が織りなすドラマが始まる。

ヒルトンホテル東京にて

5月11日から同月31日までの経緯について、検察側の冒頭陳述から該当個所の記載を引用してみよう。（傍線は著者）

被告人佐野は遅くとも平成29（２０１７）年5月11日の夕刻までに、同年度ブランディング事業の公募通知等を入手したが、第２次会食後に改めてその内容を確認したところ、公募通知には、公平性の観点から、申請内容が事業の趣旨に合致しているか等の個別の申請内容に関わる問い合わせには対応できない旨や、記入要領等に関する問い合わせであっても、電話での対応しか行うことができない旨が明示されていたことから、文部科学省の担当職員をして東京医大の事業計画書の記載に係る助言・指導を行わせることを断念し、**被告人佐野は、今後は被告人谷口を介して東京医大側に対する助言・指導を行うこととした。**

被告人佐野は被告人臼井にその旨を直接伝えるため、同日夕刻、公務の合間を縫って、公用車で東京医大の事務所の近くにあるホテルまで赴いて被告人臼井と会い、被告人臼井に前記の個別対応を行わない旨などの記載の個所にラインマーカーで着色した公募通知を手交し、同個所を示したうえで、公には、被告人佐野が直接対応することができないことになっているので、被告人佐野が関与していることを口外しないよう口止めした。

被告人佐野は、そのうえで、平成28年度に支援対象校に選定された他の大学の事業計画書を参考とすべき旨や、東京医大の事業の特殊性・独自性を強調すべき旨などをアドバイスするとともに、**東京医大で作成した事業計画書案を、同月20日頃から23日頃までの間には一度見せてほしい旨を伝えた。**被告人臼井はその際、前記公募通知が入れられていた封筒に、被告人佐野から受けたアドバイスの要点等を書き留めた。

東京医大では大須賀浩研究支援課長を中心に事業計画書案の作成を進めていたところ、被告人臼井は事業計画書の原案について被告人佐野の助言・指導を受けるため、同月31日、被告人佐野にメールを送信し、事業計画書案が一応完成した旨を告げたうえ、「お目通しいただけますでしょうか」、「ご指示のところへお持ちしますし、お時間があれば遅くてもお目にかかることができれば幸いです」と伝えて、事業計画書案の確認及び助言・指導を依頼した。

これに対し被告人佐野は、**被告人谷口を介して東京医大の事業計画書案を受領することとし、被告人谷口に、被告人臼井から東京医大の事業計画書案を受領するよう依頼した。**

被告人臼井は同日、被告人谷口に、助言・指導を依頼する旨の被告人佐野宛ての添え書きとともに、東京医大の事業計画書案を交付した。

この検察側の主張によると、佐野は谷口を使って臼井から事業計画書案を受け取り、谷口を経由してその内容を助言・指導しようと目論んでいたかのように見える。実際の経緯はどのようなものだったのか。公判での供述や証拠から時系列で追ってみよう。

17年度ブランディング事業の公募要項を読んだ佐野はその日のうちに、前夜の臼井との約束撤回に動いた。

「年長で高名な臼井先生との約束を反故《ほご》にする以上、きちんとお会いして、礼を尽くしてお断りする必要がある。自分はブランディング事業を所管する高等教育局の人間ではないものの、臼井先生には念のため、この件ではもうお会いしないほうがよいだろう」

こう考えた佐野はその日午後遅く、臼井に電話して「至急お伝えしたいことがある」と話し、臼井の都合を聞いたうえで午後6時半過ぎに面会することにした。場所は東京・西新宿の東京医大病院の目と鼻の先にあるヒルトンホテル東京のロビー。佐野は当初から予定していた某国会議員を励ます会に冒頭の10分間だけ参加して議員に挨拶した後、会場の港区芝公園の東京プリンスホテルから西新宿に車で向かった。国会議員のパーティーに冒頭だけ参加するのは、佐野のいつものパターンだ。

ヒルトンのロビーで落ち合った二人だったが、ロビーが混雑していたことから、ホテル1階にある開店直前のバーに入り、まだ客のいない店内の席に腰掛けた。佐野は無地の茶封筒に入れて持参した公募要項のコピーを取り出すと、青色のアンダーラインを引いた個所を臼井に示して事情を説明した。

「昨夜は文科省の担当者を紹介するとお約束しましたが、このように書いてあるので、東京医大の担当課長が文科省の担当者と会うことはできません。お約束は撤回させてください。私も以後、この件に関して先生とお会いすることはできません」

こうしたやや強いトーンで臼井に説明したことについて、佐野は公判で次のように供述する。

「私が臼井先生に約束したのは文科省の担当者を紹介することだけでしたが、それができないとなると、臼井先生は私自身に『事業計画書案を見てもらいたい』と依頼しかねないと考えて、予防線を張りました。高等教育局所管のブランディング事業に官房長の私が関わることはなく、この件で臼井先生からこれ以上問い合わせされるのも、はっきり言って面倒臭い。『あまり関わりたくない』との思いもあって、『もう会わない』と宣告しました」

佐野は前夜と同様に、「他の大学の採択事例をよく見ることや、大学の特色を生かすことが重要」などと、事業計画書を作成するに当たっての考え方について一般論を話した。臼井からは、倍率の高い東京医大看護学科の定員増の可能性など、ブランディング事業とは無関係の質問があり、佐野は「新聞に書かれているとおり、地方創生の観点から都心の大学定員を抑える話があるので、今後はその動きに注意しておいてください」と答えた。

この間わずか10分。次の予定の場所に向かう支度を始めた佐野が、「書き方の指導はできないし、見ることもできませんので」とダメを押すと、臼井は気落ちした様子で「困ったなぁ……誰か他に見てくれる人いませんかねぇ」とボヤいた。この時、佐野は、前夜の会食での谷口の発言を思い出した。

「谷口さんが前夜の会食で『自分の会社（東京医療コンサルティング＝ＴＭＣ）には事業計画書を見たり書いたりできる優秀な人材がいる』と話したり、東京医大の事業計画書案に対する助言を積極的に引き受ける旨を随所でアピールしたりしていたことを思い出しました。そこで臼井先生に『それほどお悩みなら、谷口さんに相談してはいかがですか？』とお話ししました」（公判での佐野の供述）

これを聞いた臼井は「誰も見てくれる人がいないより、そのほうがいい」と考えて、「わかりました」と同意した。

茶封筒に書かれたメモ

佐野から聞かされた話を忘れないようにするため、臼井は佐野が公募要項を入れて持参した無地の茶封筒の前面に、佐野の説明内容を書き記した。臼井によると、この時、佐野と交わした話題は順に、①公募要項の留意点、②佐野は今後対応できないこと、③ブランディング事業の申請に関する4つのアドバイス（「素案」「同じレベル」「特殊があって」「ブランディングの重要性」）、④「増える私学助成　メリハリをつける」「学部再変《ママ》　23区定員を増やさない」「新たな学部」の別件3点――というもの。臼井は①と②は書き記さず、③の「素案」「同じレベル」「特殊があって」を赤色、「ブランディングの重要性」を黒色のボールペンでそれぞれ書き込んだが、色分けしたことに深い意味はないという。④はすべて黒色のボールペンで書き込んだ。臼井は公判で、③の4つの記載項目の意味をこう説明した。

「『素案』はブランディング事業計画書の骨格の意味で、全体の基本的内容をわかりやすく簡潔に書く、『同じレベル』は前年度に採択された大学の事業計画書と同レベルかそれ以上でなくてはならない、『特殊があって』はブランディング事業に関する自分の大学の特殊性を打ち出す、『ブランディングの重要性』はブランディング事業の制度や重要性を理解して、日本一、世界一を目指すという意味だったと思います」

また、④のうち「増える私学助成　メリハリをつける」は「私学助成金が増えるなかでも、メリハリを付けて申請する必要がある」との趣旨で、「学部再変《ママ》　23区内に定員を増やさない」は当時の東京医大が看護学科の定員増を検討するなかで、都内の大学定員を増やさないとの報道があり、それに関して臼井が佐野に尋ねたものだった。さらに「新たな学部」は、「介護学科や保健学科は新規に設置したほうがよい」との趣旨で、いずれもブランディング事業とは無関係の問題だった。

　実はこの茶封筒の前面には、臼井の手書きのメモがもう1点記されていた。佐野と別れて東京医大理事長室に戻った臼井は、茶封筒を収納する直前、黒色のフェルトペンで「文科ブランディング」と大きく記入。さらに茶封筒上に書き込んだ他のメモとは離れた場所（前述の①〜④が記載された場所から数センチ左上部）に、ポケットにあった黒色のボールペンで「5月20―23日」と書き込み、アンダーラインを引いた。これは、いったい何を意味するのか。

　佐野の弁護人の最終陳述要旨に記載された、18年7月14日付の臼井の検面調書では次のようになっている。

「『5月20―23日』という記載は、佐野さんが、佐野さん側でチェックをするために佐野さん側に提出すべき期限の目安として挙げてきた時期を書き留めたものです」（検面調書9ページ）

　また、茶封筒の「素案」というメモについては次のように書かれている。

「手書きの文字のうち『素案』という記載は、佐野さん側にまずは粗々の素案の段階でよいから見せてほしいという発言を書き留めたもの」（同）

　だが、臼井は公判でこう反論した。

「5月20日から23日くらいまでに素案を作らないと、訂正などで締切日に間に合わないと考えて、（自分の）備忘のために書きました。理事長室で『文科ブランディング』と書いた後に書き加えたと思います。佐野さんに『この日付までに事業計画書案を作成すれば見てあげる』と言われて書いたのでも、大須賀に『5月20日から23日までの間に書き上げろ』と指示したことをメモしたのでもありません」

検面調書の記載内容を公判廷で被告本人から否定されるのは、これが何度目になるのか。臼井は検察側の反対尋問に次のように説明している。

検事　素案というメモについて、ヒルトンで佐野さんに言われた「まずは粗々の素案の段階でいいから見せてほしい」との発言を書き留めた、それが素案だと、取り調べで説明していなかったか。

臼井　していません。

検事　取り調べでは封筒の横のほうに「5月20―23日」と書いている点をどう説明したのか。

臼井　取り調べでは書いたこと自体忘れていて、検事さんを結構困らせたのですが、自分としては5月20日から23日くらいまでに素案を作らないと締め切りに間に合わないから（そう書いた）、という感じでした。

検事　できた素案を佐野さんにチェックしてもらうための日付の目安として、ヒルトンでその日にちを封筒に書き留めたと記憶していると、取り調べで供述していないか。

臼井　そのようなことは言っていないと思います。

検事　ヒルトンで佐野さんとバーに入った際、佐野さんが人目を気にしている様子で、端のほうに行きましょうと言って、それで隅のほうに座ったと、取り調べで供述しなかったか。

臼井　佐野さんから「端のほうで話しましょう」と言われた気はしますが、人目を気にしている様子だったとは言っていないと思います。

「口が裂けても言っていません」

特捜部としてはなんとしても、東京医大がブランディング事業計画書を文科省に提出する前に、その内容について臼井が佐野の助言・指導を受けたことにしておきたかった。でなければ、臼井がその見返りとして、佐野の次男の賢次を18年度一般入試で正規合格させたというシナリオが根底から崩壊してしまうからだ。

臼井の検面調書も、その点がことさら強調されている。佐野の弁護人の最終弁論要旨によると、前述した18年7月14日付の臼井の検面調書には、以下のような記載がある。（傍線は佐野の弁護人）

「醍醐での会食が行われた翌日である平成29（２０１７）年5月11日夕刻、佐野さんが、私が執務する東京医科大学理事長室などを置く新宿国際ビルの隣にあるヒルトンホテルまで来てくれ、**前日に続いて、自ら指導をしてくれました**」（検面調書6ページ）

「このように佐野さんは平成29年5月11日、その前日10日の醍醐での会食で非常に熱心に指導をしてくれたにもかかわらず、**今度はわざわざ私の職場付近まで来てくれて、自ら直接、私にブランディング事業の申請に関する注意点を教えてくれました**ので、私は、**佐野さんの熱心さを**十分に感じて、ありがたく思いました。そして、それとともに、私は佐野さんがご子息の賢次君をどうしても東京医科大学に行かせたいのだと、理事長である私に入試で点数加算などの配慮をしてもらってでも賢次君を東京医科大学に入学させたいのだと感じました」（同10ページ）

ブランディング事業の話を前夜したばかりの佐野が、同事業に関するわずか10分程度の追加指導のために、霞が関から離れた西新宿のヒルトンホテルまでわざわざ出向くものだろうか。時間的な効率だけで考えても、あまりに不自然だ。しかも、佐野がヒルトンで臼井に話した内容は、前夜の会食で話した範囲から一歩も出ておらず、臼井がそれを、佐野の「指導」の「熱心さ」と感じるのもおかしな話である。

前夜の「担当者を紹介する」という約束が運用ルール上できないことがわかり、それを断るために自ら出向いたという佐野の説明のほうが、よほど納得がいく。臼井は公判で次のように供述している。

弁護人　自分の真意が伝わっていない調書を検事に録られたという思いはあるか。

臼井　ありますす。例えば17年5月11日のヒルトンホテルの件など、佐野さん自身は断わりに来ているのに、その趣旨を録られず、なにか一方的に助言しに来たようになってしまっていました。

弁護人　佐野さんとの5月11日の面談は、佐野さんが第三者の担当者を紹介したり、自分は助言・指導したりできないと断わりに来たことがメインだったのに、検面調書ではそのことはさておいて、アドバイスしたことがメインになっているという趣旨か。

臼井　そういうことです。

弁護人　もっと聞き方を変えてきちんと聞いてくれていれば、それは話せたのか。

臼井　できたと思います。

一方の佐野も公判で次のように話している。

弁護人　臼井先生に「今後は谷口さんを介して東京医大の事業計画書を見る」と言ったのか。

佐野　口が裂けても言っていません。

弁護人　検察側の冒頭陳述によると、佐野さんがヒルトンで臼井先生と会った際、東京医大で作成した事業計画書案を5月20日から23日までの間に一度見せてほしいと話したことになっている。

佐野　そのようなことはまったく言っていません。

弁護人　谷口さんをメッセンジャーにして、佐野さんが名前を出さずに裏でアドバイスすると臼井先生に話したのではないのか。

佐野　そんな事実はまったくありません。私が「谷口さんに相談してみてはどうですか」と臼井先生に話したのは、谷口さんが前夜の会食で「ブランディング事業に関して積極的に関わりたい」と言っていたので、「臼井先生もご承知のとおり、谷口さんがそのように関わりたいと話していたので、まさに谷口さんに相談してみてはどうですか」という意味で伝えたに過ぎません。

臼井のメールに呆れた佐野

ブランディング事業の趣旨を説明してくれる文科省の担当者の紹介を佐野に断られてから2週間後の5月25日午後1時半、臼井は同事業とはまったく無関係の、病院建て替え資金の調達方法について意見を聞くため、谷口の自宅がある赤坂アークヒルズ住居棟内のラウンジに出向き、谷口と面談した。病院REITが絡む案件のため、谷口とともにTMC取締役を務める古藤信一郎も同席して、シリアスな会話が交わされた。

臼井はこの場で、佐野にブランディング事業の担当者紹介を断られた事実を持ち出さなかった。臼井はその理由について、公判で「古藤氏がいるとなぜか言えなかった」と話したが、そもそも古藤は同事業そのものを承知しておらず、第2次醍醐会食にも同席していない。その古藤がいる前で、佐野から担当者紹介を断られた件を持ち出すこと自体、臼井には抵抗があったのだろう。

佐野、臼井の双方からその事実を聞かされていない谷口も、第2次醍醐会食から半月が経ち、この件を完全に忘れていた。谷口は公判で「そもそも東京医大の担当者を文科省に同行することに重要性を感じておらず、『あれもやらなきゃ、これもやらなきゃ』という精神状態にはなかった」と話す。佐野がその後、何一つ連絡してこなかったこともあり、谷口のなかでは、すでにこの件は終わった話になっていた。

実は佐野に担当者紹介を断られて以降、日々の業務に忙殺されていた臼井は、文科省に事業計画書を提出する期限をすっかり失念していた。むしろ資金調達の件で5月25日に谷口と面談するアポイントメントを同月22日に入れてから、ヒルトンホテルで佐野から「事業計画書案については谷口さんに相談してみては？」とアドバイスされた記憶が蘇った。

「ブランディングの事業計画書をやらないといけなかった、急がなければ」

臼井は焦っていた。

事業計画書の提出期限の6月8日まで、5月25日の時点で残り2週間しかない。臼井は谷口との面談を終えた同日夕方、ブランディング事業チームの担当責任者を務める大須賀を理事長室に呼び、こう尋ねた。

「素案（事業計画書案の骨子）を外部の人に見せるので、いつまでにできる？」

臼井から事業計画書作成を一任され、提出期限までに作成すればよいと考えていた大須賀は、この突然かつ想定外の質問に面喰らった。臼井から事業計画書作成の進捗度合いを尋ねられたのはこの時が初めてだったからだ（注：この事実は、前述した茶封筒上の「5月20―23日」の記載が、臼井から佐野に素案を見せる期日だとする検察側の主張と明らかに矛盾する）。

大須賀が「30日まではできると思います」と答えると、臼井は「遅くともその日までに作成して、私のところに持ってきてほしい」と話したうえで、谷口の名刺を渡して、「この人と連絡を取るように」と指示した。

その日の深夜、谷口の携帯電話が鳴った。画面に表示されたのは、未登録の電話番号。訝《いぶか》しんだ谷口が通話のボタンを押すと、相手は「東京医大の大須賀と申します」と名乗った。記憶にない名前を告げられた谷口が返答に窮していると、大須賀は「ブランディング事業の申請書（本章では事業計画書と同じ意味、以下同）案を見ていただける方ということで、臼井理事長にお電話するよう言われてご連絡しました」と説明した。

「大須賀さん、臼井さん、東京医大……あっ、そうかそうか、あぁ大須賀さん、はいはい」

その時点までブランディング事業の件を忘れていた谷口は、大須賀に臼井の名前を出されたことで、ようやく「そう言えば醍醐で臼井先生から大須賀さんの名前が出たな」と思い出した。そこで谷口が「そう言えば承っていました。事業計画書案はできあがりましたか？」と尋ねると、大須賀は「いや、まだです」。それ以上の話題もないため、谷口は「それではできあがったら、またお電話ください」と話して電話を切った。文科省私学助成課の担当者に引き合わせるため、同課まで大

郵便はがき

料金受取人払郵便

小石川局承認

1116

差出有効期間
2024年9月9日
まで

112-8731

東京都文京区音羽二丁目
十二番二十一号

講談社
第一事業局企画部
ノンフィクション
編集チーム
行

★この本についてお気づきの点、ご感想などをお教え下さい。
（このハガキに記述していただく内容には、住所、氏名、年齢などの個人情報が含まれています。個人情報保護の観点から、ハガキは通常当出版部内のみで読ませていただきますが、この本の著者に回送することを許諾される場合は下記「許諾する」の欄を丸で囲んで下さい。

このハガキを著者に回送することを　許諾する　・　許諾しない）

TY 000077-2208

愛読者カード

今後の出版企画の参考にいたしたく存じます。ご記入のうえご投函ください（2024年9月9日までは切手不要です）。

お買い上げいただいた書籍の題名

a　ご住所　　〒□□□-□□□□

b　お名前《ふりがな》

c　年齢（　　　）歳

d　性別　1 男性 2 女性

e　ご職業（複数可）　1 学生　2 教職員　3 公務員　4 会社員(事務系)　5 会社員(技術系)　6 エンジニア　7 会社役員　8 団体職員　9 団体役員　10 会社オーナー　11研究職　12 フリーランス　13 サービス業　14商工業　15自営業　16農林漁業　17主婦　18家事手伝い　19ボランティア　20 無職　21その他（　　　）

f　いつもご覧になるテレビ番組、ウェブサイト、ＳＮＳをお教えください。いくつでも。

g　最近おもしろかった本の書名をお教えください。いくつでも。

須賀に同行すると約束していた記憶が蘇ったのも、電話を切った後のことだ。

5月31日午前、当初予定より1日遅れで、大須賀が事業計画書案を理事長室の臼井のところに持参した。

「文科省私学助成課にこれを提出する前に、どうにかして佐野さんに見てもらえないものか」

佐野から「ブランディング事業の担当者紹介も、私がお会いすることもできない」と宣告されたにもかかわらず、臼井は佐野を諦めきれないでいた。

「佐野さんは副学長として山梨大に出向中、様々なノウハウを駆使して助成金獲得に成功されたと聞いていたので、科研費とは異なるブランディング事業の事業計画書の書き方についても、豊富な知識を持っておられると拝察しました。そこでブランディング事業の事業計画書案をサラッとでもよいので見てもらいたいと考えました」（公判での臼井の供述）

6月8日の提出期限まで残り10日を切ったこともあり、焦っていた臼井は一か八かの行動に出る。あれほど強く事業計画書の助言・指導を断られた佐野に、あろうことか、それを再び依頼するメールを送ったのである。

「佐野太先生、臼井でございます。ブランディングの書類、一応できましたので、お目通しいただけますでしょうか。先生のご指示のところにお持ちしますし、お時間があれば遅くてもお目にかかる事ができれば幸いです。臼井正彦」

臼井は公判で、このメールを送信した際の心境を述懐している。

「今度はどうしても選定されたかったので、断られたのに申し訳ないと思いつつ、一か八かで図々しく（笑）メールしました。大須賀には谷口さんと連絡を取るよう言っておきながら、私自身は佐野さんに依頼しようとしている二股膏薬の状態でしたが、両方の意見をもらえればさらに良くなるのではと考えて（笑）、いけないとは思いながらメールしてしまいました」

一方の佐野は公判で次のように述べた。

検事　このメールを見て具体的にどう思ったのか。
佐野　読んだ瞬間に唖然として呆れました。5月10日の醍醐会食で、私から「書き方の指導はできない」ときちんとお断りし、翌日には臼井先生のところにまで出向いて「担当者の紹介はできない」と、礼を尽くして断りました。コピーした公募要項にマーカーまで引いて、『これこれの理由で担当者を紹介できない』とバカ丁寧に説明したにもかかわらず、こうしたメールが来ることに唖然として、何一つ返事をしませんでした。
検事　返信して意を伝えようと思わなかったのか。
佐野　放置するのも失礼かなと思い、どういう言葉を使ってお断りすればよいか考えましたが、2度お断りしたにもかかわらず、こうしたメールが来たので、やはりしばらく放置しようと思いました。2度断って放置するのはイコール再度お断りしている認識です。放置した結果どうなるかは考えませんでした。

臼井の試みは、こうしてあっけなく失敗に終わる。焦る臼井に残された選択は、佐野と懇意の谷口に、佐野への依頼を取り次いでもらうこと以外には考えられない。メール送信から約1時間後、佐野から返信がないことを確認した臼井は谷口に電話をかけた。

「佐野さんに渡してほしい書類がある。これからどこかで会えないか？」

臼井はこの時、書類の具体的な内容や、佐野に事業計画書案のチェックを依頼するメールを送って無視された事実を伏せた。自身が佐野と谷口の二股をかけている事実を、谷口に勘づかれるのは極まりが悪かったのだ。

午後7時半から馴染みの東京・銀座の鮨店「久寿美」で谷口と落ち合う約束をした後、臼井は理事長室のパソコンで事業計画書案に添付する佐野への依頼状を作成し、これを封筒に収めて銀座に向かった。

一方、臼井との電話を切った谷口は久寿美に到着する前の同日午後5時20分、同僚の古藤に「先ほど臼井理事長から電話があって、佐野さんに渡してほしい資料があるので、今夜、二人で銀座の寿司屋に行くことになりました」とメールで報告。さらに佐野には電話で「臼井先生から電話があり、今晩一緒に食事することになりました。どうやらブランディング事業の件のようです」と短く伝えた。これを聞いた佐野は臼井からのメールを無視した事実は伝えず、「そうなんですか」と相槌を打った。ただ、内心では「臼井先生は私への依頼を諦めて、谷口さんと事業計画書の話をすることにしたのだな」とホッとしていた。佐野は公判で、この時の思いを語っている。

「谷口さんは私のメッセンジャーではありません。醍醐の会食で私が臼井先生に話した『ブランディング事業の事業計画書を見ることができない』とか『書き方の指導はできない』という問題は、役人の発想や行動を熟知している谷口さんなら十分承知している話。会食でもそれを前提に会話が進んでいました。谷口さんは、私や私学助成課の職員がそうした指導ができないのなら、自分のほうでお手伝いしましょうと話していたわけで、そこに私が割り込んで、谷口さんになにかアドバイスする必要など、まったくありませんでした」

事業計画書案を押し付けられた

久寿美に向から道すがら、谷口はまもなく臼井から手渡される書類に思いを馳せていた。これまでの経緯から、それは東京医大の17年度ブランディング事業の事業計画書案（臼井流に言えば素案）に違いないと容易に推測できた。

果たして久寿美に到着後、臼井から「お願いするのはこれです」と手渡された封筒に入っていた〝ブツ〟は、予想に違わぬものだった。佐野への直筆の依頼状も同封されており、封筒から書面を取り出して一瞥した谷口は「畏まりました」と短く答えて、無言で封筒に収め直した。

二人はこの後、事業計画書案の内容を話し合うこともなく、1時間足らずで別れた。臼井は翌6

月1日、「突然の面会とお願い事をしてしまい誠にすみませんでした」とするメールを谷口に送った。谷口は公判で、事業計画書案を渡された際の複雑な心境をこう語っている。

弁護人　臼井先生から事業計画書案を見せられてどう思ったのか。

谷口　正直言って「うーん、困ったなぁ」と思いました。佐野さんは最初から「書き方の指導はできません」と話していて、なおかつ担当者紹介の件もまったく連絡が来なかったので、おそらく臼井先生はこの書き方を指導してほしいのだなと思いました。佐野さんは無理とわかっていたので、困ったなぁと。

弁護人　あなたは臼井先生の依頼を断らなかったのか。

谷口　臼井先生は吉田先生の大切な支援者なので、無下に断るわけにもいきません。とりあえず佐野さんがダメでも最悪、自分たちで処理できる範囲内かなと思い、その場で断ることはしませんでした。

弁護人　5月10日の第2次醍醐会食の時点で、事業計画書の書き方はあなた自身で対応しようと考えていたのか。

谷口　その時は書き方の説明というより、事業趣旨に合った計画書とはどのようなものなのかを東京医大の担当者が理解できていないようだったので、おそらく事業計画書案は書き上がってこないだろうと。一方で自分は理解がかなり進んでいたので、その場合は自分のほうで引き取ってしまおうという心構えが、ザックリとですがありました。

弁護人　臼井先生はこの時、佐野さんにも事業計画書案の件でメールしたと話したのか。

谷口　話しませんでした。

公判で焦点の一つとされたのが、この日の久寿美での会食を臼井と谷口のどちらから持ち掛けたのか、という問題だった。「佐野は谷口経由で臼井から『素案』を受け取り、アドバイスしようとした」という検察側の主張が正しければ、電話は谷口から臼井にかけるのが筋。臼井の検面調書も、それを前提にストーリーが組み立てられている。

しかし、実際には谷口が「臼井先生から電話があって」と記した古藤宛てのメールが残っており、さらに会食翌日には臼井が「突然の面会とお願い事をしてしまい」と記した谷口宛てのメールが存在する。いくら検察側が論告で「存在には疑いの余地のない被告人臼井と被告人谷口との通話について、電話をかけたのがいずれであったかという問題にすぎない」と抗弁したところで、臼井の検面調書の記載内容のほうが偽りであることは明白だ。

見たのか、見なかったのか

ここからは、臼井から手渡された事業計画書案を谷口が佐野の執務室に持参した6月1日から、東京医大の事業計画書の完成版が文科省に提出され、臼井が谷口に謝意を表すメールを送る同月8

日までの経緯を振り返る。まずは検察側の冒頭陳述の該当部分の引用から。（傍線は著者）

被告人谷口は平成29（2017）年6月1日頃、受領した東京医大の事業計画書案を被告人佐野に届け、**その場で見せた**。被告人佐野は、事業計画書の1ページ目に記載することとされている事業のイメージ図をわかりやすいものにすべきであること、事業の実施体制について大学全体で取り組む旨などをわかりやすく記載すべきであること、ブランディング事業の趣旨に従い、東京医大が事業により、当該事業の分野で「日本一、世界一を目指す」旨記載すべきことなどを指摘し、**被告人谷口においてもさらに検討したうえで、被告人臼井側に伝達するよう依頼した**。

被告人谷口は東京医大の事業計画書案について、**被告人佐野の指摘を踏まえたうえ**、被告人谷口ら東京医療コンサルティング側においてもさらに具体的に検討し、**その検討結果を被告人佐野の指摘と併せて東京医大側に伝達し**、東京医大がブランディング事業の趣旨に沿った事業計画書を提出できるようにすることが、**被告人臼井及び被告人佐野の双方の利益にかなうものと考え**、東京医療コンサルティングに所属するコンサルタント二人にもそれぞれ検討させて意見を聴取するなどしながら検討を加えた。

被告人谷口は6月5日、被告人臼井と会い、被告人佐野の前記指摘に、東京医療コンサルティング側の検討結果も加味して、被告人臼井に東京医大の事業計画書案の改善点について伝えた。

被告人臼井は同夜、大須賀に対し被告人谷口から伝えられた修正点について伝え、再検討及び修正を指示した。これを受けた大須賀は同僚の田崎晃一朗や杉本昌弘と事業計画書の修正作業を行い、6月6日、被告人臼井の指示で修正案を直接被告人谷口にメールで送信した。

被告人谷口は、同修正案を東京医療コンサルティング内においても再度検討するとともに、**被告人佐野にも再度見せてその確認を受けるなどしたうえ**、同夜、再度東京医大側に修正点を指摘した。大須賀はこれを踏まえて更に修正し、最終的に、当初の事業計画書案にはなかった「低侵襲医療の世界的拠点形成」、「本学から世界へ発信する低侵襲医療の拠点を形成」、「積極的な情報発信によって本学のブランド化を強化し、『低侵襲医療』の東京医科大学を広く認知させる」などのキーワードを記載し、イメージ図や事業名を、事業計画を反映してわかりやすいものとした事業計画書を完成した。大須賀は同月7日夜、完成した事業計画書等の必要書類を文部科学省に提出した。

では実際のところはどうだったのか。谷口が文科省11階にある佐野の大臣官房長室を訪ねたのは、臼井から事業計画書案入りの封筒を手渡された翌日の6月1日午後4時過ぎのこと。佐野の秘書にはアポイントメントを入れてくれるよう午前中に依頼して、午後早いうちに佐野の指示を受けた秘書からこの時間を指定され、佐野との面談に臨んだ。

大臣官房長室には部屋の主である官房長が使用する机のほか、部下との打ち合わせに使う丸テーブルと複数の椅子が置かれ、さらにこれとは別の来客応対用の横長のソファーが二つ、やはり横長のテーブルを挟んで、相対する形で置かれている。佐野と谷口はいつものとおり、その横長のソファーにそれぞれが腰かけて向かい合った。ここでは来客になる谷口のほうが上座だ。

谷口は臼井から手渡された東京医大の事業計画書案と、臼井直筆の依頼状（１枚）を鞄から取り出すと、事業計画書案の上に依頼状を重ねて、テーブルの自身の側に置いた。公判での佐野の供述によると、二人の間でこの時、次のような会話が交わされた。

谷口　昨夜、臼井先生と会ってきました。ただ、臼井先生のほうから「事業計画書を佐野さんに見てもらえ」と言われちゃったんですけど、佐野さんどうします？

佐野　谷口さんもご存じのとおりで、私は見られないからねぇ。

谷口　そうですよねぇ、わかってます、それは私のほうでやっておきます。

佐野は臼井の依頼状こそ手に取って一読したものの、事業計画書案のほうは、上に置かれた依頼状を取り上げる際に、事業のイメージ図が印刷された表紙を一瞥しただけ。同案のペーパーそのものを手に取ったり、テーブル上でページをめくって内容を見たりはしておらず、表紙に書かれていた内容の記憶もない。谷口のほうも、佐野が何を話すのか確認することが来訪の目的で、「醍醐での対応から考えて、事業計画書案を持っていっても佐野さんは見ようとしないだろう」と端から予想して、事実そのとおりになった。面談は短時間で終了し、臼井の依頼状は佐野が受け取り、事業計画書案のほうは谷口がこれを早急に修正すべく、霞が関の文科省から程近い港区溜池山王にある

ＴＭＣ分室に持ち帰った。

永田町を生き抜く処世術

谷口は佐野の下を辞去した直後、臼井にこんなメールを送っている。

「（昨夜受け取った事業計画書案を）いま佐野さんにお渡ししました。今週末までに佐野さんと会って打ち合わせします。また連絡致します」

このメールを受け取った臼井は翌日、「佐野先生との連絡有難うございます」と謝意を表すメールを送った。だが実のところ半信半疑で、むしろ「佐野さんにはかなり強く断られたし、『見てもらいたい』とお願いしたメールも無視されている。実際には谷口さんは佐野さんに渡していないのではないか、私を喜ばせるために『佐野さんに渡した』と書いているだけなのではないか、と感じていました」（公判での臼井の供述）という。

これが臼井の推察どおり、谷口のリップサービスであることは明らかだ。それは、①谷口が文科省からＴＭＣ分室に戻った後の6月1日午後6時、事業計画書案が室内のパソコンでＰＤＦ化されている（谷口が同案を佐野に手渡していればＰＤＦ化は不可能）、②仮に佐野が同案を受け取っていれば、なんらかのコメントを書き加えていて当然なのに、押収された同案から書き込みは確認されていない、③仮に佐野が執務室で同案をコピーしていれば、特捜部が佐野の関係先を捜索した際に押収しているはずだが、公判には提出されていない――という三つの点からも確実だ。

では谷口はなぜ、こうした虚偽内容のメールをわざわざ臼井に送ったのか。公判でその理由を問われた谷口は次のように説明したが、それは永田町を生き抜くための、谷口の政界遊泳術であり処世術でもあった。

弁護人　あなたは臼井先生と佐野さんとで言っている中身が違う。それでは二枚舌ということにならないのか。

谷口　結果的にはそうなると思います。当時の私の仕事は永田町と霞が関との、政治家と官僚との間に入ってすべてを調整することでした。一般的に理解されるかどうかはさておき、法案にしても政策にしても、そうした調整を行うのは日常茶飯事です。自分で言うのもおこがましいのですが、私には結果を良い方向に導いていける能力があり、政治家や官僚からは一流と評価され、お褒めの言葉をもらっていました。私としてはこのメールでも、なんら悪いことをしているつもりはなく、こうした表現を使いながら、自分の仕事として物事を上手く調整していることになります。

弁護人　そもそもなぜ、こうしたメールを臼井先生に送ったのか。

谷口　佐野さんに断られたことを臼井先生には言わないほうがよいと思ったからです。臼井先生は吉田議員の大切な支援者ですし、佐野さんのところに行くことは行ったので、本当のところをある程度伝えておきたかった。（佐野さんと臼井先生の）双方が互いに迷惑を掛けないよう、事業計画書案の中身は私のほうで責任を持って見直す。ゴールは東京医大がブランディング事業の支援対象校に選ばれることで、そこを見据えて適切な事業計画書を提出できれば、特に問題はないと思います。それが調整というものです。

弁護人　17年6月1日は木曜日だが、その週末に佐野さんと事業計画書案を打ち合わせる予定だったのか。

谷口　そうではありません。(十数ページある)東京医大の事業計画書案を確認して見直すには、私を含むTMCのメンバーに少し時間が必要だと考えていたので、その言い訳に「週末までに」と書いておくほうが妥当かなと思い、そのように書きました。

弁護人　そもそもあなたは佐野さんに、この事業計画書案を手直しできると考えていたのか。

谷口　醍醐会食の際も考えていたのですが、役所のそうした資料を作るのは若手官僚の方々。現場を離れてかなり時間が経つ佐野さんには難しいのではないかと考えていました。それにブランディング事業は高等教育局の所管で、大臣官房とは無関係なので、佐野さんがそれを細かく見直して手直しできるとは、正直思っていませんでした。

谷口らによる見直し作業

6月1日午後6時前にTMC分室に戻った谷口はさっそく、その場にいたコンサルタントたちと事業計画書案の検討に入った。

谷口から手渡された東京医大の事業計画書案「人に・時代にもっとやさしい医科大学の実現…メタボロームを用いた低侵襲検査の開発」にざっと目を通したベテランコンサルタントは「採択の可能性が低そうな計画書ですね」などと、完成度の低さを指摘した。

それから約1時間、彼らは全12ページの事業計画書案を改めて読み込んだ。このベテランコンサルタントの公判での証言によると、常日頃から、「なぜ（ｗｈｙ）そのプロジェクトを行うのか」「そのプロジェクトで何（ｗｈａｔ）をするのか」を重視しており、それが明確になれば「どうやって（ｈｏｗ）そのプロジェクトを進めるのか」を整理できて、充実したプロジェクトを企画できると考えているという。

その観点から事業計画書案を読み込んだベテランコンサルタントは、①イメージ図からはなぜ低侵襲医療が必要なのか、何をやりたいのかがわからない、②イメージ図に誰が（ｗｈｏ）この事業をやるのかを具体的に書き込むべき、③本文の「2．事業内容」の「やさしい医科大学」という表現が曖昧で、具体的に説明する必要がある——などといった問題点を、谷口に口頭で伝えた。

公判での谷口の供述によると、ベテランコンサルタントはこの時、「まずブランディング事業の目的をきちんと読みましょう。この事業は科研費とは根本的に異なり、大学のどの組織が何を目的にどうするのかをわかりやすく説明することがポイントです。だからｗｈｏ、ｗｈａｔなどの5Ｗ1Ｈをきちんと並べてわかりやすくしておかないとダメなんです」と力説した。谷口の脳裏にはこのｗｈｏ、ｗｈａｔという単語が強く焼き付いた。

事業計画書案の検討作業は翌6月2日も続けられた。

アークヒルズでの立ち話

6月3日。土曜日のこの日午後5時頃、谷口は自宅がある赤坂アークヒルズの住居棟に佐野を招いた。スポーツ界にも幅広い人脈を持つ谷口は当時、とある問題で日本プロゴルフ協会（ＰＧＡ）関係者から相談を受けており、その解決のためには公益社団法人でもあるＰＧＡを管轄する官庁がスポーツ庁なのか内閣府なのか、それとも他の官庁なのかを確かめる必要があり、近くに住む佐野にアークヒルズまで足を運んでもらった。

佐野がアークヒルズ1階のエントランスに到着した頃、谷口も別件を終えて帰宅したばかり。ロビーのソファーで佐野と向かい合った谷口は、本来の用件について佐野の見解を尋ね、会話が尽きる頃になって、思い出したように鞄から東京医大の事業計画書案を取り出した。もっとも谷口がこれを佐野に見せたり、渡したりすることはなく、佐野は表紙（事業のイメージ図が印刷された1ページ目）が目に入った程度。同案に関する数分間の会話で、二人は次のように話した。

谷口　東京医大の事業計画書案をＴＭＣでしっかり見ました。中身を読んでも非常にわかりづらい。特にイメージ図がわかりづらいですね。

佐野　わかりやすく書かなきゃいけませんね。

谷口　誰がやるのか、誰が責任を持つのか、実施体制がよくわからない。それに何をしたいのか、何を目的に申請するのか、向かう先は何処なのか。大切なｗｈｏやｗｈａｔ、５Ｗ１Ｈが全然見えてこない。事業の趣旨をきちんと理解しているのかなぁ。

佐野　確かにねぇ。

谷口　科研費ではないのだから、低侵襲医療の分野で先導的な役割を果たすとか、他大学の追随を許さないとか、そういう部分をもっとアピールして、差別化を図らないとダメだと思います。

佐野　そうそう、学長がリーダーシップをとって、日本一、世界一を目指すべきですね。

谷口　難点は他にもあるので、私のほうで見て、また臼井先生に話しておきます。

佐野　そうだね、さすがに谷口さんのところはプロだねぇ。たいしたもんだねぇ。

　このやり取りからわかるとおり、谷口はＴＭＣのベテランコンサルタントが強調したポイントを引用しながら、自分なりにアレンジを加えて、佐野に事業計画書案の問題点を話している。対する佐野はブランディング事業に関する一般論を話して、谷口の一方的な説明に相槌を打っているだけ。このやり取りについて、佐野は公判で次のように述べた。

検事　谷口さんは事業計画書案のどこかを示しつつ、「ここが足りない」「あそこがおかしい」などと説明したのか。

佐野　谷口さんが事業計画書案を手にしていたので、そこにある書き込みは見えたのですが、谷口さんが私にそれを示して説明することもなければ、なにか了解を求めることもなく、一方的に「こういうことを検討して、これをまた臼井さんに会って伝えます」と話すという、いわば雑談の状態でした。自然な会話の流れで、「これでどうですか」とか「ここをこうします」といった、申請者が審査員に説明するような会話はまったくありませんでした。

検事　臼井さんにはすでに関与を断り、谷口さんとも関与しないことを前提に話しているのになぜ、谷口さんの発言に反応して「わかりやすく書かなければいけない」とか「日本一、世界一を目指さなければいけない」といった一般論をわざわざ話す必要があったのか。

佐野　自然な会話の流れで谷口さんがそう話したので、私も大人の会話として「そうですね」「そういうことですよね」と相槌を打っただけです。谷口さんの発言になにかコメントするのではなく、あくまでも自然な会話の流れで谷口さんの話に相槌を打ち、醍醐での会食の時と同じ一般論を話しています。

佐野と面会した後の6月3日午後7時48分、谷口は臼井に返信メールを送った。前日朝に臼井から送信された「佐野先生との連絡有難うございます」というメールに対する返信で、文面はこうなっている。

「ブランディングの資料拝見させていただきました。佐野さんとも打ち合わせしました。少し修正が必要な感じですが、どのようにお伝えしましょうか」

6月1日にも臼井に送った谷口の〝リップサービス〟メールだが、臼井が当初から「実は事業計画書案を佐野さんに渡していないのではないか。自分を喜ばせる目的で送っているのでは？」と疑っていたことは前述のとおりだ。谷口は公判でこのメールについて語っている。

「実際に打ち合わせてはいませんが、佐野さんと会ったことは事実で、『佐野さんに相談した』と書いたほうが臼井先生も安心するだろうと考えて、そう書いています。こんなメールを臼井先生に送っていると佐野さんに話したことも、佐野さんからこんなメールを臼井先生に送っておいてほしいと頼まれたこともありません。佐野さんとはこの日、事業計画書案の内容について話していますが、佐野さんの答えは『うんうん、そうだね』などと、5月10日の醍醐会食での会話から一歩も外に出るものではなかったので、臼井先生に対するコメントにはなんの影響もなかったと思います」

「やはり佐野さんには見てもらえなかった」

その2日後の6月5日午後6時、赤坂アークヒルズにあるANAインターコンチネンタルホテル2階のアトリウムラウンジ。谷口は5日前に臼井から手渡された東京医大のブランディング事業計画書案を手に、当の臼井と向かい合っていた。申請書の提出期限を3日後に控えて、同案の修正点を効率よく臼井に伝えるには、臼井に直接会って同案を示しながらポイントを説明したほうがよいと判断したからだ。

二人の前に置かれているのは、谷口サイドで修正コメントを書き込んだ東京医大のブランディング事業計画書案。この時、谷口はわざわざ「事業計画書案はうち（ＴＭＣ）のほうで検討しました」と断ったうえで、以下の4点を指摘した。

具体的には、①メタボローム解析は慶大がすでに打ち出しているので、力点を低侵襲医療に移して、ベースはあくまでもそちらに置くべき、②低侵襲医療が人に優しいのはわかるが、優しい医科大学は意味が曖昧で漠然としすぎている、③東京医大のブランディングは他の大学とどう違うのかを意識して、大学としての方向性をもう少し明確に示したほうがよい、④ブランディング事業の拠点を明示して、そこに力点を置いて書くべき――というもの。谷口は臼井に重要な点を説明しつつ、同じ内容を同案の空きスペースに赤色のボールペンで書き込んだ。

谷口の説明に頷きながら事業計画書案に視線を落としていた臼井だったが、自分なりに整理して理解する必要性を感じたのか、突然「あなた、これちょっと、私にくれる？」と求めてきた。谷口は「いいですよ、どうぞ」と快諾。臼井は谷口から説明されたポイントを復唱しつつ、谷口から受け取った同案の空きスペースに黒のボールペンで要点を書き込んだ。

面談は30分弱で終わったが、谷口が一言も「事業計画書案を佐野さんに見てもらった」と口にしなかったことで、臼井は「やはり佐野さんには見てもらえなかった」と理解した。この点に関して臼井は公判で、公判検事の加藤良一から執拗に尋ねられた。

検事　6月3日夜まで谷口さんと佐野さんが見てくれていると思っていたのではなかったのか。

臼井　「見てくれているのかな」とは思っていましたが、その度合いがどの程度なのかまったくわからないし、二人でちょっと見たのは確かなのかなと思っていました。

検事　6月5日の時点では、佐野さんには断られてしまったと思ったのか。

臼井　佐野さんにはもともと断られていたし、谷口さんが「私のほうで見ました」と言ったので、明確な検討は谷口さんのTMCのスタッフがやったのではないかと思いました。

検事　6月5日の時点では、佐野さんはどうなったと思ったのか。

臼井　佐野さんはもうこれには関わっていないと思いました。

検事　谷口さんに「佐野さんはどうなったのか」と尋ねなかったのか。

臼井　尋ねませんでした。なにしろもう締め切り間近だったので、早くもらって、それを東京医大で修正して提出することばかり頭にありました。

検事　「6月1日と3日の（谷口からの）メールはいったい何だったのか」と考えなかったのか。

臼井　考えませんでした。佐野さんから完全に断られたので、谷口さんの「佐野さんに見てもらいました」とか「佐野さんと打ち合わせしました」というメールには「本当かな？」という感覚がありました。谷口さんは私を喜ばせるために送ったのではないかと。

検事　「見てくれているのかな」と思っていたのではなかったのか。

臼井　ですから「見てくれている」というのはあくまでも私が思ったことで、なにしろかなり強く断られているので、実際はそうじゃないんじゃないかという感覚が強かったです。

検事　谷口さんに「佐野さんとの間はどうなった？」とか「あのメールで書いていた話は違うのか？」と聞かなかったのか。

臼井　聞かなかったし、気にもなりませんでした。

午後7時前に大学に戻った臼井はさっそくブランディング事業担当チームの大須賀を理事長室に呼んだ。臼井はまず、自身が感じていた、低侵襲医療の研究組織の在り方に関する記述を手直しするよう指示。そのうえで、ANAインターコンチネンタルホテルで谷口から引き取った事業計画書案を大須賀に渡し、書き込まれたアドバイスに従って翌6月6日夕方までに改訂版を完成させるよう命じた。

臼井の指示に従って2パターンの改訂版を作成した大須賀ら東京医大側は6日午後1時半、この2パターンの事業計画書案を谷口宛てにメールで送信。谷口らTMC側はこれをさらに検討して修正を加え、谷口が同日夜、電話で大須賀に修正点を伝えた。臼井は翌7日、大須賀らが修正を加えた最終決定版を了承し、東京医大は同日夕方、申請書を文科省私学助成課宛てに郵送した。提出期限前日のことだった。

谷口だけに送られたお礼メール

大須賀が17年度ブランディング事業の事業計画書を6月7日夜に文科省に提出した翌8日、臼井は谷口にメールで感謝の意を伝えている。

「谷口さんへ　大学ブランディングの件では大変お世話になりました。昨晩書類を提出し、なんとか間に合いました。しかし、内容的にまだ完成度が足りないように思いますので、来年度も視野に入れて頑張る所存です。本当にご親切なご指導をいただき有難う御座いました。ではまた。臼井正彦」

このメールからは、佐野の存在がまったく浮かび上がってこない。これについて臼井は公判で、こう述べている。

弁護人　事業計画書を6月7日に提出した翌日、谷口さんに感謝のメールを送っている。

臼井　谷口さんにはいろいろやってもらったので、「お手伝いいただき有難うございました」との趣旨で書きました。事業計画書自体はまだまだ不十分な気がして、今回もダメかなと思っていたので、「来年も頑張る所存です」と書きました。

弁護人　佐野さんにお礼のメールを出さなかったのはなぜか。

臼井　いろいろ親切にしてもらいましたが、特にお世話になった感じでもないので。

弁護人　谷口さんの「うちで見たから」の「うち」とはどこのことだと思ったのか。
臼井　谷口さんが当時在籍していたTMCのスタッフが見てくれたのだろうと思いました。実際に見てくれたのはTMCの方々や谷口さんだったし、佐野さんには5月31日にメールして無視されたので、まったく関与されていなかったと思います。
弁護人　だから谷口さんにお礼のメールをしても、佐野さんには何もしなかった？
臼井　そういうことです。
弁護人　谷口さんはあなたに二枚舌を使っていた気もするが。
臼井　そんなことはありません。一生懸命やってもらったと思っています。

　また、かねてから臼井の察しの良さを感じていたという谷口は、公判で次のように話した。

「6月5日に直接話した際に『TMCのスタッフでレビューしてコメントしている』と断っているので、勘の良い臼井先生はわざわざ口にせずとも『佐野さんは関与していない』とわかってくれていると思っていました。その後の大須賀さんとの電話でも、大須賀さんから佐野さんのことは一切出てこなかったし、私だけお礼のメールをもらったことは、私の推察が間違っていなかったことの証明にもなります」

　臼井からなんの連絡も来なかった佐野も、公判で「5月31日の『お目通し願いたい』とのメールになんら返答しておらず、感謝のメールをもらうような便宜も図っていないのだから、お礼の連絡が来ないのは当たり前です」と供述した。

　最終的に東京医大の「先制医療による健康長寿社会の実現を目指した低侵襲医療の世界的拠点形成」は17年10月6日の事業委員会で、同年度のブランディング事業に応募した１８８校中45位で支援対象に選定された（注：同年度の支援対象校は60校）。

　公表前日の11月6日夕方、佐野は私学助成課長の丸山洋司から受け取った報道発表資料一式と対外的発言メモをもとに、臼井に電話で「ブランディング事業の支援対象校は、大学側の担当者に明日連絡が行くと思います。報道解禁時間まで公表しないでください」と伝えた。佐野は公判で「特に臼井先生から頼まれたのではありませんが、採択されたのならめでたい話なので、慣例の範囲内で少し早めに教えてあげてもよいのかなと考えていました」と話す。

　これにより東京医大は私立大学等経常費補助金３５００万円、設備整備費等補助金５８９万１０００円の合計４０８９万１０００円を受け取ることになった。ところが、この８ヵ月後、事態は思わぬ方向に転がっていく。

第5章

特捜部のシナリオ捜査

◀捜査の指揮を執った
森本宏東京地検
特捜部長（当時）

因縁の相手

贈賄罪の東京医科大学理事長の臼井正彦と学長の鈴木衛、受託収賄罪の文部科学省科学技術・学術政策局長の佐野太、そして受託収賄幇助罪に問われた東京医療コンサルティング（ＴＭＣ）元取締役の谷口浩司と、起訴された4被告全員が罪を全面否認する展開となった今回の事件。

にもかかわらず、これが東京地検特捜部のシナリオどおりに立件されたのは、ひとえに取り調べ段階で容疑を認めるような臼井と鈴木の検面調書が録られていたからに他ならない。その内容がいかに検察側のシナリオに沿って捻じ曲げられたものだったのかは、すでに見てきたとおりだ。

臼井を担当した水野朋、鈴木を担当した久保庭幸之介の両検事が行った取り調べとはどんなものだったのか。臼井と鈴木はなぜ、水野と久保庭が作成した、自身の主張とは明らかに異なる内容の検面調書に異議を唱えず署名押印したのだろうか。それを知れば、世間一般で言われる「自白」が、どれほど危うく、多くの冤罪を生み出すもとになってきたのかがわかるはずだ。

まずは臼井の取り調べ状況から述べていくが、その前に立件当時すでに77歳の高齢だった臼井の健康状態について、もう一度確認しておく。公判廷で明らかにされた症状は次のとおりだ。臼井は、今回の事件で任意の取り調べを受ける半年ほど前の２０１７年12月頃から重い鬱症状に悩まされていた。また16年12月に心臓弁膜症、17年2月上旬に左目の緑内障、18年2月に右目の緑内障の手術を相次いで受けており、心臓手術は大動脈弁置換術という大手術だった。要するに心身ともにボロボロの状態だ。これが取り調べで臼井が検事の水野に迎合的な態度を取り続けた最大の要因になったことは論を俟たない。

さらに、臼井は積極的な大学経営で〝ブルドーザー〟の異名を取る一方で、同大では、①05〜07年度にかけて博士号学位審査に携わった教授の多くが、大学院生から謝礼として現金を受け取っていたことが発覚（09年2月）、②同大茨城医療センター（茨城県阿見町）が09年5月までの約1年間に約8200万円の診療報酬を不正請求したことが発覚し、保険医療機関の指定を取り消される（12年9月）、③会員制月刊誌「FACTA」13年10月号（同年9月発行）が「16年竣工予定の同大新病院建設をめぐり、受注を目論む大成建設から理事長（当時）の田中慶司と学長（同）の臼井に謝礼が流れた疑いがあり、東京地検特捜部が内偵捜査を始めた」とする記事を掲載——など金絡みの不祥事や疑惑が続発していた。

この他にも臼井には第1章で紹介したように、過去に自身の「ファミリービジネス」を問題視された事実が09年になって表面化するなどしており、東京医大と臼井にはすっかりダーティなイメージが定着していた。

なかでも③は捜査当局が13年初め、関係者の事情聴取を始めた関係で、FACTA誌が同年7月号（同年6月発行）でこの記事の前触れ的な短い記事を掲載したため、13年7月下旬予定の入札が2度にわたって延期され、9月末にようやく実施に漕ぎつける始末。しかも入札結果が公表されてみると、落札した大手ゼネコンは当初囁かれた大成ではなく、ライバルの大林組だった。こうした経緯があったため当時、かえって「大成は疑惑を持たれないよう、意図的に入札から降りたのではないか」とする観測が広がった。

そして、東京地検特捜部でこの疑惑の内偵捜査を指揮していたのが、当時の同部特殊直告1班担当副部長の森本宏（現・東京地検次席検事）だった。この男がのちに文科省汚職事件の捜査責任者である特捜部長に就任することは、今さら言うまでもない。穿《うが》った見方をすれば、文科省汚職事件とは、東京医大病院建設をめぐる疑惑を立件できずに臍《ほぞ》を嚙んだ森本が、いつか臼井を立件しようと手ぐすね引いていたところ、臼井のほうから転がり込んでいった事件だったと言うこともできる。森本にしてみれば、「江戸の仇を長崎で討つ」チャンスを得たことになる。

全12通に及ぶ臼井の供述調書

不祥事や疑惑に塗《まみ》れて心労が重なった臼井は14年、とうとう鬱病を発症し、JR目黒駅近くの心療内科を受診した。その甲斐あって症状はいったん回復したものの、17年12月頃からはストレスから再び鬱症状が現れるようになった。

担当の心療内科医が18年に入って記した所見を時系列で見ると「面倒臭い、横になりたくなる、寝るといろいろな事が頭に浮かんで眠れない、味がよくわからない、食欲がない等の状態」（2月28日）、「気力低下」（3月14日）、「気力低下が続いている」「日中も用事がないと横になってしまう」（4月）とある。

臼井自身も公判で、「18年になると鬱症状で疲れてしまい、症状が酷い時期には2日に1回、大学の理事長室のソファーで横になるような状態。午後早い時間に帰宅することもありました」と述べている。こうした鬱症状は、同年6月18日の特捜部による取り調べ開始時点でも継続していた。

また、眼科医の臼井にとって、緑内障の症状も深刻な状況だった。両眼とも視野が欠損している状態で、しかもその欠損は不可逆的に進行し続けていた。利き目の右眼は中心視野（焦点部分）を含めて視野が8割方欠けており、右眼だけで見た場合は隙間から見ているような感じに見える。左眼の症状は右眼ほど進んではいないものの、視野が欠けてかなり見えにくくなっているという。こうした眼の状態は細かいものや文字を読む際に多大な影響を及ぼし、細かいものを見る際は矯正用の眼鏡を外したりするものの、文字を読むと短時間で疲れがくるようになるだけでなく、特に右眼の奥が鈍痛を感じるようになり、集中できない状況をもたらした。

こうした心身ともに劣悪な状況下にある臼井の携帯電話が鳴ったのは、18年6月18日午前9時過ぎのことだった。相手は東京地検特捜部検事の水野。特捜部直々の呼び出しを受ける覚えはなかったが、臼井は水野の要請に応じて東京・日比谷の検察庁舎内にある東京地検特捜部に出頭した。取り調べは身柄を拘束されない任意の形で午前10時40分から始まり、昼食を挟んで午後6時19分まで延々7時間39分にわたって続いた。臼井はこの時の出来事について、公判で次のように回想した。

「東京地検と言われたかどうか明確に覚えていませんが、なにしろ『検察庁に来てください』とのことでした。少し恐ろしくなり、水野検事に何が聞きたいのか尋ねたのですが、『検察庁に来てもらってから話す』ということでした。そこで東京医大の顧問弁護士に慌てて連絡し、一緒に検察庁に出頭しました。

検察庁に着くまでの間、弁護士とは『何の用でしょうね』と話していましたが、検事に話を聞かれた時の心構えや注意点などに関する話題はまったくなく、弁護士は検察庁に着くと早々に帰されました。検察庁では何の件について取り調べると言われたのか、今となっては定かではありません。

贈賄容疑で取り調べられているとわかったのは2日目の6月19日のことです。文科省のブランディング事業と東京医大の不正入試の件だと、おおまかに理解しましたが、水野検事からそう言われたわけではなく、検事とのやり取りのなかで私自身が推測しました。私自身は不正入試自体がなんらかの犯罪に該当するのだと思っていました」

臼井はその後も、水野に指定された時間どおりに特捜部に来庁して取り調べを受けた。初日に続く2日連続となった6月19日は午後1時20分に始まり、6時19分に終了（取り調べ時間約5時間）。3日目以降は昼食を終えた午後の時間帯に行われ、平均4時間前後で終了したものの、7月9日の6時間23分（午後7時3分終了）のように、全12通の検面調書が作成された日の取り調べはすべて長時間に及んだ。

その間、トイレ休憩以外の臼井の休憩時間は、水野が調べ物のため席を短時間外す場合のみだった。最終的な取り調べ回数は18年6月18日から同年8月12日までの28回に上っている。

「イメージとしては連続して3〜4時間座って話をしていたと思います。椅子は肘掛けのないタイプで、腕は机に乗せるのではなく下に降ろした状態。少し崩した姿勢でいると水野検事から真っ直ぐ向いているよう注意されましたが、それでも少し背凭《せもた》れに凭れかかるような姿勢で座っていました。机に臥せって体重をかけて休むような姿勢は許してもらえませんでした。水野検事から『録画しているから姿勢を真っ直ぐにしていなさい』とはっきり注意された記憶はありませんが、真っ直ぐ向いて目線はあちら（ビデオカメラ）のほうに合わせるよう言われました（注：実際に臼井の取り調べの様子が録音録画されていたのは、初日と2日目の最後の10分間程度に過ぎない。しかも検面調書に署名押印した臼井が調書の記載内容を振り返り、それについて水野が改めて臼井に質問して答えさせている様子を記録したもので、取り調べそのものの様子ではない。臼井は水野の様子や指示などから、取り調べの様子はすべて録音録画されていると信じていた）」

鬱症状で眠れない臼井が取り調べの時期に服用していた睡眠導入剤「デパス錠」は抗不安効果だけでなく催眠作用や筋弛緩作用があるため、翌朝起床しても影響が残り、取り調べの際には注意力や集中力の低下が起きた。これについて臼井は公判で、弁護人とこんなやり取りをしている。

弁護人　そういう薬を飲むと何か影響は出るのか。

臼井　少しだるくなる場合もありましたし、迎合的になるというか、そういうようなことで、はっきりと立ち向かっていくというようなことが、なかなかできない感じはありました。

弁護人　連日の取り調べが終わって帰宅した後、どのような状態だったのか。

臼井　取り調べの終わり頃になるとグッタリして、家に帰るとすぐに休む、つまり寝込む状態でした。

弁護人　翌日また取り調べで出掛ける際に苦労はなかったのか。

臼井　結構つらいところがありました。

また、利き目の右眼の視野の大半が欠損している臼井は、事件関係の資料に目を通す際、弁護人に依頼して資料をＵＳＢメモリーに保存してもらい、それを自宅に持ち帰って、デスクトップパソコンの大画面に映し出して読んでいた。そうしなければ文字を長時間読むことができないからだ。

「検察と国税はツーカーなんだ」

こうした状況下にある臼井に、水野による取り調べから来るストレスが加わった。掛かりつけの心療内科医の18年7月18日付の所見には「大学関係のトラブルで大変らしい。そのためストレスフルな毎日を送っているという」との記載がある。臼井はこの記載について、公判で「検察官から細かいことをいっぱい言われると、今まで自分に起きたことがまたありありと蘇ってきて、メンタル的に良くなかった」と話した。

水野は取り調べで臼井の過去の後ろめたい案件を複数持ち出して、この案件を公表されたくなければ自分に協力するよう暗にプレッシャーをかけている。これも特捜検察が取り調べの際に必ず用いる常套手段だ。水野は臼井の取り調べでいったい何を持ち出したのか。公判での臼井と弁護人とのやり取りを再現してみよう。

弁護人　取り調べで検察官からなにか圧力的な言葉を掛けられたことがあったのか。

臼井　（入試の際に縁故受験生の保護者から受け取った）謝礼のところなんかでは「検察と国税はツーツーカーカーなんだよ、いろんなことがすぐわかるんだよ」などと、なにか（私が）脱税しているようなことを言われてドキッとしたことがありました。

弁護人　あなたが東京医大学長の際に表面化したファミリービジネスの件も持ち出されたのか。

臼井　はい、私が学長になる前に親族がやっていた会社の役員をしていて、その会社が私の医局の関連の病院と取引したことが非常にグレーだと問題視された件を検察官が持ち出したので、「検察はいろんなことを知っていて非常に怖い」と思いました。検察官の主張どおりに供述しないと逮捕されたり、起訴されたりするんじゃないかと。

弁護人　東京医大が16年の創立100周年に合わせて行った新病院の建設工事に関連して、東京地検特捜部は建設会社の選定に関して大学を捜査した。あなたもその際に取り調べの対象にされたのか。

臼井　はい。
弁護人　そうした過去の新病院建設工事の話も、今回の取り調べで検察官から持ち出されたのか。
臼井　明確にそのことを言われたのかどうかはわかりませんが、その件を暗に指しているようなことは言われました。
弁護人　そうした話題を持ち出されてどのように感じたのか。
臼井　そういう終わったことを出されて嫌だなと思いました。
弁護人　あなたにとって圧力と感じられる、そうした雑談めいた話は、取り調べが始まってどの程度経った頃に出てきたのか。
臼井　最初のほうです。3日目くらいから出てきて、私が喋ることを渋っているとそんな話が出てきました。
弁護人　検察官に逮捕される可能性について聞いたことがあるのか。
臼井　「逮捕されるのですか？」と尋ねた時に、曖昧な言い方ながら「普通だろ」と言われた気がします。私は「話し方次第では逮捕されるかもしれない」と受け止めました。

取り調べで感じるこうしたストレスは臼井に非常に重くのしかかった。取り調べられた日には基本的に弁護士の事務所に立ち寄って対面で報告することにしていたが、帰宅時に気分の悪い日もあり、事務所に行くのも嫌になって東京地検から自宅に直帰することも多かった。当時の自身の心境について、臼井は公判でこう述べている。

「検面調書は一日の取り調べの終わりの頃に作っていましたが、鬱症状や睡眠導入剤の影響もあり、水野検事が私に検面調書の内容を読み聞かせる手続きをとる頃にはかなり疲労困憊して、本当に文字を追うことさえ結構つらく感じました。

とにかくその場では集中力がなかった。おかしな言い方になりますが『もうこれでいいや』とか『面倒くさいや』とか『早く終わってしまえばいい』という感じで、要は早く終わらせたほうが良いと思って進めていました」

認めなければ起訴される

臼井が取り調べの際に直面した問題はこれにとどまらない。

東京医大の顧問弁護士事務所「田辺総合法律事務所」から紹介された同法律事務所出身の弁護士には刑事事件を弁護した経験がなく、特捜検察の取り調べの手法や、自身の検面調書の取り扱いに関する適切なアドバイスを受けられなかったばかりか、「検察官の言うことをよく聞いて、協力して、『はい、はい』と答えておきなさい」などと指示されて、臼井は12通の検面調書に署名押印を続けた。臼井は公判で次のように話した。

「そもそも私が署名押印した検面調書は私自身の関係だけでなく、佐野さんや谷口さんの関係でも証拠とされ、それで佐野さんや谷口さんが逮捕される。そうした証拠の関係性について、私は取り調べ時点でなんら理解できていませんでした。

捜査段階で検察官が嫌疑を抱いている贈賄罪の内容、構造、仕組みなどについて弁護人から明確な説明を受けた記憶はなく、贈賄罪は悪いことだとかその程度の話です。私が佐野さんとの関係で行ったどの行為が犯罪に当たるのかの説明もなく、こちらから尋ねることもありませんでした」

それどころか、端から事実関係を争わず起訴猶予狙いの弁護士は臼井の取り調べ期間中、臼井の妻に「検察官に協力して、聞かれたことに『はい、はい』と答えなければ逮捕される可能性もある」と話した。帰宅後に妻からこの話を聞かされた臼井は、「喋らなかったり、調書に署名しなかったりしたら、逮捕されたり、起訴されたりすることがあるかもしれない」と考えるようになった。

それ以降、臼井は以前にもまして、迎合的に水野の取り調べに応じるようになっていく。そうすれば起訴猶予処分を得られると信じていた。それに不正入試が社会的に非難されるのはわかるとしても、犯罪に問われるとは思えなかった。

「私としては（佐野の次男の賢次に）東京医大に来てほしいと（思っていました）。相応しいから来てもらいたいと思う人に加点することは時々あるので、それが間違っているとか、おかしいことだとは思いませんでした。（ブランディング事業の件でも）単にお願いしたということで、どうして私が取り調べられるのかな、どうしてこんなことになるのかなと、いつも考えていました」（公判で

の臼井の供述）

つまり臼井自身は「自分は起訴されるほどのことはしていない」と考えて、事態を楽観的に捉えていたのだ。臼井はさらにこう続けている。

「『（取り調べで検察官に協力しなければ）逮捕されるかもしれない』という弁護士の情報は、家内を通じて耳に入っていましたが、（取り調べを重ねても）逮捕されなかったので、『自分は不起訴処分になるのではないか』ともちろん期待しました。（体調不良や連日の取り調べで）疲れていたこともあり、検察官が作成する調書の記載内容を吟味せずに署名押印することに、特に警戒感はありませんでした」

だが、その期待は裏切られる。検事の水野は、自分たちが描いたシナリオに合うよう、臼井を巧妙に誘導していった。例えば18年7月11日付、同月15日付、同月20日付など複数の臼井の検面調書に登場する「恩返し」という言葉がそうだ。公判で示された具体的な使用例を2件紹介しよう。

「佐野さんには私のほうからお願いして17年度のブランディング事業の申請に関して指導等を頂戴し、実際にブランディング事業の対象に東京医大を選定していただいたので、佐野さんに対する**恩返しの意味**で、賢次君を確実に合格させなければならないと考えていました」（18年7月15日付）

「佐野さんは18年2月当時は科学技術・学術政策局長、それ以前は官房長という文科省トップクラスの官僚で、私からお願いしてブランディング事業の申請の関係で指導してくださったとの意味で、非常にお世話になって、**恩返しをしなければならない恩人**で、受験生である賢次君の父親でし

たから、私としても佐野さんご本人に賢次君の試験合格をお伝えする気持ちが強かったことがありました」(同)

臼井によると、検面調書を作成する過程で「『恩返し』という言葉は違う。私が使う言葉でも、文章でもない」と否定したにもかかわらず、水野は聞き入れようとしなかった。とりわけブランディング事業に関する部分で使われている「恩返し」という言い回しに、水野はこだわった。賢次に対する加点について、臼井が「賄賂性」を認識していたかどうかに関わる部分だからだ。

しかし、臼井がこの「恩返し」の訂正を求めたり、他の部分で追加を求めたりすることは、12通の検面調書のなかで1ヵ所もなかった。各調書の末尾に訂正や追加の記載の申し立てが書き加えられているケースは皆無なのだ。それは臼井が異論を述べても水野が聞き入れる態度を示さなかったこと、そして水野のそうした態度に臼井が諦めを感じて抵抗する気力を失っていたことを意味する。

「検察官に抵抗したり、調書の記載に意見したりすると時間がかかり、帰宅時間が遅くなるという気持ちがなかったとは言えません。『言わないほうが早く済む』と考えて署名押印したことはありました」(公判での臼井の供述)

自身の検面調書の記載内容が今後の公判にどう影響するのか、臼井には警戒心が完全に欠如していた。

「心からお詫びしたい」

臼井は自身が署名押印した検面調書の内容を前提としても、それがなぜ贈賄罪にまで問われることになるのか理解できていなかった。まさか、その検面調書を根拠の一つとして、佐野と谷口が逮捕・起訴されるという事態になるとは思ってもみなかった。公判での反対尋問で、臼井は公判検事の加藤良一と次のようなやり取りを展開している。

検事　あなたが取り調べられている最中の18年7月4日に佐野さんと谷口さんが逮捕された。あなたがこの法廷で話したように、あなた自身の記憶とは異なる内容の供述調書に署名したというのなら、それによって佐野さんと谷口さんが逮捕されることになったという感覚はなかったのか。

臼井　まったくありませんでした。

検事　違う内容の調書に「はい、はい」と署名して、それで「あぁ、ついに佐野さんが逮捕されちゃった」とは思わなかったのか。

臼井　思いませんでした。

検事　その段階でも当時の弁護人からのアドバイスは変わらなかったのか。

臼井　特に変わっていません。

検事　あなたはこの法廷で「『なんでそんな内容（注：ブランディング事業と不正入試）が事件になるのだろう』と思った」と話したが、現に7月4日の段階で佐野さんと谷口さんは逮捕され、少なくとも捜査機関は事件にしている。そのことには気づかなかったのか。

臼井　事件にはしているのだろうなとは思いましたが、その後も「なんで私はこんなふうになっているのかな？」という思いはありました。

検事　その後もあなたが記憶と異なる内容の調書に、言われるがままに署名を続けると、逮捕された佐野さんと谷口さんはついに起訴されてしまうとは思わなかったのか。

臼井　私のことが関連してそういうことになるというようなことは、自分では思いませんでしたので、そういう感覚はありませんでした。

特捜検察という組織の怖さについて、臼井はあまりに無知で無防備だった。不正入試が社会的に非難されるべき行為であると認識はしていたが、それはあくまで自身がしたことの範囲内で、佐野と谷口の逮捕とどんな関係があるのか、まったく理解できていなかったのだ。

臼井は公判で「自分が関与した調書の内容が佐野さんや谷口さんの逮捕の証拠とされたことは、大変恥ずかしい話ですが、この裁判が始まるまで気づきませんでした。私が話したことによって佐野さんや谷口さんが苦しんだことを聞いて、この場で心からお詫びしたいと思っています」と、自身の不明を目の前の佐野と谷口に謝罪した。

経験したことのない恐怖と絶望

臼井が東京地検特捜部検事の水野から出頭を要請された数時間後の18年6月18日昼過ぎ、学長の鈴木衞にも同部検事の久保庭幸之介から電話があり、東京地検に出頭するよう要請された。東京医大OBで耳鼻科医の鈴木は、この直前までスウェーデンで開催された学会に出席し、前々日の16日に帰国したばかり。しかも、現地で転倒して足首を痛めたため、翌17日に診察を受けたところ、骨折していることが判明。痛み止めの薬を飲んで、足を引き摺りながら日比谷の検察庁に出頭した。

鈴木も臼井と同様、何を聞かれるのか事前に久保庭から聞かされず、特捜部が何を捜査しているのか、皆目見当がつかなかった。鈴木の検面調書の内容の信用性に関する検察側の証人として、21年10月12日の公判に出廷した久保庭は、鈴木を呼び出した時点での特捜部の状況を次のように説明した。

「（特捜部は）この日までに二つの情報を持っていました。一つは17年5月10日の第2次醍醐会食の録音テープ。そこで佐野さんの次男の17年度入試に関する話題が出たと。その時は不合格でしたが、それに対して臼井理事長が『来年は絶対大丈夫ですから、予約してうちにおいでください』との趣旨の発言をしている。二つ目は東京医大をすでに退職した元幹部の方から得た情報で、東京医大では縁故入学が臼井理事長の主導の下に行われ、点数調整が為されているのは2次試験の小論文であると。それから縁故受験生の氏名などが記載されたリストというものが存在する、という情報でした」

ただ、実際に不正な入試が行われているかどうかまでは確証が得られておらず、仮に行われていたとしても、どのような方法で行われているのかはわからない状況だった。そこで学事の責任者である学長の鈴木を呼び出すことにしたという。

午後2時24分から久保庭の執務室で行われた取り調べで、久保庭は鈴木に、①東京医大は入試で縁故受験生に加点しているのではないか、②文科省関係者の子息に加点しているのではないか——などと尋ねた。鈴木は公判で、この時の心境を次のように話した。少し長くなるが紹介しておこう。

弁護人　不正入試の件が検察庁に知られていることがわかり、どのような心境になったのか。

鈴木　もう大変驚いて、ショックとしか言いようのない感じでした。それまで経験したことのない精神的なショックで、今後どうなるのだろうという恐怖と絶望感です。

弁護人　なぜそれほどショックを受けたのか。

鈴木　点数調整は公明正大を旨とする入学試験に反するもので、社会倫理に反することで、大学としていろいろな事情はあるにせよ、絶対に秘匿しないといけない。これが表に出ると大学にも大きなデメリットになりますし、社会問題あるいは他の大学の入試も巻き込む騒動に発展すると頭をよぎりました。

弁護人　その当日、検察官から言われた印象的な言葉があれば教えてほしい。

鈴木　まずは「捜査に協力してくれますね」という言葉でした。それから「今回の不正入試のことを知って（廣田能英）主任検事がカンカンになって怒っているよ」という言葉ですね。それから、検事さんから「入試の資料はどこにあるのか」と聞かれて、思わず「学長室にある」と言ったところ、「じゃあ、それを見せてほしい」と言われたものですから、ちょっとこれはマズいと思いまして、「いや、記憶違いです、そこにはありません」と言ったところ、検事さんは急に顔色を変えて、「嘘を言ったな、今からすぐ調べにいくから」と言われました。そういう言葉が記憶に残っています。

弁護人　不正入試のことを主任検事が知ってカンカンに怒っているという言葉だが、検察官はどのような様子でそのようなことを言ったのか。

鈴木　まさに睨みつけながら、「とんでもないことをしたな」と。（私が）臆病な感じで言いましたので、相手を叱責するような感じです。

弁護人　そのような形で、カンカンに怒っているよと言われて、どのように思ったのか。

鈴木　ホントにこれはこの世の終わりだと思いまして、罪悪感がいっそう募りまして、もうお手上げというか、なす術がないという感じでした。

弁護人　「嘘をついたな」というのはどのような言い方だったのか。

鈴木　それこそ態度が急に変わりまして、急変して、より睨みつけるように、「とんでもない嘘を言ったな」と、「検察官によくも嘘を言ったな」という感じで言われました。

弁護人　検察官に対してどのような印象を抱いたのか。

鈴木　一言で言うと大変恐怖を感じまして、検察官はなんでも知っていて、これは従うしかないなというふうな感じですね。

弁護人　嘘つきだと言われて、どのようなことを感じたのか。

鈴木　もし私に罪とかが被さってくるのなら、より悪くなるのかとか、今後どういう展開になるのかがまったくわからなくて、余計恐怖のどん底に落ちた感じです。

弁護人　他方で「捜査に協力してくれますね」と言われて、どうしようと思ったのか。

鈴木　捜査と言われても何の捜査なのか、ターゲットは誰に対する捜査なのか、このへんがわかりませんでしたが、聞くこともできませんので、ただ「わかりました」と答えて、これは従うしかないなという気持ちになりました。

弁護人　この日は午後6時59分まで検察庁で取り調べがあった後、検察庁の職員が東京医大に来た記憶はあるか。

鈴木　午後7時半頃だったと思いますが、（東京・西新宿の新宿国際ビルにある）私の学長室から入試関連の資料を押収するために来られました。

弁護人　学長室で入試関連の資料を押収している間、鈴木さんの罪悪感をより強めるような出来事が何かあったのか。

鈴木　本棚とか机の中とかありとあらゆるところを探されて、20冊ぐらいあった私の私的な手帳も押収されました。特に覚えているのは、鍵のかかった机に入試の詳しい資料を2年分ぐらい入れていたのですが、そこを開けると検察事務官がその資料を見つけ、それこそ満面の笑みを浮かべて、それを手で高々と掲げて嬉しそうにしていました。その姿を見て本当に屈辱感、それから罪悪感がいっそう増してきました。

この東京医大学長室の捜索は、のちに大きな問題となった。検察側はあくまで、鈴木から資料の任意提出を受けたと主張した。本来なら必要な捜索令状がないまま、鈴木の執務室に押しかけているからだ。だが、実態は任意とは程遠く、違法な手段で入手した証拠は、公判で正式な証拠として採用されない可能性もあった。

約50分かけて学長室を事実上捜索した久保庭は、縁故受験生リストが入ったクリアファイルや、学長室のパソコン内に保存されていた入試関連データをＵＳＢメモリーにコピーさせたうえで鈴木に任意提出させた。あらかじめ持参したノートパソコンと携帯型プリンターを使って、その場で任意提出書と押収品目録を作成。午後8時59分から同9時33分まで学長室で鈴木を取り調べ、参考人調書の形式で2ページ分の短い検面調書も作成した。その後、翌日の取り調べ時間を決めてから、同行した事務官とともに特捜部に戻った。久保庭によると、鈴木はその後も学長室に留まっていたという。

学長室がある新宿国際ビルから程近い自宅マンションに、鈴木が「罪悪感と絶望感とともに」疲れ切って帰宅したのは午後11時頃のこと。特捜部の取り調べを受けた事実を口外しないよう久保庭に要請されたため、鈴木はこの日の出来事を家族に話すこともできず、妻はなんの連絡もないまま真っ青な顔で帰宅した鈴木を心底心配したという。

不正入試への罪悪感

取り調べ初日から精神的に追い詰められ、鈴木は思考停止状態に陥った。鈴木の弁護人によると、久保庭が東京医大学長室で作成したと話す鈴木の検面調書には、①17年度一般入試（注：久保庭の勘違いで正しくは18年度入試）の前に臼井理事長から「文科省の幹部の息子が東京医大に入りたがっている。よろしく頼む」と言われた、②17年度（同前）一般入試の1次試験後のプレビューで臼井理事長と二人で話し合い、佐野賢次君に加点することを決め、学務課長の塩田純子に指示して加点させた、③2次試験でも採点後、賢次君の順位を上げたように思うが、この点はよく思い出してお話しする――などという、鈴木の記憶とは異なる特捜部のシナリオがすでに盛り込まれている。

鈴木の弁護人によると「18年度一般入試で臼井理事長と話し合って点数を加算した」旨の記載はこの6月18日付だけでなく、他の日付の検面調書にも同じ趣旨、同じ内容の記載が何度も登場するという。

鈴木は公判で「臼井先生と話し合って決めたのではなく、臼井先生が加点の有無や加点幅を決定した」と供述したが、取り調べの段階ではあえて異議を唱えなかった。その理由について、鈴木は公判で次のように説明している。

「検察官は『誰が』という主語を言わず、『何々したでしょう？』と聞いてきて、加点したことは確かなので、『まぁ、そうですね』と答えていると、話し合って決めたことにされていた。それに私もプレビューの場にいて、臼井先生が決めたことに特に反対しませんでした。

あとはやはり検察官に対する恐怖感です。『言いたくないことは言わなくてよい』と言われても、黙秘権を行使する機会などまるでありませんでしたし、取り調べは強制的で拒否できないと思っていました。黙秘したら何をされるかわからないし、それこそ逮捕・勾留されるとか、その先何が待っているかわからない。検面調書が何に使われるのかも知らず、まして署名拒否できることなど知る由もありません。取り調べは常につらいことの連続でした」

久保庭による取り調べはその後も連日行われ、6月18日から7月24日までの37日間に23回行われた。この間のウイークデーは26日あるため、ほぼ連日行われていたことになる。このうち検面調書が作成されたのは6月18日、同月28日、7月3日、同月6日、同月10日、同月12日、同月14日、同月17日、同月20日、同月23日の全10回で、7月に入ると連日のように作成された。

そして鈴木も臼井と同様、本来は味方であるはずの弁護人に足を引っ張られることになった。鈴木が弁護人を選任したのは、取り調べが始まって17日が過ぎた7月5日のこと。この時点ですでに14回の取り調べが行われ、検面調書も3通作成されていた。

この約10日前、鈴木は毎回の取り調べ内容を簡単に報告していた大学の顧問弁護士から、「もし心当たりがなければ、弁護人を紹介しますよ」と持ち掛けられ、その時初めて、「あぁ、弁護士を付けることができるんだ」と、自身に弁護人選任権があることに気づいた。取調検事の久保庭はそれまで、弁護人選任権について一度も鈴木に伝えず、鈴木がこれを久保庭に尋ねることもなかったからだ。

ただ、鈴木が選任した田辺総合法律事務所出身の弁護士が、鈴木に特段のアドバイスを与えることはなかった。むしろ大学側の意向を受けて、取り調べが続いている鈴木に「大学側は『臼井理事長と鈴木学長が同時に退職したら綺麗な形になる』と考えている」などと伝え、早期辞任するよう求めたという。鈴木はこれに応じて7月6日付で学長を辞任した。

鈴木は家族や友人から「今の弁護人はこちらの主張を取り上げず、検察官の言いなりになっているようだ。頼りになりそうもないので、他の弁護士に替えてはどうか」とアドバイスされたものの、「長い間お世話になった大学から紹介された弁護人。すぐに替えてしまうのは危険だ」などと考えて、すぐに変更するつもりはなかったという。

「臼井理事長と一緒に佐野さんの子息に加点したとか、佐野さんからブランディング事業の事業計画書に助言・指導を受けたお礼の趣旨で加点したとか、自分の記憶に反することが検面調書に記載されていることや、久保庭検事の威圧的な態度について弁護人に伝えましたが、弁護人はただそれを聞くだけで、『こうすればいい』と具体的に（アドバイス）されることはありませんでした。

私も『検察官には対抗できず、諦めるしかない』という気持ちがあったのと、不正入試に対する罪悪感が非常に強く、検察官への対策を弁護人にあれこれ依頼する気が起こらなかった。それに弁護人を選任した7月5日は、23回あった取り調べのうち14回目が終わり、調書も作られていたので、検察官と対立することがなくなっていました」（公判での鈴木の供述）

18年7月24日に贈賄罪で在宅起訴された後、鈴木はこの弁護人を解任して、数々の刑事事件の弁護で無罪判決を勝ち取ってきた法律事務所ヒロナカ代表の弘中惇一郎に弁護を依頼した。

いま死ねれば、どれほど楽か

弁護人からの支援も得られず、孤独な闘いを続ける鈴木に、取調検事の久保庭はどのような態度で接したのか。鈴木は公判で次のようなケースを挙げた。

●佐野賢次君の入試結果について、「このくらいの点数なら何もしなくても補欠（合格）の中に入る、そういうレベルにある」という文言を調書の中に入れてほしい、と頼んだところ、「そういうことを弁護人が言うのならわかるが、あなた本人が言うべきことではない。そういう発言をするということは、いまだに反省していないのか」と叱責された。普段は対面で座って話すのだが、その時は私の横に出てきて、厳しい表情で私を見下ろしてそう言った。
●正規合格と補欠合格について、私が「正規合格でも補欠合格でも入学に変わりはない」と申し上げると、「補欠より正規のほうがいいに決まっているだろう！」と言われた。そのような一般論を言われると、こちらも「そうですね」という言い方にならざるを得ない。確か調書のあちこちに「加点をして正規合格させた」と書かれたと思う。
●プレビューの時は基本的に臼井先生が加点を提案するが、「あなたは学長なんだから、臼井さんの意見に関係なく、自分のところに来た受験生には自分で加点できるだろう」と言われた。私が「それは臼井先生がやることで、私はしません」と言うと、「学長だからできないことはないだろう。（自分がしたことの）責任を感じているのか！」と叱責されたことがあった。
●調書には「指示した」という言葉がよく使われている。私としては「話し合って最終的に私が決めた」ことなので、指示したという一方的、命令的な言葉は使いたくない。だが検事は「指示するのはあんたしかいないじゃないか」ということで、採用してくれなかった。他にも「学長だからできないことはない」と何度も言われ、例えば臼井先生に対して意見を言いたくても言いづらいという場合でも、「学長だから言えないことはないだろう」としばしば言われた。

また鈴木によると、久保庭は作成した検面調書を鈴木に読み聞かせる際、椅子に座っている鈴木に密着するように傍らに立ち、机の上に置かれた検面調書の読み上げている行を指で辿りながら読み聞かせた。鈴木はこれにも威圧感を感じていたという。

取り調べ時点で69歳だった鈴木は、息子ほども年の離れた検事の久保庭に威圧的な態度を取られ続け、突然の不安に駆られるなど、心労が重なり不眠がちに。処方された睡眠導入剤の力を借りて床に就く毎日が続き、もともと線が細かった身体は、取り調べ開始後1週間で体重が5キロも減った。

鈴木は取り調べに応じるため特捜部に向かう際にはタクシーを利用したが、「いまトラックがぶつかってきて死ねれば、どれほど楽なことか」といつも考えていた。この想いを取り調べの際に伝えると、久保庭は「それだけはしないでくださいよ」と苦笑いしたという。

「まさに拷問でした」

鈴木が「取り調べで特につらかったこと」として記憶しているのが、18年度一般入試の2次試験で実際に出題された小論文の答案4人分を採点させられたことだ。久保庭はこの時、採点させる趣旨や目的について何一つ鈴木に明かさず、鈴木は「今でも何が目的だったのか、皆目見当がつきません。肉体的にも精神的にも大変つらい感じで、私にとっては、まさに拷問でした」と憤り、公判で次のように話した。

弁護人　場所はどこでやらされたのか。

鈴木　検察庁のいつもの取調室のなかで、椅子に座ったままやらされました。そこにいたのは、私の他は検察官と事務官の二人です。設問としての文章と、受験生が作った解答の両方のコピーに当たりましたが、東京医大の18年度入試で実際に出題されたそのものでした。

弁護人　設問は読んですぐ頭に入るものだったのか。かなり読み込まないとわからないものだったのか。

鈴木　採点対象とされた小論文の答案は4人分あり、実際に受験生が手書きしたものでした。かなり倫理的な内容を含む難しい文章で、よく読まないと理解が難しい問題でした。小論文とはいえ簡単なエッセイではなく、結構長くて倫理的、哲学的な内容なので、こちらも4人分の解答用紙をよく読んで、不平等にならないようきちんと採点しなければなりませんでした。一人あたりの文章の量は1200字くらいだったと思います。

弁護人　学長になって以降、そうした小論文の採点事務をしたことはあったのか。

鈴木　それはありませんが、学長になる前にしていたので、方法はなんとなく覚えていました。

弁護人　小論文を採点する際は、採点基準の資料があるのか。

鈴木　実際に採点する場合はありますが、その時はありませんでした。（実際には）例えばこんなキーワードが書いてあるかとか、結論がきちんと書いてあるかとか、そうしたいくつかのポイントが挙げられていて、それがあれば点を上げるという、4項目か5項目程度の採点基準が挙げられています。

弁護人　つまり本件の小論文の採点はしたことがなく、採点に必要な資料も持たされていない状態で採点作業をやらされたということか。
鈴木　はい。
弁護人　採点作業にどのくらい時間がかかったのか。
鈴木　かなり大変で、1時間以上かかったと思います。取り調べ中で大変疲れているうえに、文章自体が割合難しく、やらされている目的も、何を書かされるのかもわかりませんでした。採点の方法や結果がマズいと今後どうなるのかわからないという小さな不安もあり、大変疲れました。
弁護人　採点した後、それをどういう形で検察官に示したのか。
鈴木　紙に受験生の通し番号と採点結果を書いて出したと思います。検察官からは、特に低い点数の人を指して「なぜこういう点数になったのか」という質問があったと思います。
弁護人　4件のなかに佐野さんの次男のものが含まれていたのか。
鈴木　それはわかりませんでしたので、その点が不安でした（注：実際に含まれていた）。
弁護人　その後でも何のためにその作業をさせたのか説明はなかったのか。
鈴木　ありませんでした。
弁護人　作業の前にあなたから「いったいこれは何のためなのか」と問い質さなかったのか。
鈴木　それはしませんでした。それまでにこちらの言うことを聞いてくれないことが多く、そうした積み重ねがありましたので、聞いても無駄だろうなと理解していました。大変に気力と体力を使う、一種の拷問と言っていい作業でしたので、検察官に対する恐れのようなものは増しました。

久保庭の公判での証言によると、鈴木にこの採点を行わせた目的は、鈴木が否定した18年度一般入試の2次試験での加点が本当になかったのかどうかを確認することだったという。

だが、それ以前の捜査ですでに、実際に賢次の小論文を採点した委員らから事情を聴いており、彼らは縁故受験生に対する加点を明確に否定していた。さらに久保庭自身が採点した結果も、委員が採点した結果と大差なかった。

弁護側から「あなた自身が採点した結果は誤差の範囲内に収まっており、実際に採点した人に聞いても『そういう不正はなかった』と言っている。鈴木さんはこの数年間採点作業をしたこともない。それなのにあえて鈴木さんにそういう苦しい作業をさせる合理性がどこにあるのか?」と問い質された久保庭は、次のように説明した。

「捜査を尽くす意味では、考えられる捜査をして、その結果2次で加点した事実がないとわかったので、鈴木さんに採点してもらったことはあえて調書にしませんでした。鈴木さんに採点してもらう作業は私自身で発案し、(廣田)主任検事にも説明して承諾してもらいました。採点結果を書いてもらった紙はいつものとおり廃棄して(注:久保庭は他の事件でも捜査が終了すると、取り調べ時に作成したメモの類を破棄しているという)、主任検事にも見せていません。採点が楽しい作業だとは思いませんが、そこまで精神的に負荷を与える作業だという認識は持っていませんでした」

だが、弁護側から「あなたの本心は結局、仮にあなたの狙いどおり、鈴木さんが不当に低い点を付けたとすれば、『それ見ろ、不正に加点したんじゃないか！』と追及することだったのでは？」と問い質されると、久保庭は「それは違います。不正について『やっていませんか？』と確認することは構わないので」と反論した。

法廷で否定された検面調書

16年改正刑事訴訟法によると、検察官独自捜査事件のうち容疑者を逮捕・勾留した案件については取り調べの可視化が要請され、取り調べの開始から終了までのすべての過程を録音録画しなければならない（刑訴法301条の2第4項）。臼井と鈴木は任意で取り調べられたため、法的には取り調べの録音録画が義務付けられていない。

臼井の1回目と2回目の取り調べは、検面調書を作成した後、それぞれ最後の約10分間が申し訳程度に録音録画されている。ただ、弁護側によると、この録音録画での臼井の態度からは、水野が臼井と事前に数回リハーサルし、多くの事項で臼井を誘導して答えを引き出していることが明白だという。

一方、鈴木の場合、録音録画は1秒たりとも残されていない。しかも久保庭は、取り調べ中に作成したメモを捜査終了時にすべて廃棄している。それでも、望む回答を引き出そうと、久保庭が鈴木を誘導した跡が調書のあちこちに残っている。例えば21年7月28日の公判で行われた検察側の反対尋問では、公判検事の加藤が鈴木の検面調書の一部を読み上げ、これを鈴木が「そういうことは言っていない」などと真っ向から否定する展開になった。これも臼井の場合と同様だ。以下、具体的に見ていこう（前半の「　」内が検面調書の記述、矢印以下が公判での鈴木の反論）。

【18年6月28日付検面調書】

「18年度一般入試の1次試験後のプレビューより前の段階で、私は、賢次君の父親の文科省幹部は、臼井理事長がお願いして、17年度の私立大学研究ブランディング事業の事業計画書の提出前に、その記載内容をチェックして助言・指導してくれた方だと、臼井理事長から聞いていました」

→そういうことは言っていません。

「賢次君の父親が臼井理事長の頼みに応じて、17年度の私立大学研究ブランディング事業の事業計画書の記載内容に助言・指導してくれたことで、東京医大は同事業に選定されました。臼井理事長はそのお礼の意味で賢次君を合格させるつもりで、私に賢次君の点数加算を提案したとわかりましたので、私はそうした臼井理事長の考えに異論はありませんでした」

→そのような説明はしていないと思います。

「賢次君の１次試験の実際の順位は２４８位で、臼井理事長は『このままだと危ないから10点加えよう』という趣旨の発言をしましたが、この発言は『10点加算して補欠合格できる可能性が高い１６０番台から１７０番台くらいまで順位を上げよう』という意味だとわかりました」

↓そういう説明はしていないと思います。

「１次試験では１６０番台か１７０番台まで順位を上げておいて、２次試験の状況を見て、仮に２次試験で賢次君が失敗して合格できる順位に達しなかった場合には、その時点で再度検討し、調整すればいいと思っていました」

↓そういう説明をした記憶はありません（苦笑）。

【18年7月17日付検面調書】

「17年5月から6月上旬頃、私はブランディング事業に関して臼井理事長から『文科省の幹部が申請書類を見てくれた。いくつか指導が入ったので、それを踏まえて検討する。今年はいけるかもしれない』などと聞かされました」

↓（語気を強めて）いや、それはありません。そのような話は一切していません。

「私は『そのようなことは公平性に反することなので大丈夫なのだろうか』という考えが頭をよぎりましたが、臼井理事長のほうからその文科省幹部に助言・指導をお願いしたのだろうと思いました」

↓それもありません。

「そうした公平性への疑念はありましたが、ブランディング事業の支援対象校に選定されたいので、臼井理事長に『それはいいですね』と答えました。私がこの話を臼井理事長から聞いた時期は少なくとも、事業計画書の申請書類を正式に文科省に提出する前の段階でした」

↓（語気を強めて）それもありません。

ここに挙げたものは、ほんの一例に過ぎない。通常の公判でも、被告が調書の中身を否定することはあるが、ここまで対立するケースも珍しい。久保庭が相当強引なやり方で調書を作成したことは間違いないだろう。

鈴木は17年度一般入試の1次試験後のプレビューで初めて、臼井から佐野賢次という縁故受験生の存在を聞かされた。だがその属性については「文科省」と言われたに過ぎず、父親のフルネームや文科省での役職、仕事内容などの情報を与えられることもなく、その場で自分から臼井に尋ねることもなかった。

その証拠に、鈴木自身の縁故受験生のリストの余白に書き込まれた賢次に関する情報は、「文科省」以外は記載されていない。しかも賢次が1次試験で不合格となったため、鈴木は独自に佐野の属性を調べるような真似もしなかった。医科大の学長職は、そこまで暇な仕事ではない。これは、賢次に10点加算された18年度一般入試の1次試験後のプレビューでも同じだった。

要するに鈴木のなかで、17年度ブランディング事業の支援対象校の選定と、18年度一般入試で佐野の次男・賢次に10点加算することはまったく結び付いていなかった。さらに鈴木は佐野、谷口とは面識がないどころか、臼井から2人の名前を聞かされたことすらなかった。そんな鈴木が贈賄罪に問われること自体、理不尽このうえない話なのだ。公判で鈴木は次のように語った。

「私は地位に対する欲などとは無関係に学長職を務めてきたと思っています。佐野さんと面識はなく、ブランディング事業の計画書との関わりもありません。贈賄の共謀などまったく考えられないことで、まったく納得できません。しかし、入試の点数調整についてはこれを改善する、あるいはなくすところまで至らず、大変申し訳なく思っております。この点については、これまでいろいろご支援いただいた方々にお詫び申し上げたいと思っている次第です」

細身の老紳士が淡々と紡ぎ出す声の調子からは、自身に突如降りかかってきた災厄に対する無念の想いが滲み出ていた。

カルロス・ゴーン事件の影響

臼井と鈴木が任意のまま取り調べを受けたのに対し、佐野と谷口は18年7月4日、東京地検特捜部にいきなり身柄を拘束された。その様子はプロローグで詳述したとおりだ。

二人が臼井と鈴木の供述内容にもとづいて逮捕されたことは明らかで、容疑事実を聞かされた後、東京都葛飾区小菅の東京拘置所に身柄を移された二人はそれから20日間、佐野が東京地検特捜部検事の早渕宏毅、谷口が篠田和邦の取り調べを連日深夜まで受けた。その模様は刑訴法301条の2第4項に則って逐一録音録画されている。

7月24日、特捜部は佐野を受託収賄罪、谷口を受託収賄幇助罪でそれぞれ起訴。任意で取り調べていた臼井と鈴木を、ともに贈賄罪で在宅起訴した。谷口はその2日後の同月26日、JAXA事件（後述）の贈賄の疑いで再逮捕され、起訴される8月15日まで勾留を20日間延長された。

さらに佐野と谷口はともに起訴事実を否認したため、起訴後も東京拘置所に勾留されたが、佐野は18年12月21日に保釈保証金500万円、谷口も19年1月17日に同1000万円でそれぞれ保釈された。勾留日数は佐野が171日（逮捕から5ヵ月と21日）、谷口が198日（同6ヵ月と18日）に及んだ。

起訴事実の否認を続けた佐野と谷口の勾留期間が特捜事件のわりに短かったのは、両被告の起訴後勾留中の18年11月、元日産自動車社長兼CEOのカルロス・ゴーン（注：公判の争点を絞り込む公判前整理手続き中の19年12月に国外逃亡）が金融商品取引法違反と特別背任の疑いで東京地検特捜部に逮捕・起訴された事件の影響が大きいとされる。

特捜部は18年11月19日、15年3月期までの5年分の有価証券報告書の虚偽記載の疑いでゴーンを逮捕し、勾留期限が迫ると今度は18年3月期までの直近3年分を同じ容疑で再逮捕した。特捜部が「古い5年分」と「新しい3年分」に分割して逮捕勾留を繰り返したのは、全面否認を続けるゴーンの身柄拘束を続ける方法がそれ以外になかったからだ。

この一件で、起訴事実を認めなければ保釈されない日本の「人質司法」に対する国際的な関心と批判がにわかに高まった。このため裁判所は、佐野と谷口の保釈を認めたと言われる。谷口の弁護人は「外圧に弱い司法当局の判断で、予想外に早く保釈が決まった。その意味ではまさに、ゴーン事件さまさま」と振り返った。

もう一つの文科省汚職事件

ところで文科省汚職事件には佐野、谷口、臼井、鈴木が起訴された「東京医大事件」の他に、「ＪＡＸＡ（宇宙航空研究開発機構）事件」がある。こちらは18年7月26日、文科省国際統括官で元ＪＡＸＡ理事の川端和明《かわばたかずあき》が収賄容疑、谷口が贈賄容疑で逮捕・起訴されている。

川端はＪＡＸＡ理事だった15年8月から17年3月までの間、谷口が取締役を務める東京医療コンサルティング（ＴＭＣ）の営業先にＪＡＸＡの宇宙飛行士を講師派遣したり、ＪＡＸＡの人工衛星を防災訓練に利用する計画に便宜を図ったりした見返りに、谷口と同社取締役の古藤信一郎から合計約148万円相当の飲食接待とタクシーチケット1冊（利用額合計6万5250円）の提供を受けたとされた。

佐野と谷口が東京医大事件で逮捕されたのと同じ18年7月4日、東京地検特捜部検事の日比《ひび》一誠《いっせい》（司法修習53期、00年10月任官）による川端の任意の取り調べが始まり、同月26日に川端が収賄容疑で逮捕、谷口が贈賄容疑で再逮捕された。再逮捕された谷口は、東京医大事件と同様に一貫して容疑を否認した。

川端も当初、「自分から接待を求めたり、『この食事は賄賂だ』と思いながら会食したりした事実はなく、会食の見返りとして谷口氏に便宜を図ったこともない」と容疑を完全否認した。だが「赤ちゃんみてぇなこと言ってんじゃねぇぞ」「検察は売られたケンカは買うぞ。どうなっても知らないぞ」などと凄む日比の威圧的な態度に恐怖を感じ、逮捕前から相談していたヤメ検弁護士の方針もあって、まずは保釈を確実にし、その後に無罪を主張する方向に転換。10通以上の検面調書に署名押印した。

起訴から2日後の同年8月17日、保釈保証金1000万円を納めて保釈された川端は、弁護人を弘中に変更し、無罪主張を展開することにした。

ところが東京地裁（西野吾一《にしのごいち》裁判長）が19年12月4日、懲役1年6ヵ月執行猶予3年、追徴金約155万円の有罪判決（求刑は懲役1年6ヵ月、追徴金約155万円）を下すと、川端は公判で無罪を主張していたにもかかわらず、これを受け入れ、審議は初公判（19年1月11日）から1年も経たずにあっけなく終わった。川端の関係者によると、判決内容に絶望した川端は、「これ以上、裁判にかかずらわって人生を無駄にしたくない」と考えて、有罪判決に従ったのだという。

ヤメ検弁護士の正体

話を佐野と谷口に戻そう。

川端と同様に佐野も逮捕・勾留の直後、懇意にしている知人からの紹介で、やはりヤメ検弁護士を弁護人に選任した。ところが取り調べ期間中、佐野はヤメ検弁護士の正体を思い知らされることになる。佐野は公判で次のように述べた。

「当時の私の弁護人は検察を辞めた方で、私はその方とのやり取りを通じて『調書というものは取調官に協力して、無理してでも作らなければいけない』と思い込まされていました。その方は調書に1通もサインしない谷口さんに関して『体育会系だからだね』とか『けしからんわね』という話をしていました。

そこで私は長引く取り調べのなかで調書を作るにあたり、連日の深夜にわたる取り調べのなかで曖昧な部分ややわからないことが多々あったにもかかわらず、取調官の示唆や指摘に基づいて憶測でモノを判断し、できあがった調書に自身の認識と多少のズレがあっても署名押印していました」

さらに佐野は同じ公判で、18年7月19日作成の検面調書を例に、公判検事の加藤とこんなやり取りをしている。

検事　7月19日は取り調べで作成した検面調書の内容を確認している最中に弁護人の接見が入り、夕食も挟んで取り調べが再開された後、それまでに作成された調書にさらに4点を手書きで書き加えてもらい、それを確認して署名押印したという流れではないか。

佐野　弁護人との接見が入ったことは覚えていませんが、当時の私は取調官とのやり取りを相談するような、弁護人との信頼関係はまったくありませんでした。取調官に対応するにあたり、弁護人の了解なりサジェスチョンを得たことはありません。

これまで脱税事件をはじめとする特捜検察絡みの事件を数多く取材してきた著者は十数年前、東京国税局から告発された脱税容疑を否認している嫌疑者（脱税事件の場合はこう呼ばれる）に、脱税事件の弁護を数多く手掛けている高名なヤメ検弁護士を、知人を通じて紹介したことがある。容疑を否認する嫌疑者に対し、このヤメ検弁護士は「（身に覚えのない）痴漢（で逮捕されたケース）と同じで、納得することも必要」と言い放ったという。要するに「特捜事件は身に覚えがなくても罪を認めろ」ということ。これが日本の刑事司法の実情だ。

少しでも日本の刑事司法と関わった人間なら、日本の刑事事件の有罪率は99・9％、無罪判決が出る可能性はわずか0・1％に過ぎないことを知っている。いわんやヤメ検弁護士をおいてをや。

彼らが自身の出身母体に弓を引くはずがなく、彼らに弁護を依頼して意味があるのは、容疑者が端から容疑を認めて、公判で裁判所に罪をできる限り軽くしてもらおうとする場合に限られる。事実関係を全面的に争う構えの容疑者や被告にとって、ヤメ検弁護士は百害あって一利なしというのが、刑事司法関係者の間では自明の理だ。

だが、それまでの人生で犯罪の臭いすら嗅いだことのない佐野のようなピカピカのエリート官僚にとって、刑事司法を熟知するヤメ検弁護士は頼りになる存在に映ったのだろう。佐野は早い段階でそれが間違いだったことに気づいたようだが、取調検事が有罪シナリオに沿った検面調書を作っていく特捜事件では、その内容を少しでも許容した時点で容疑者の敗北が決まる。威圧的な態度で取り調べる検事に対抗して無罪を勝ち取ろうとすれば、検面調書の署名押印を拒否する他に道はない。

文科省汚職事件で、弁護人の指示に従って忠実にそれを実行したのが、東京医大事件とＪＡＸＡ事件の双方で逮捕・起訴された谷口だった。

全調書への署名押印を拒否

谷口が18年７月４日に受託収賄幇助容疑で逮捕された直後に弁護を引き受けた錦織淳は、刑事弁護の経験が豊富なことで知られる弁護士だ。「自白偏重主義の日本の刑事司法では、容疑者はいかなる意味でも取り調べに応じてはならず、かつ、一切の弁明をしてはならない」と考える錦織は、谷口に「捜査段階では自身の記憶に反する供述調書はもちろんのこと、たとえ一見そのように思えない供述調書にも、一切署名押印してはならない」とアドバイス。谷口はこれに従い、全22通の検面調書のすべてに署名押印を拒否した。

例えば18年2月14日夕方、谷口が文科省の佐野の執務室を訪れた際、佐野が谷口の前で臼井に電話で賢次を正規合格にするよう依頼したとされる件について、取調検事の篠田に事実関係を尋ねられた谷口は、「よく覚えていない。わからない」と答えた。谷口は当時の出来事をおおむね記憶していたものの、錦織の指示に従ってそのように答えたという。谷口はその理由について公判で次のように述べた。

検事　その当時から、その記憶はあったということか。
谷口　はい、そのように答えろと弁護士から指導されていたので。
検事　自分が覚えていることをきちんと話したいと思わなかったのか。
谷口　検察官の言うことが嘘ばかりなので、「これは自分が話してもしょうがない」と思いました。検察官の取り調べの内容は、取り調べが終わるとすぐに自室で事細かく（被疑者）ノートにすべて書き残して、それをすべて弁護士に報告していました。検察官が正しい事実関係を言ってくれればよかったのですが、事実とだいぶ違うので、答えなかっただけの話です。弁護人からも「そうしてくれ」ということでした。

検事　虚偽の説明をしたということか。

谷口　はい、弁護人から「それでいい」と言われていたので。私の味方は弁護人だけなので、篠田検事が正しい事実関係をきちんと説明してくれていれば、私も素直になれたのかもしれませんが、嘘ばかり並べ立てられると、こちらもそれは言いませんよね。

検事　「取調検察官が嘘ばかり言っていた」と弁護人に伝えたところ、弁護人から「検察官に抗議を入れます」とか「憲法上の権利だから黙秘権を行使しなさい」と言われたというのではなく、覚えていることも覚えていないと、思い出せるものも思い出せないと、積極的に嘘を言うように言われたということか。

谷口　それは言葉が違うと思います。（声を荒らげて）私は取り調べの状況を（弁護人に）随時説明しました。翌日の取り調べで「弁護士さんと話したことで」と話すと、（篠田検事から）「ちょっと待ってください。弁護人とした話は私が聞いてはいけないことになっているので、言わないでください」と言われて、私はそういうルールを知らなかったので、それ以上は聞かないでいくと。ですから私は弁護人から「今日から答えなくていい」と言われたので、答えなかっただけです。

検事　（激して）「答えなくていいから答えなかった」ではなく、「覚えていることも覚えていない」と言ったではないか。取り調べの時は「答えたくありません」と言ったのか、「覚えていません」と言ったのか、どちらなのか。

谷口　取り調べの時はいろいろな言葉を使いました。
検事　覚えていることを「覚えていません、思い出せません」と答えたこともあったのか。
谷口　あったのかもしれず、なかったのかもしれません。言葉はいろいろ使ったと思います。もちろん黙っていたこともありますし、話をしたこともあります。話をしたとしても、（篠田検事は）私が話したことを一切、調書にしてくれませんでした。だから私もいろんな言葉で手を替え品を替え、わからない、思い出せないと話したまでのことです。
検事　あなたがこの法廷でいろいろ具体的に話したことについて、あなたは（取り調べの際に）覚えていたけれど、「覚えていません」と述べたこともあるという意味か。
谷口　それは取り調べの時ですね。はい、そうです。

検察側は公判で谷口の検面調書を1通たりとも証拠として請求することができなかった。法廷でこのやり取りが行われた際、想定外の説明に虚を衝かれた公判検事の加藤が、谷口に怒りの感情をぶつけて大声を上げるなど、法廷ドラマとしてもなかなかにスリルがあった。特捜検察に〝作文〟調書を作成させないためにはこれしかないという、錦織の目論見は成功したと言えるだろう。

第6章

音声データを提供した男

◀すべての調書への署名を拒否した谷口浩司被告

唯一の物的証拠

つまるところ、今回の事件は、東京医科大学が２０１７年度の同省私立大学研究ブランディング事業の支援対象校に選定された事実と、同省科学技術・学術政策局長だった佐野太の次男・賢次が、東京医大の18年度一般入試で１次試験の点数に10点加算されて結果的に「正規合格」した事実とを、カルロス・ゴーン事件などでの強引な捜査指揮で知られる検事の森本宏が部長として率いる東京地検特捜部が、強引に結び付けて「事件」に仕立て上げた感が強い。

逮捕当初から容疑を否認している佐野と谷口浩司はもちろんのこと、取り調べ段階では検事の脅しに屈して、特捜部のシナリオに沿った供述調書に署名押印した東京医大理事長の臼井正彦や学長の鈴木衛でさえ、公判では全面否認に転じている。あまり報じられていないが、４人の被告全員が罪を認めていないのだ。検察側にとって、これは想定外の事態だったに違いない。

そんななかで検察側が唯一の直接証拠（物的証拠）として縋《すが》ったのが、谷口が17年５月10日の第２次醍醐会食での会話を隠し録りした音声データだった。

会食では、浪人中の賢次のことが話題に上り、佐野が「きちっと今度は勉強してやりますので」と述べたのに対し、臼井が「ぜひぜひ、もう、うちに予約しておいでになって」などと軽口で応じている。検察側はこうしたやりとりこそが贈収賄の罪を裏付ける証拠だというのである。

では、この第２次醍醐会食の音声データを特捜部に提供した人物は誰なのか。

東京医大事件の21年10月12日の公判で検察側の証人として出廷した、鈴木の取調検事である久保庭幸之介がその実名を明かしている。

弁護人　醍醐の録音については、17年10月末ごろに日高さんが東京地検特捜部に提出したものであるということは聞いていたのか。

久保庭　日高さんから提出を受けたものだったと思います。そのように聞きました。

ここに登場する「日高さん」とは、第２章で少しだけ登場した通信設備工事会社「アイシン共聴開発」（現・アイシンピークス）社長の日高正人のことだ。谷口の日本体育大学の８期後輩で、谷口が日頃から何くれとなく面倒を見ていた２代目経営者である。その日高がなぜ、先輩の谷口を特捜部に売るような真似をすることになったのか。

谷口やその周辺と日高との関係を紐解いてみると、事件とも呼べないような「事件」が、永田町や霞が関をも巻き込む贈収賄事件に発展していく背景に、日高の鬱屈が存在していたことが浮かび上がってくる。

2代目社長の悲哀

1978年8月、東京都田無市(現・西東京市)生まれの日高は、97年4月に日体大体育学部体育学科に入学して山岳部に所属したが、ラグビー特待生として同大に推薦入学した谷口とは異なり、一般入試での入学組。運動部の日々の厳しい練習や、絶対服従の上下関係を強いられる特待生に比べると、その学生生活に特筆すべきものはあまりない。02年3月の卒業後に米国に2年間語学留学した日高は、帰国した数年後にアイシン創業者である父親の新作の後を継ぎ、同社の代表取締役社長に就任した。

アイシンは携帯基地局の建設や、共聴テレビアンテナを取り付ける鉄塔の設置といった電波障害対策工事を行う会社で、NHKの子会社である「NHKアイテック」(現・NHKテクノロジーズ)から資本と役員を受け入れている。

谷口が新作から聞き取ったところによると、同社はテレビの難視聴地域が数多く存在した70年代の山間部に電波を届ける目的で、71年11月に新作が友人と二人で起業した。山間部の集落の住民たちが共同出資して設立した共聴組合の資金で鉄塔を設置し、そこにNHKアイテックと共同で共聴アンテナを取り付けるなど、テレビの難視聴地域の電波改善に向けた工事が業務の中心だ。

公判に検察側の証人として出廷した日高の証言によると、近年は東京スカイツリー建設に伴う新たな電波障害地域での工事で高収益を上げた時期があったものの、NHKアイテックが15年末に不祥事を起こして総務省から指名停止処分を受けた余波が残るなど、先の見えない経営状態が続いているようだ。

谷口は14年9月、作家の故・池波正太郎も愛用した東京・上野の和食料理店「花ぶさ」で開かれた日体大ＯＢ有志の私的な会合「花ぶさ会」で、旧知の先輩から、「2代目社長でいろいろ悩んでいるので、彼から何か頼まれたら力を貸してやってほしい」と、日高を紹介された。この先輩は中小企業経営者らが参加する「東京都倫理法人会」の後継者倫理塾副塾長を務めており、日高の父の新作が同会の要職に就いていることもあって、谷口に声を掛けたようだ。

翌年3月の花ぶさ会で日高と再会した谷口は、この先輩とのそれまでの交友関係に鑑みて、日高と一度、きちんと話してみることにした。それからまもなく、谷口を訪ねてきた日高は「うちは父が会長、私が社長という2人代表体制なのですが、もともと父が一から築き上げた会社なので、社員は会長の父のほうしか向いていません。私は社長としてとにかく会社を大きくしたい。この先どうやって会社を動かしていけばいいのでしょう?」と尋ねてきた。

「父親から『俺の息子だから社長の椅子に座っているだけで、偉そうな口を利くものじゃない』などと言われるので、僕を味方につけて立場を逆転させたいのだな」と感じた谷口は、日高が置かれた状況に同情する。谷口が「俺の目標はアイシンを儲けさせることではなく、君を一人前の社長にすること。それからこれは君自身に対する投資だから、それ相応にお金が掛かる。俺は厳しいけれど、頑張れるのか?」と尋ねると、日高は「僕には知らないことがたくさんあります。本当になんでもしますので、一人前にしてください」と答えたという。

東京・田無のアイシン本社で、同じ東京医療コンサルティング（ＴＭＣ）取締役の古藤信一郎とともに父親の新作と面談した谷口は、新作からも「大学の先輩なんだから、正人に社長としての教育をしてやってくれ」と頼まれた。ところが谷口が改めて日高と話してみると、日高はアイシンをどの分野で、どのように大きくしたいのかといった、経営者としての具体的なビジョンを持ち合わせておらず、自社の業務内容や歴史もきちんと把握していないように思われた。

体育会系特有の上下関係

日高に社長としての見聞を広めてもらうため、谷口は、アイシンの業務を終えた後の日高に週数回、古藤が経営する東京・赤坂のワインバー「Ｋｏｏ」で働かせてはどうかと考えた。Ｋｏｏは谷口や古藤の人脈に連なる政治家、官僚、スポーツ選手、芸能人、高名な医師らが歓談する会員制のサロンで、日高にはまったく未知の世界。ここでの客たちの立ち居振る舞いを見せることが、日高のためになると考えてのことだった。

だが、この谷口の思いに反して、古藤は「あの彼を育てるのは簡単なことではない」と難色を示した。谷口からそれを聞かされた日高は、古藤に会うため、仕事終わりに何度もＫｏｏに通い、ようやく古藤の承諾を得た。

それ以降、日高は積極的にＫｏｏに出向き、洗い物などを手伝った。経済的に余裕のあった谷口は、日高を夜の銀座や六本木に連れ出して奢ったり、ゴルフに連れ出したりして、自身の知る様々な世界を日高に見せるよう心掛けた。互いに日体大出身、体育会系特有の上下関係の厳しさもあり、日高は谷口に反発することなく、誘われれば二つ返事で馳せ参じた。

日高が谷口の人脈のなかで活動していたため、文科省高官の佐野も必然的に日高と会う機会が何度かあった。公判で日高の印象を問われた佐野は、次のように話した。

「日高氏とは仕事の話はもとより、プライベートな話や、ゴルフ場での雑談すらしませんでした。初めてゴルフ場でお会いした際、私のほうから『こんにちは』と挨拶したのですが、彼からは何一つ返事がなく、挨拶もしてこないので、今まで普通にお付き合いした人とはちょっと違う印象を受け、変わった人だなと思いました。『この人とは会話できない』と」

谷口は日高個人と行動を共にするだけでなく、日高や会長の新作がなおざりにしていたアイシンの社内整備にも力を注いだ。テレビの難視聴地域の共聴組合の住民などと折衝する機会が多いアイシンには、NHKから送られてくる住民の個人情報が数多く集積されている。だが、中小企業であるアイシンは基本的に人の出入りがオープンで、そうした個人情報の管理が適切に行われているとは言いがたい状況だった。

そこで谷口は、アイシンの社内体制の整備に着手。15年6月頃には、個人情報を適切に保護する措置を講じていると認められた事業者に与えられるP（プライバシー）マークをアイシンに取得させた。

これ以外にも谷口は、難視聴地域の共聴アンテナや携帯電話のアンテナを取り付ける鉄塔の設置工事の入札にアイシンが参加できるようにするため、準大手ゼネコン勤務で土木一級施工管理技士などの資格を持つ実兄の元《はじめ》をアイシンに入社させている。

鉄塔設置工事の入札に参加するには、資格を持った社員が会社に所属している必要があるが、アイシンはそれまで、鉄塔設置工事を落札した会社の下請けとして作業員を派遣することしかできなかった。それではあまりにも業務範囲が狭すぎるということで、既存事業の拡大の一環として様々な資格を持つ元を入社させたというわけだ。元はPマーク取得に向けた社内体制の整備にも関わり、17年1月にはアイシンの専務取締役に就任した。

コンサルティング契約

もちろん、いくら大学の先輩である谷口といえども、いつまでも無償で日高やアイシンに関わるわけにはいかない。そこで15年9月30日、谷口が取締役を務めるTMCとアイシンとの間でコンサルティング契約が結ばれることになった。

アイシンに対するTMCの業務内容は「アイシン共聴開発の継続的な企業発展に関わる戦略立案、教育訓練、営業補助活動等の一切のコンサルティング業務」とされ、月額は業務委託料が300万円、活動経費200万円の計500万円。この金額は当時のアイシンの月間売上高1億数千万円の5％弱にあたる。

金額の多寡はともかく、この５００万円は実際には２ヵ月経っても支払われなかった。アイシン会長の新作が「会社には外務省ＯＢのコンサルタントがいるので、コンサルは必要ない。谷口君は先輩らしく正人を一人前にしてくれれば、それでいい」などと、ＴＭＣとのコンサル契約締結に難色を示したからだ。

谷口は「こうしたコンサルがなぜ必要なのか、君自身が理解して、父でもあり会長でもある新作氏に自分の言葉で説得すること。それこそが、君が真の社長になるための第一歩だと思うので、会長がこの契約に納得してくれるよう説得して、契約を結べるよう頑張れ」と日高を諭した。だが11月末になっても、肝心のコンサル料はＴＭＣの口座に振り込まれなかった。谷口は東京医大事件の公判で、当時の状況を次のように話している。

弁護人　業務委託費や活動経費の支払いがなく、会長も「コンサルは要らない」と言っているなかで、契約解除や契約内容の変更はしなかったのか。

谷口　日高氏から「僕の責任でやるので、なんとかお願いします」と何度も頼まれたので、契約解除はしませんでした。業務委託契約を結ぶ際には当然、「お父さんが反対しているのなら、取り止めてはどうか」と話していて、その後も同じ趣旨の話を何度もしました。それでも日高氏本人から「私は代表印を持つ社長です。お金はなんとかするので、私の責任でお願いします」と頼まれ、本人の意思を尊重してそのまま継続しました。

弁護人　そもそも日高氏が父親を説得できると考えていたのか。

谷口　説得できる、できないではなく、説得すべきと考えていました。彼は嫌なことから逃げてしまう性格なので、社長として、人として進歩するにはまず身内に説明して理解してもらうのは当然で、それを彼が一生懸命やるのかどうか見たいと思いました。

弁護人　日高氏の父親が「先輩として指導してくれ」と言ったのは、個人的に指導してくれという意味ではなかったのか。

谷口　アイシンの経費は当時、この目的ですでに数百万円使われていて、新作会長もアイシンから経費が落ちていることは承知のうえで、「こんな端金《はしたがね》はどうでもいい。先輩として、正人を社長としてきちんと教育してくれ」と言われました。それは日高氏本人にも確認しました。

15年12月1日、日高はTMC宛てに「同意書」を差し入れた。文言は次のとおりだ。

「これまでの未払い金について未だに支払えない状態にあることを謝罪致します。項目上、経費に分類しやすい費用については、東京医療コンサルティング分の支出を日高正人のカードで決済することにより、これまで東京医療コンサルティングに支払えなかった一部を補償するため補完いたします」

父親の説得は相変わらずできていなかったものの、日高にとって谷口や古藤との関係は、自腹を切ってでも続けたいものだったのだろう。

現に谷口にアドバイスを依頼した後、日高は個人的に次のように申し出た。

「先輩には日頃からお世話になっているので、何か支払うものがあれば、アイシンの名義で領収書をもらって、それが溜まったら適当なところで僕に持ってきてください。その支払いがアイシンの経費で落とせる性格のものなら、僕が精算して先輩にお返しします」

これを受けて谷口は、会食などをした場合、とりあえずアイシン名義の領収書を店側に発行してもらい、日高に手渡すようになった。日高自身は出席しなかった第2次醍醐会食の費用も、谷口がいったんまとめて支払った後（注：前述したとおり、佐野は自身の飲食代を現金で谷口に渡している）、領収書を日高に渡して、日高はそれをアイシンの経費として精算し、谷口の口座に入金した。

「僕は日高氏の意向を事前に確かめたうえで、自分のプライベートな人脈との会食やゴルフなどに、彼を何度も連れていきました。彼はその都度、『（費用は）自分が払います』と言うので、任せていました（注：佐野が参加したゴルフのプレー代は各自が負担）。もちろん、なんでもかんでもアイシンの経費として落とせるものではなく、領収書を渡しても精算されないケースは多々あるので、それは当然、僕が自腹で支払います」（公判での谷口の供述）

また、谷口が悪性の乳がんを発症した妻・一華の看病と仕事との両立を図るため、都心への転居を検討していたところ、日高が「では先輩、動きやすい場所に引っ越してはどうですか。とりあえず私が全部面倒みますので、引っ越してください。私も後で引っ越します」と持ち掛けた。谷口が16年3月、東京都港区の赤坂アークヒルズ住居棟に転居すると、その10ヵ月後の17年1月には日高も妻子とともに同じ建物に引っ越した。谷口の部屋の家賃は、日高が17年10月分まで負担した。

経費の負担だけでなく、自宅の家賃まで肩代わりするとはにわかに信じがたいが、谷口の部屋より広さも家賃も2倍以上の部屋に入居した日高は、自身の妻の友人が港区内に数多く住んでいることを挙げ、谷口に「妻が一番喜んでいて、正直なところ良いきっかけになりました」と感謝の言葉を伝えたという。

政治家・官僚たちとの会合

日高は、谷口とともに参加した会食の飲食費を基本的に全額負担している。その飲食接待が問題になったのがJAXA事件である。この事件で逮捕された谷口と、文科省からJAXAに出向中だった川端和明の飲食は、15年8月28日から17年3月28日までの間に21回、使われた飲食店や高級クラブは延べ38店に上り、日高はこのうちの14回、29店の飲食に参加して、その費用をアイシンの経費として精算したことが起訴事実に記されている。

話は逸《そ》れるが、この事件が表沙汰になったとき、肝を冷やした政治家や官僚が相当数いたことは想像に難くない。

例えば、谷口が東京事務局長を務めた、衆院議員落選中の吉田統彦が、厚生労働省と文科省の高級官僚を自身の支持者らに引き合わせる目的で開催した「官僚との政策懇談会」も、費用はアイシン持ち。厚労省政策統括官の今別府敏雄《いまべっぷとしお》とJAXA理事の川端が参加して15年6月18日に行われた懇談会や、文科審議官の戸谷一夫《とだにかずお》と川端が参加して同年10月29日に開かれた懇談会の費用も、アイシンの経費として精算された。

他にも、吉田、今別府、川端、古藤、谷口が参加した会食（15年5月22日）や、谷口と古藤が政策顧問を務める民進党（当時）参院議員の羽田雄一郎が、川端らと行った2回の会食（16年8月5日と9月5日、ともに谷口と古藤も参加）も、費用全額がアイシンの経費として精算されている。

たまたま文科省汚職事件に関連して調べていたら、立件当時すでに国政に復帰していた吉田と、国民民主党（当時）の現職参院議員で、民主党時代には同党参院幹事長を務めた羽田の名前まで出てきて、特捜部も驚いたことだろう。

実際に吉田は検事の久保庭、羽田は谷口の家宅捜索を担当した検事の田渕大輔による任意の取り調べを受けており、こうした会食の経緯について聞かれたことは疑いない。だが、彼らが参加した会食は起訴事実から外され、その代償としてなのかどうか、吉田も羽田も側近として重用した谷口が逮捕・起訴された後、彼を庇うどころか、一貫して沈黙を守り続けた。

検察に音声データを提供し、公判でも検察の意向に沿うように、谷口や佐野が不利になる証言を繰り返した日高だが、少なくとも4回、東京地検特捜部検事の中澤政臣《なかざわまさおみ》（司法修習51期、99年4月任官）から任意の取り調べを受けたようだ。それも、参考人ではなく被疑者（容疑者）として取り調べられており、立場的には東京医大事件の臼井や鈴木と同様、身柄を拘束されないまでも起訴される可能性は十分あった。しかし、実際には日高は起訴を免れ、公判では検察側証人として特捜部の期待に違わぬ役割を演じることになる。

突然の雲隠れ

谷口と日高の関係に話を戻そう。谷口という政界関係者と繫がりを持ったことで、電波障害関係の工事を生業とする建設業者の若社長だった日高に突然、国家の中枢で活躍する政治家や高級官僚らと直に接する機会が転がり込んできた。

ただ日高は残念ながら、その幸運を自身の仕事に繫げる力を持ち合わせていなかったようだ。政治家や高級官僚らとの会食の場にいても、会話に加わることはほとんどなく、部屋の隅に座って黙って微笑んでいるだけだった。

谷口によると、川端がある時、日高に向かって「後輩君、ボーッと座ってニコニコ笑ってたって、なにもならないよ。谷口さんと一緒にいることで、こんな滅多にない機会に恵まれているのだから、もっと皆さんといろいろ話しなさい」と促した。それでも日高は相変わらず、座って微笑んでいたという。

そんな日高が一方ならぬ関心を示した団体がある。谷口と政界との橋渡し役となった元衆院議員の早川久美子が、フィリピン・セブ島で英語教育に従事するフィリピン人女性英語教師の待遇を改善する目的で設立した一般社団法人「日比英語教育協会」（17年8月設立、18年10月解散）がそれだ。同協会の設立に当たっては、やはり谷口と親しい元・民主党参院議員の石井一《いしいはじめ》（故人）も力を入れており、日高は石井にお供してセブ島を何度も訪れている。協会の設立構想を知った日高は「僕もセブ島で事業をやりたい。できれば僕を協会の理事にして運営させてくれませんか」と早川に頼み込んだ。

16年5月に自身の家族、谷口夫妻、それに古藤とセブ島を訪れた日高は、これを皮切りに月に一度、毎回1週間程度セブに滞在するようになる。その目的はゴルフ、現地でのパイロット養成学校設立に向けた下調べ、買収を考えていた現地のカフェの下見など、いずれも将来のアイシンの新規事業として取り扱えないかどうかをリサーチするものだったという。

実際、日高は本気で、家族とともにセブ島に移住する考えだったようだ。谷口によると、日高はアイシンの新規事業として、フィリピン人女性英語教師を雇い、セブ市にオンライン英会話学校を設立しようと計画。これを実現させるため、セブ市内に一定期間移住する必要があると考えた。

谷口は日高から「娘がまだ小さいうちに英語環境で育てるのも考えの一つなので、セブで家を探そうと考えて、親を説得しました。完全に移住するのではなく、東京とセブの両方にベースを持つつもりです」と説明されたという。その後、日高はセブ市の中心街から少し離れたプール付きの一戸建て住宅を月約20万円で借りる契約を結び、前払い金をアイシンの経費として支払っている。だが、17年10月になって日高とともに現地を訪れて物件を確認した妻が猛反対。日高はプール付き豪邸の賃貸契約を解約し、セブ島移住計画は幻に終わった。

それから数日経った17年10月22日の日曜日の夜、日高は溜池山王のアイシン赤坂事務所を引き払い、谷口の前から忽然と姿を消した（注：実際には赤坂アークヒルズの別の住居棟に引っ越して、谷口らに見つからないようにしていたという）。

連絡が突然取れなくなり、谷口らが困惑していると、その4日後の同月26日、日高の雲隠れと歩調を合わせるかのように、谷口らに対する東京地検特捜部の任意の取り調べが始まった。それは谷口が佐野から一時的に預かった、佐野の私的な金銭に関する件で、遅くとも17年5月までには日高周辺から特捜部に情報が持ち込まれたようだった。

だが、この件は谷口らに対する任意の取り調べの結果、まったく事件性がないものと判断され、その代わりに日高が特捜部に提供したのが、第2次醍醐会食の音声データだったのだ。

容疑者から検察側の証人へ

15年3月以降、日高は2年半以上にわたって日体大の先輩の谷口に付き従ってきた。古藤が経営するＫｏｏの洗い場の仕事をこなしたり、谷口の人脈との会食や銀座の高級クラブでの飲食の費用負担を自ら進んで引き受けたりするなど、日高はそれまで未知の世界だった分野に足を踏み入れることを楽しんでいるように、谷口には思えた。

ところが東京医大事件とＪＡＸＡ事件の公判で、検察側の証人として都合5回出廷した日高は、そうした一連の行動はすべて、主に古藤による脅迫と暴力によって強要されたもので、日高自身はそれに屈して二人に唯々諾々と従っていたと証言した。

例えば東京医大事件の公判での証人尋問では、検察側の質問に次のように答えている。

検事　アイシンの業績が下降気味だという話をした際に、谷口被告から何を言われたのか。

日高　「このままでは会社が潰れ、君は工事現場などで警備灯の棒を振ったり、旗を振ったりする人生になるだろう。私と一緒に行動することは飛び級になり、会社を今の10倍、１００倍大きくしてやることができるが、それにはお金がかかるので、付き合うならそれをわかったうえで付き合え」と言われました。

検事　あなたは谷口被告の政治家や官僚の人脈に何を期待していたのか。

日高　（アイシンの）既存業務の通信関係の新規案件をいただいたり、新規顧客の紹介などをしたりしてもらえると思い、接待や会食の費用を負担しましたが、谷口氏の人脈の政治家や官僚から便宜を図ってもらうつもりはありませんでした。

また、日高は同じ証人尋問で谷口の弁護人の質問に対して、こう証言している。

弁護人　TMCがお膳立てしても、あなた自身がアイシンの事業としてそれを獲得しなければアイシンの事業にはならない。結局はあなた自身の問題なのではないか。

日髙　古藤氏や谷口氏がこのようにしろと、半ば命令して、私自身にも気持ちの弱いところがあって、彼らの言うとおりに進んでしまったところはあったと思います。

弁護人　アイシンはあなたが代表を務める会社なのに、すべてTMCのせいにしているように聞こえる。接待費用も強制的に負担させられたようなことを言っている。

日髙　経費の件は最初、私が興味本位で立ち入ってしまったからなのかもしれませんが、途中からは暴力や恫喝、半分ちょっと逃げ場を失うような場所に入ったりとか、そういった逃げ場のないような場所を作られたりして、従わざるを得ない、これ自体もやはり企業の代表として恥ずかしい、つらいところがあるのですが、そういった従わざるを得ない状況があったと思います。

弁護人　具体的にどのような暴力を振るわれたのか。

日髙　靴の裏で頭を思い切り叩かれたり、スプーンで頭を叩かれたり、日常的に肩を殴られたり、お前はバカだから言葉で言ってもわからないなら暴力振るうしかないとか、そういうことを日常的に言われているような状況です。谷口氏には肩にパンチされたりお尻を蹴られたり、古藤氏には靴の裏で頭を叩かれました。

弁護人　ＴＭＣと業務委託契約を結ぶ際も頭を叩かれたり、小突かれたりしたのか。
日高　恫喝は15年夏頃からしばしばあったと思います。
弁護人　それでもあなたは従業員50人の会社のトップとして契約書にサインしたのか。
日高　そうです。
弁護人　あなたは自分の意思ではなく、いろいろなことをやっていたと言いたいのか。
日高　最後のほうはそういう状況でした。同意書にサインしたくらいのところからほぼ脅しというか、そういうものがありました。自分は本当に行くべきなのか、撤退するべきなのか、葛藤のなかで進んでいたような状況だったと思います。
弁護人　あなたは接待のことを谷口被告からどのように聞いていたのか。
日高　官僚の方などに飲ませて特別な時間を作らせるのが俺の仕事だから、と言われました。
弁護人　あなた自身、そういう接待の付き合いを止めずに続けたのはなぜか。
日高　会社が大きくなるきっかけをつかみたかったというのはありました。
弁護人　アイシンを大きくすることに結び付かないかと思っていた、ということか。
日高　会社を大きくしたいということと、自分としてどこかでケリを付けなければならないということと、クレジットカードの一件（注：同意書差し入れの件）以来、やはり逃げたくても逃げられない、いろんな心の葛藤みたいなものがあったと思います。
弁護人　あなたが妻とともにセブに移住するという非日常的な行動も、古藤氏や谷口被告に言われ

日高　て、気が進まないが嫌々やったということなのか。
そうですね。実際に（古藤や谷口から17年）10月23日までに（当時住んでいたアークヒルズ住居棟の）部屋を明け渡せと言われていたので、その日の前に彼らと縁を切る行動に出たわけです。

自身の行動の理由をすべて、谷口や古藤に恫喝されて暴力を振るわれたことに集約させてしまう日高の主張パターンは、ＪＡＸＡ事件の証人尋問でもまったく変わらなかった。仮に日高が谷口や古藤に恫喝されて、谷口の飲食代をアイシンの経費として精算していたのなら、アイシンとして谷口を提訴するのが筋のはずだが、同社は今に至るまで、谷口を相手取って損害賠償請求訴訟を提起していない。

知恵を授けた元議員秘書

では、日高が証言する古藤と谷口のパワハラ的行為や暴力行為は、実際にあったのか。古藤がＫｏｏで日高を「叩く」場面を目撃したというＴＭＣ社長の尊田京子は、弁護側の証人として出廷したＪＡＸＡ事件の証人尋問で次のように話している。
「じゃれ合うような、『駄目だよ』という感じで、ペットボトルでコツンとやる仕草を見たことはありますが、微笑ましい感じに見えたし、それで日高氏が怪我をするとか、重いダメージを受けるとかいうようなことでは全然ありません。私が見る限り、男性同士が仲良くしている感じでした。古藤氏は非常に論理的に話す人で、論理的すぎて相手をギャフンと言わせることがあり、日高氏もそういう目に遭っているのを見たことはありますが、暴言を吐いているのは見た覚えがありません」

これについては谷口も、東京医大事件の公判で、「靴で頭を叩くのは見たことがありませんが、スプーンはあります。といっても親がカレーライスを食べるスプーンで子供の額を叩くレベルの力で、痛みが残るようなものではありません」と一笑に付した。同じ日の公判で谷口は、古藤が日高を叱責した事情をこう説明している。

弁護人　アイシンがTMCとコンサル契約を締結後、古藤氏が日高氏を厳しく叱責することがあったのか。

谷口　16年にあったケースをよく覚えています。アイシンの月次の経理書類を締めて、翌日までに貸借対照表を作成しておくよう言われた日高氏が、なかなか書類を出してこない。1週間待って、「日高、月次はどうした?」と尋ねると「忘れていました」。古藤氏は「他人の会社じゃないんだから、きちんとやりなさい」と言ったのですが、そういうことが重なって、古藤氏が怒りました。

弁護人　Kooでも日高氏を怒ったことがあったのか。

谷口　高価なワイングラスの拭き方を知らずに柄を折るミスをした日高氏に、古藤氏が懇切丁寧に拭き方を指導したのに、日高氏が同じミスを繰り返したので、古藤氏が怒りました。それから俎板《まないた》は肉や魚を切るものと、野菜を切るものとは区別するものだと教えても、日高氏はすぐに忘れてしまう。さらに調理する際は食材の鮮度を考えて、生ものは最後に出すよう何度言われても、日高氏は最初から全部出してしまう。古藤氏に頼まれていたセブ島の往復航空券の手配を忘れていたこともありました。日高氏の奥さんも、彼にゴミ出しを頼んでもしばしば忘れて出掛けてしまうと嘆いていました。

　とにかく日高氏が言われたことをすぐに忘れて同じ失敗を繰り返すので、古藤氏はあまりにも無責任だと怒ったわけです。

　双方の主張は完全に食い違っているが、谷口や古藤からの叱責が重なるにつれ、日高が次第に二人に恨みを抱くようになったのは想像に難くない。その結果、第2次醍醐会食の音声データが特捜部に提出され、特捜部はこれを端緒にその約9ヵ月後、佐野と谷口の逮捕に漕ぎつけた。

　日高が谷口や古藤と訣別するにあたり、彼に知恵を授けた人物がいる。東京医大事件の公判で、日高は谷口の弁護人の質問に次のように証言している。

弁護人　原子誠一《はらこせいいち》氏について尋ねる。原子氏が国会議員の事務所や霞が関の中央官庁に出入りしていることは知っているのか。アイシンは原子氏と顧問契約を結んで今も顧問料を支払っているが、これは何の対価なのか。

日高　以前は（元農水相で自民党衆院議員、民主党参院議員だった）田名部匡省《たなぶまさみ》氏の秘書をしていたと認識しています。総務省関係に強いということで、その分野がアイシンと少し似通っているため、そうした電気通信の話をもらったと思います。顧問料は月約30万円だったと思います。

弁護人　総務省の総務審議官だった渡辺克也《わたなべかつや》氏などとの人脈を持っているのか。

日高　そうです。

弁護人　顧問料は原子氏が総務省関係に強いから支払っているのか。

日高　そうではなくて、私が谷口氏、古藤氏と一方的に縁を切る時に、私自身の心の拠り所が欲しかったということがあり、その時に原子氏にアドバイスしてもらい、非常にお世話になった経緯があります。顧問料を払い続けている理由はそれが一番大きいです。

弁護人　あなたが谷口氏や古藤氏と決別したのは17年10月下旬頃ということだが、その時に何をしたのか。

日高　原子氏から「彼らのやっていることは異常だから、縁を切ったほうがいい」とアドバイスされ、溜池山王の事務所からアイシンの書類、パソコン関連を（西東京市の）本社に移動させて、弁護士を通じて「これ以上できない」という趣旨の書面を出しました。原子氏は目の前で（自分が谷口や古藤から）暴力や恫喝を受けるのを見ていたので、「大丈夫？」というところからスタートした話だと思います。

弁護人　原子氏と銀座のクラブに二人だけで一緒に行ったことはあるか。

日高　原子氏と最初に会ったのは16年末で、17年10月末までに2回ほどです。

弁護人　谷口氏や他の人を連れて原子氏と一緒に銀座のクラブに行ったことはあるか。

日高　あります。

弁護人　原子氏行きつけの銀座の高級クラブ2店（注：法廷では実名）には何度も行ったのか。

日高　はい。

弁護人　その費用はすべてあなたが負担したのか。

日高　はい。

弁護人　原子氏はあなたが今日、この法廷で証言することを知っているのか。

日高　今日証言することは伝えています。

弁護人　原子氏は傍聴席にいるのか。

日高　わかりません（注：原子は傍聴していたが、午後の休廷中に姿を消していた）。

1961年生まれの原子は、参院青森県選挙区選出の民主党参院議員で10年に引退した田名部

（注：96年まで自民党衆院議員、98年から無所属、03年から民主党で参院議員）や、比例南関東ブロック選出の自民党衆院議員で元復興相の渡辺博道《わたなべひろみち》の秘書として、永田町では名を知られた政界関係者だ。

その一方で、11年6月に立件された東京のソフトウエア開発会社「ソフトウエア興業」グループの脱税事件に絡んで逮捕された経歴の持ち主でもある。ソフトウエア興業は自民党や、当時政権党だった民主党の有力議員少なくとも計7人の政党支部や政治団体に政治献金したり、パーティー券を購入したりしており、同社社長（故人）はのちに首相に就任する衆院議員の野田佳彦《のだよしひこ》（立件当時は財務相）と年2回程度食事をともにする仲だった。

原子はソフトウエア興業の取締役人事部長として、同社の政界への資金提供に関わったとされたが、東京地検特捜部の取り調べに対して完全黙秘し、最終的には起訴猶予処分になった。原子はそれ以降、情報提供者として特捜部と太いパイプがあると、周囲に自慢するようになったという。

その原子が谷口の前に現れたのは17年1月のこと。当時の谷口が設立に向けて尽力していた「一般社団法人スポーツ・コンプライアンス教育振興機構」（SPOCOM）に関し、こうした団体の活動に必要な寄付金を企業などから集める術に長けた人物として、野田元首相の秘書も務めた女性から紹介された。

それからまもなく、原子が自ら「SPOCOMだけでなく、アイシンの仕事も手伝いたい」と谷口に持ち掛けてきた。その後は日高が費用を負担する、谷口と川端ら高級官僚との会食にも顔を出すようになり、急速に日高との距離を縮めていった。

言うなれば日高は、同じ政界関係者でも、自分に厳しく接する谷口から、優しい言葉を掛けてくれる原子に乗り換えたわけだ。日高はそれ以来、アイシン顧問として原子に月30万円の報酬を支払うだけでなく、17年のゴールデンウイークに原子が女性同伴でハワイで豪遊した際には、約350万円にも上ったその費用を全額、アイシンで負担している。

この二人の関係が、第2次醍醐会食の音声データを特捜部に提供するという日高の動きに繋がったことは間違いない。17年10月末に日高から音声データを提供された特捜部は、文科省汚職事件の立件に向けて内偵捜査を本格化させる。

第7章

霞が関ブローカーと呼ばれて

▼「霞が関ブローカー」とされた谷口被告の名刺

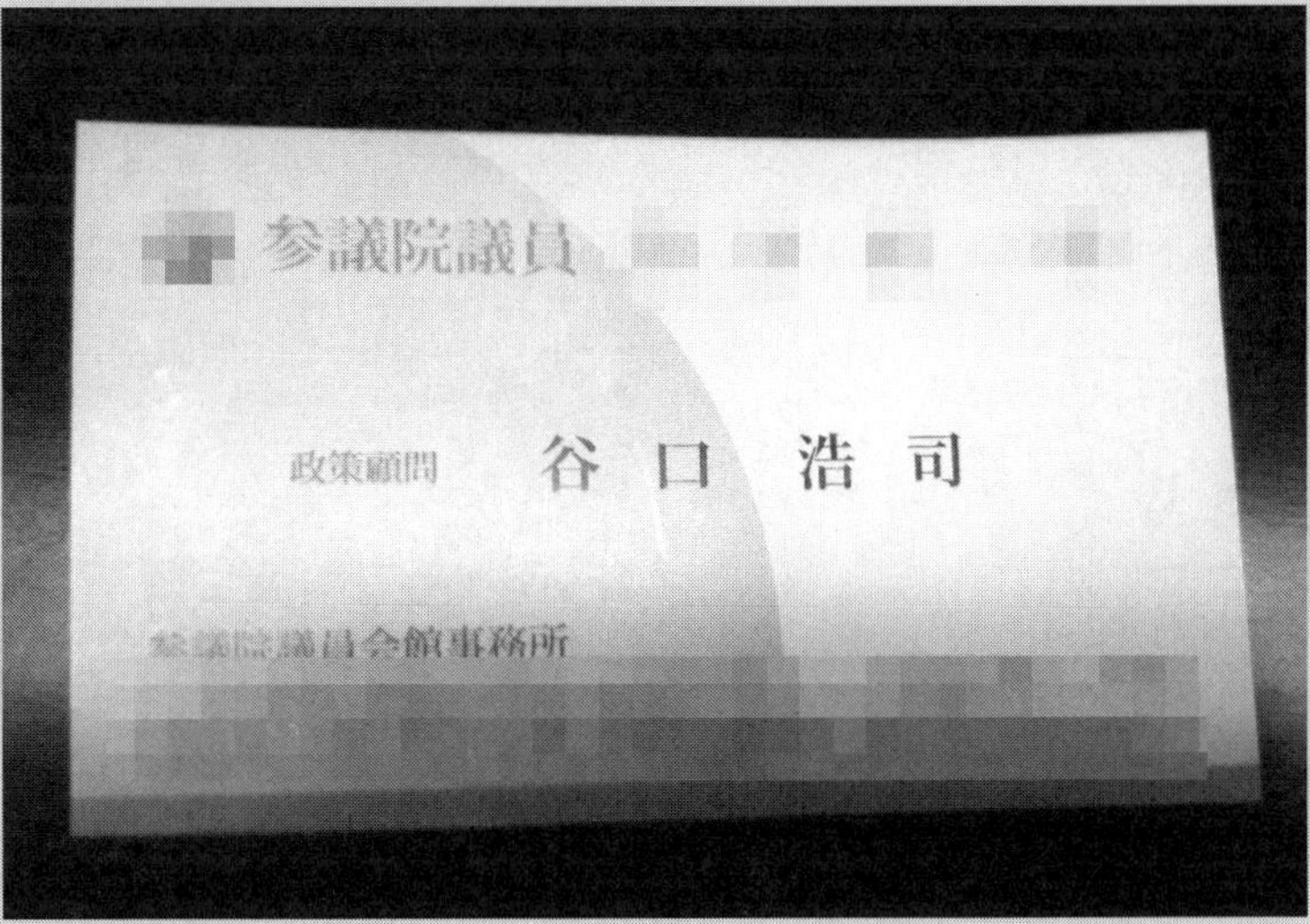

特捜部の印象操作に乗ったメディア

第5章で説明したように、文部科学省汚職事件は「東京医科大事件」と「ＪＡＸＡ事件」という二つの事件で構成される。この両事件で逮捕・起訴されたのは谷口浩司だけである。

前者で谷口は、第2次醍醐会食を設定し、東京医大理事長の臼井正彦と文科省大臣官房長だった佐野太を引き合わせ、２０１７年度私立大学研究ブランディング事業計画書の書き方の助言・指導を仲介したことが受託収賄幇助の罪に問われた。これは佐野を受託収賄罪、臼井を贈賄罪で立件するシナリオを描いた検察側が、そのシナリオを補強する目的で、二人と接点のある谷口の行為を、強引に犯罪として立件したと考えるのが妥当だろう。

医学の知識と医療現場での経験、さらには医療界の人脈などを持ち合わせていた谷口は２０１２年から政界に参画。民主党（現・立憲民主党）衆議院議員の故・中井《なかい》洽《ひろし》、吉田統彦（当時は落選中）、同党参議院議員の故・羽田雄一郎や故・石井一の右腕として活躍した。そのなかでも羽田の政策顧問として政策の立案に関わるなど、その存在は永田町・霞が関でも知られていた。

特捜部はその谷口を〝霞が関ブローカー〟に仕立て上げることで、世論を味方に付けようとした。ブローカーとは一般に商行為を媒介する仲買人を指すが、特捜部が使う〝霞が関ブローカー〟というアナクロな言葉からは、霞が関の中央省庁に出入りして、政治家、官僚、企業を結び付け、なにかしらのおこぼれを頂戴するというニュアンスが滲み出ている。

そしてこの特捜部の目論見どおり、多くのメディアが谷口のネガティブ情報を垂れ流した。当時の記事の論調はおおむねこんな具合だ。

「一連の事件には、国会議員の影響力を使い、省庁をまたいで人脈を広げようとした同じコンサルタントが介在していた。『国会議員がケツ持ち（後ろ盾）になってくれる』。医療コンサル会社元役員の谷口浩司容疑者は知人にこう話し、自らが国会議員の影響力を使って官僚を動かせると誇っていた。永田町や霞が関には、議員や官僚が持つ政策や公共事業の情報を仕入れ、企業から利益を得る『霞が関ブローカー』が存在する。捜査関係者は元役員もこうした一人とし、『同種のブローカーとしては新参者だった』と語る」（朝日新聞　18年8月16日朝刊）

「2つの事件で重要な役割を果たしたとみられるのが、会社役員の谷口浩司容疑者。中央官僚と民間業者を仲介する『霞が関ブローカー』（捜査関係者）とされ、前回は幇助役、今回は贈賄側だ。飲食接待などで官僚を籠絡し、『癒着の結節点』となっていた実態が浮かび上がる」（産経新聞　18年7月27日朝刊）

「官僚を相手に繰り返された〝過剰接待〟。接待を行っていた医療コンサルタント会社の元役員や文部科学省の官僚が相次いで起訴された。ＮＨＫが独自に入手した谷口被告らが作成した〝リスト〟には、複数の省庁の幹部らおよそ30人の名前が記載されている。国会議員の政策顧問の肩書きで官僚たちに近づいた谷口被告は、どんな〝便宜〟を図ってもらおうとしていたのか？　そして、今、政策の中枢、霞ヶ関で何が起きているのか？」（ＮＨＫクローズアップ現代＋　18年8月27日）

はたして谷口は〝霞が関ブローカー〟だったのか。いくら弁護士から指示されたとはいえ、取調検事の恫喝に抗して、検面調書にただの1通も署名押印しないというのは、簡単にできることではない。

本章では事件の中心人物の一人でありながら、これまで詳細に触れることのなかった谷口の実像を、本人へのインタビューや周辺取材を通じて浮き彫りにする。

ラグビーの特待生で日体大に

谷口は1971年2月2日、オートバイ販売店「谷口モータース」を営む両親の次男として、北海道函館市に生まれた。父方、母方とも裕福な親戚が多く、谷口の実家も市内に土地を多数所有する資産家。家業は祖父が始めたもので、谷口にとって起業や営業、さらには投資といった経済行為は身近なものだった。

高校は函館市内の公立高校に、同じスキーチームで全道トップレベルだった中学時代の仲間とともに入学。この高校にはラグビーの指導者として全国的に名を知られた体育教師がいたものの、入学直後の谷口にラグビー部の門を叩くつもりはなかった。ところが、谷口にラグビー経験があることを知った周囲の大人たちから再三にわたってラグビー部入りを勧められ、高1の途中でラグビー部への入部を決断する。もっとも、冬季はこれまでどおり仲間とともに競技スキーに参戦する二刀流のラグビー部員だった。ただ高2の時、スキーの競技会での転倒がトラウマとなり、そこからはラグビー一本。日本体育大学に推薦（特待生）で入学し、ラグビー部に入部するコースは当然の選択だった。

89年4月、谷口は日本体育学部体育学科に入学する。一学年50人、全体で200人のラグビー部員はもちろん全員が特待生。学年には関係なく、公式戦に出場する1軍から一番下の10軍まで10チームが編成されるが、ラグビーは15人制のため、試合に出られない部員が50人存在することになる。

身長171センチとラグビー選手としては小柄ながら体幹が強く、突破力とボールのキープ力に優れていた谷口は、バックス（注：スクラムに加わらない後ろの7人）のセンター（背番号12番と13番の選手）のポジションを与えられ、同じポジションの上級生が相次いで故障した3年の夏合宿では幸運にも準レギュラーにまで昇格した。ただ、そこまでが谷口の限界だった。

「日体大に入ると周りはデカい奴ばかり。高校では全道選抜チームのメンバー候補になり、走力も100メートル12秒8とそれなりでしたが、日体大ラグビー部のレギュラーはほとんどが11秒台。これはどう転んでもレギュラーにはなれないと、1年で悟りました。それなら選手にこだわるのではなく、チームを支える側に回ろうと」（谷口）

ラグビーの特待生として日体大に推薦入学した谷口だったが、体育学科には当然のことながら、解剖生理学や運動生理学といった授業がある。高校までは勉強に打ち込むことがなかったが、授業に出てくるキネシオロジー（注：人間など生物の身体の運動に関する科学的な研究のこと）や運動生理学に興味を抱いた谷口は、ラグビー部の監督に申し出て夜間練習など練習メニューの一部を免除してもらい、1年次からゼミに参加して運動生理学を学んだ。わからないことがあれば、授業終了後に教授の研究室を訪ねて質問を重ねたという。

「普通は誰しもが偏差値の高い大学に入ろうと勉強しても、入った後に遊んでしまう。ところが高校までスポーツしかしていなかった僕にとって、大学に入って初めて学んだ解剖生理学や運動生理学はとても面白かった。けがをしたらなぜそうなったのか、どうすれば治るのか。そうしたことを納得できるまで知りたくなるのが僕の性格なのですが、大学では専門の医師や助手が納得できるまでそれを教えてくれるので、夢中になって勉強するようになりました。長期休暇中の寮の電話当番の時は、麻雀に興じている先輩たちから雑用を申し付けられないで済むので、専門書の読み込みに集中できて、勉強が捗《はかど》りました」

授業を受け持つ教授たちは本職の医師ばかり。内容も解剖、生理、運動、処方など本格的で、ある程度の理解力がなければ授業にはついていけない。例えば運動生理学の授業の場合、細胞の構造から始まり、最終的には授業で学んだ内容を踏まえてトレーニングメニューを作成したり、運動処方をしたりする流れになっており、医学的な知識の取得が必要不可欠だ。授業終了後に研究室を訪ねて質問を重ねるなど熱心だった谷口は、教授たちから目を掛けられるようになっていく。

整形外科の名医たちと交流

医学に対する興味を急速に高めた谷口が向かった先は、選手の体調管理や、けがをした選手のリハビリに携わるトレーナーの道だった。谷口自身、高校時代にラグビーやスキーでけがをした際に面倒をみてくれたトレーナーや柔道整復師の活動を通じて、仕事に対する関心や、やりがいのようなものを感じていたという。

谷口にとって幸運だったのは入学後まもなく、昭和大医学部整形外科助手の平川誠が日体大ラグビー部初のチームドクターに就任したことだ。それだけでなく、同科理学療法士の山村俊一も、日体大ラグビー部選手のリハビリに深く関わった。平川の昭和大医学部はかねてから、スポーツ整形外科に力を入れていることで知られ、平川が日体大ラグビー部のチームドクターに就任直後の90年に開院した「藤が丘リハビリテーション病院」（横浜市青葉区）は、大学付属病院としては珍しいリハビリ専門の病院として注目されていた。

授業などで感じた疑問を次々とぶつけてくるユニークなラグビー部員を気に入った平川は、谷口に「そんなに興味があるのなら、うちの藤が丘（リハビリテーション病院）に来て勉強してみるか」と声を掛けた。それから谷口は同病院を頻繁に訪ね、整形外科やリハビリの治療現場での体験を積み重ねていった。

「藤が丘リハビリテーション病院は当時できたばかりで、『肩の名医』と呼ばれ、著名なプロ野球選手の肩の手術を数多く手掛けた筒井廣明先生や、入谷式足底板療法の創始者の入谷誠先生など、それこそ日本一レベルの整形外科医が綺羅星の如く顔を揃えていました。

筒井先生が考案したセラバンド（注：強度が8段階に分かれているゴム製のトレーニング器具）で、鍛えたい筋肉の部位に応じて強度を変えることができる）でインナーマッスル（深層筋）を鍛えて脱臼を防ぐやり方は、1年生の時から学ばせてもらいましたし、入谷先生からはインソール（注：靴の足底に入れる敷物）の削り方や貼り方を直接教わり、手作業で入れては貼り足して、入れては貼り足して。僕は手先が器用なうえに、自分が知りたいことを教えてもらえるまで何度でも聞くので、入谷先生に気に入られたようです。当時の僕は、大学生としてはかなり豊富な医療知識を持っていたと自負しています」

実地での体験や運動生理学の勉強を積み重ねた谷口は、3年になると大学側の了解を得て、ラグビー部内に初のトレーナー部を設置した。

「僕が入学した当時、日体大ラグビー部には傷めた部位にテープを巻くテーピングスタッフしかいませんでした。僕自身、入学後の2年間で運動生理学の知識とリハビリの実地体験を豊富に蓄積できたという自信が持てたこともあり、3年生の時に日体大で初めて、選手をバックアップするトレーナー部をラグビー部内に設置して、テーピングスタッフもトレーナーに変更。選手のトレーナーとして活動するだけでなく、大学から正式に予算を取って講習会に出掛けたり、僕が判子を押してテーピングのテープを購入したりするようにしました。

新入生にも『トレーナーに興味がある人は歓迎します』と声掛けして、僕が４年次には『谷口さんのような勉強をしてトレーナーになりたい』という学生がいたので、自分が学んできた運動生理学の教授に頼んで、その教授のゼミに入れたりもしていました」

著名な運動用具メーカーの社員トレーナーとして活動する日体大の先輩たちから応援を要請される機会も増えた。それに当時、スポーツトレーナーは需要と供給のバランスがまだ取れておらず、引く手数多の状態。必然的に谷口は、卒業後の進路としてプロのトレーナーを選択することになる。

治療院開院とＪＯＣ医科学委員

日体大を93年３月に卒業した谷口は大学の先輩に誘われて翌４月、民間企業が運営するトレーニングセンターのトレーナーとして働き始める。また、親しい整形外科医の下で勤務していたトレーナーの誘いに応じて、日本生命アメリカンフットボール部とトレーナー契約を結んだ。

トレーナー関連の国家資格として、鍼灸あん摩マッサージ指圧師の資格を取得しようと考えた谷口は、大手医療専門学校の鍼灸マッサージ科を受験した。筆記試験は満足いく出来だったものの、結果は不合格。その理由について「鍼灸あん摩マッサージ指圧師や柔道整復師の世界は徒弟制度。まずは丁稚奉公が必要」と教わった谷口は、前述したトレーナー業をこなしながら、東京都品川区の接骨院でアルバイトとして４年間働いた。

丁稚奉公2年目を迎えた翌94年、谷口は前年受験した医療専門学校の鍼灸マッサージ科を再受験して合格する。同年4月から3年間は、トレーナー業と接骨院でのアルバイトを並行して続けながら通学。97年3月にトップの成績で卒業し、鍼師・灸師・あん摩マッサージ指圧師の資格を取得した。そのうえで前述のトレーニングセンターを離れ、京王線千歳烏山駅（東京都世田谷区）近くのビル4階に治療院を開院した。

この時点で谷口はまだ26歳に過ぎなかったが、世田谷の住宅街に開業した治療院はすぐに評判を呼び、簡単に予約が取れない盛況ぶり。午後8時半に治療院を閉めた後も、常連たちの求めに応じて往診に訪れた。

治療院の経営が軌道に乗るとともに、トレーナーとしての谷口の評価も上がった。西武グループの女子アイスホッケーチームで、日本女子代表アイスホッケーチームにも数多くの選手を輩出している「コクドレディース」（現・SEIBUプリンセスラビッツ）のトレーナーを務めた関係で、谷口は98年2月に開催された冬季オリンピック長野大会の直前、フィンランドチームと合同合宿を行う日本女子代表アイスホッケーチームを特別臨時ストレングスコーチとしてサポート。これを機に翌99年からは正式に日本女子代表チームのトレーナーに就くとともに、日本オリンピック委員会（JOC）の医科学委員に就任した。

医科学委員は選手の個人的なトレーナーとは異なり、JOCに公式登録されたトレーナーとして、オリンピック大会や予選、世界選手権、アジア大会といった国際大会に参加するチームに帯同し、選手村で選手の体調を管理する役割を担う存在だ。委員のほとんどはスポーツ整形外科の名医たちだった。

「JOCではトレーナーに任命されて現場で働くケースと、医科学委員としてJOCの他の委員とともに国際会議に出席するケースがあり、僕はその両方を経験しました。競技スポーツはオリンピック大会だけでなく毎年の世界選手権があり、そのほとんどは海外で開かれるため、夏季と冬季の最盛期にはなにかしらのスポーツの日本代表チームが海外遠征に出掛けます。勤務先の病院を抱える医科学委員は長期間休むわけにいかないため、帯同する都度顔触れが変わるのですが、いずれ劣らぬスポーツ整形外科の名医ばかり。トレーナーの僕は海外遠征に帯同することで、医師である彼らと親交を結ぶようになりました」

こうして医療界に人脈を築いていった谷口は、世界的にも著名な医師を含む各診療科のトップ医師たちの知遇を得ることになる。

谷口はさらに、治療に健康保険が適用される柔道整復師の資格を取得するため、鍼灸あん摩マッサージ指圧師の資格を取得した時と同じ医療専門学校の柔整師科に入学。治療院の業務をこなしながら3年間通学し、並行して日本女子代表アイスホッケーチームのトレーナーとして海外遠征にも帯同した。治療院に副院長として招いた先輩トレーナーも日本男子体操チームのトレーナーだったことから、冬と夏で互いに補完しあいながら、どうしても予定が重なる場合は治療院を閉める形にした。

実は谷口は97年に柔整師科を履修するにあたり、医師になる夢を断念していた。前述のとおり、谷口は大学で運動生理学を中心に医学を学び、医療専門学校の鍼灸マッサージ科でも解剖学、生理学、病理学などを修めたうえで、3年次には一般臨床の実習を体験した。そこで鍼灸マッサージ科のカリキュラムが終わりに近づく頃、一般社会人が医学部に3年次から推薦入学できる制度を利用して、東海大医学部への入学を考えたのだ。

入試を受けるにあたって提出する論文は、肉離れの状況に関する超音波診断の評価基準について、順天堂大の医師らと共同でまとめたものが審査基準を満たした。そもそも親しい東海大医学部の教授から「お前は医者になったほうがいい」と受験を勧められた経緯があり、簡単な一般基礎医学と英語の筆記試験、それに面接を受ければ合格できるという状況にあった。それなのになぜ、谷口は夢を諦めたのか。

「要するにお金が足りなかった。試験前の説明会で、卒業までの4年間に4000万円必要と言われ、父に借金を申し込んだのですが、父は『ゴメン、俺にもうその力はない』と、僕の前で初めて涙を流したんです。独立して稼げる自信はあったので、そのなかから毎年の学費を捻出することはできると思いましたが、東海大医学部は場所が少し遠く、臨床の授業が始まると働きながら通うのは難しい。治療院の従業員も抱えているため、結局は断念しました」

谷口はこの時、「あぁ、やはり医者になるにはお金がかかるんだ。それなら自分は医者を使う立場の人間になって、医者にできない世界を確立して、医者と一緒にスポーツ医学界を変えてみせる」と心に誓ったという。

医療コンサルタントへの転身

3年間のカリキュラムを修めて2000年3月に柔道整復師の資格を取得した谷口は、翌01年6月に治療院を接骨院に改称して有限会社化し、自身は代表取締役に就任（注：07年3月に株式会社に移行）、場所も同じビルの4階から1階に移した。

顧客にはプロスポーツ選手や著名芸能人も増え、多い時は施術担当者だけで7人を抱えた。ここで施術の現場を学んだ部下たちはトレーナーとして次々と巣立っていった。院長の谷口の施術予約はますます取りにくくなり、谷口は顧客の芸能人を前面に立てた健康グッズやサプリメントの通信販売にも手を伸ばした。

接骨院の開院からまもなく、同じ世田谷区内で整形外科クリニックを開業している知人のベテラン医師から「経営の相談に乗ってほしい」と持ち掛けられた谷口は、そのクリニックの問題点を解決に導く。さらにこの医師と共同で、自身の接骨院近くに整形外科クリニックを新設し、午後6時半で終わる整形外科クリニックと、午後9時まで営業している接骨院とのコラボレーションを実現させた。

この試みの狙いを谷口が解説する。

「午後6時半で終わる整形外科クリニックと、午後9時までやっている僕の接骨院が組めば、クリニック側は『仕事帰りにリハビリを受けたい患者さんは、提携している接骨院に行ってください』と言える。仕事帰りしかリハビリに通えないサラリーマンの患者さんに、これは喜ばれました。クリニックで月に一度のレントゲン検査と診察を受けて、高度な療法がまだ必要な状態なら、クリニックは接骨院に紹介状を書いて、患者は治療を任意継続する。こうすればクリニックは紹介状の保険点数が出るし、月に一度の患者が数多く来院する接骨院側も潤う。このセットを作って、クリニックと接骨院は一段と繁盛しました」

このコラボ経営が、のちの谷口の病院コンサルティング業の嚆矢《こうし》となる。谷口はその後、別の場所でも地域の接骨院の経営者を集め、病院側の視点からこのコラボ経営に関する双方のメリットを説明する機会を持つようになった。それにしても谷口はなぜ、ありそうでなかったこの仕組みを他に先駆けて実現できたのか。

「整形外科医と親しく話したり飲み食いしたりできる柔整師がそれまでいなかったからです。優秀な柔整師や理学療法士が1000人集まっても、所詮は1人の整形外科医に勝てない。そもそも整形外科医は柔整師を対等な立場で見ていない。でも僕はトレーナーをしていた関係で、テレビ番組に登場するようなトップクラスの整形外科医たちともパイプがあったので、彼らと対等に話すことができたのです」

コラボ経営の成功により、30代になったばかりの谷口は病院経営者としての地歩を固め、高額の収入も手に入れた。すると親交を結んでいる高名な整形外科医がこんなヒントをくれた。

「谷ちゃん、お前は医学の知識が豊富なだけでなく、経営にも長《た》けている。俺の後輩の面倒もみてくれないかな。医者としては優秀でも、それをビジネスに繋げる能力を持たない開業医が山のようにいるんだよ」

これを聞いた谷口は「なるほど」と膝を打った。自身が『筋肉番付』（注：TBS系で放送されていたスポーツバラエティ番組）ほか多くの番組の出演者をサポートした関係で、施術した芸能人と親しくなるなど、テレビ界とは深い繋がりができていた。そこで谷口はこう考えた。

「知り合った腕の良い医師をビジネスとして成功させるには、彼らをテレビ出演させて有名にするのが早道。そうしたプロデュース業も自分には可能だ。このままトレーナーの仕事を続けていくよりも、腕の良い整形外科医たちとクリニックを立ち上げるほうが投資効率はいいし、集客力や実入りのレベルもまるで違う。これからは医療コンサルタントの道で生きていくことを考えよう」

03年、32歳の谷口はトレーナー業から引退。烏山の整形外科クリニックと接骨院とのコラボ経営と、前述した他地域の接骨院に対する説明会の開催に専念した。

「コンサルティングを依頼してきた医療法人やクリニックと、自分一人しか社員がいない接骨院運営会社が業務委託契約を結ぶ形なので、コンサルを年に数件やれば独身の自分一人ぐらいなら十分食べていける。それに役員に就いている整形外科クリニックからの収益が入るので、借金もなく気楽な毎日でした」

そんなある時、日本女子代表アイスホッケーチームの海外遠征で親交を結んだ札幌市の大学病院勤務の整形外科医が、谷口にある相談を持ち掛けてきた。

この医師が久しぶりに谷口に声を掛けてきたのは、谷口が手掛けた整形外科クリニックと接骨院とのコラボ経営が繁盛しているという評判を聞きつけたからに違いなかった。

「谷ちゃん、接骨院だけじゃなくて整形外科も持っているんだって？　俺、今度札幌でクリニックを開こうと考えているんだけど、手伝ってくれないかな？」

年上の旧友の要請を受け入れた谷口は、05年秋から多いときで週3回の札幌通いを始める。そんな状況下で谷口は地元札幌の地方銀行と折衝を重ね、クリニックの開業資金約4億5000万円を調達。クリニックを設置する札幌市内の土地の選定・購入の手続きや、クリニック建物の仕様の決定までを一手に請け負い、最終的な開院の事務手続きまでやり遂げた。前述したコラボ経営が成功していた谷口はここまで無給。交通費や宿泊費など、すべて手弁当で協力した。

この時に役立ったのが、97年に最初の治療院を開院する際、都市銀行の融資担当者から授けられた資金調達に関する知識と経験だった。

「治療院を始める際、保証人もないまま某都市銀行に450万円の運転資金の融資を申し込んだのですが、話を聞いてくれた担当者が誠実な方で、提出する資料の書き方を事細かく指導してくれたんです。そのお陰で450万円の融資を受けて開業できたのですが、僕はその時初めて、損益計算書や貸借対照表など決算書の見方や書き方の詳細を学びました。その担当者は『商売を続けていくためには、融資を早期に返済するのではなく、期間どおりに返済することが重要。図体が大きい都銀では決済に時間がかかるので、規模の小さな地銀に定期預金しておくと、融資を受ける際に小回りが利く』などと、実践的な知識を授けてくれました。僕はそこで金融機関からのお金の借り方と、自己資金を使わずにお金を増やす方法を学びました」

北海道の地銀は融資条件の一つとして、新設するクリニックの運営母体となる医療法人の理事とクリニック事務長の双方に谷口が就任することを挙げた。クリニックを軌道に乗せて融資を返済させるには谷口の存在が不可欠と、銀行側は考えたのだろう。こうして07年4月、友人の整形外科クリニックは無事開院に漕ぎつけた。

院長となったこの友人が札幌拠点のプロスポーツチームの担当医師を務めていた関係で、谷口はクリニックの開院直後、彼とともに親しいテレビ関係者に声を掛けて、地元の複数の民放局にクリニックを取材させたり、院長を出演させたりした。これも医療コンサルタント、谷口の仕事だ。スポーツチームの主力選手が出入りするクリニックは新聞やテレビに相次いで取り上げられ、院長はすっかり有名人になった。

クリニックの経営は順調で、それから2年も経たない09年5月には札幌市内のメディカルモール（注：調剤薬局や複数の診療科のクリニックなどの医療機関だけが入居しているビル）に分院を開院している。

不動産金融の知識を武器に

05年秋以降、東京・烏山での整形外科クリニックと接骨院とのコラボ経営と、札幌でのクリニック事務長という二足の草鞋《わらじ》を履いてきた谷口。だが、10年末に札幌のクリニック事務長職が任期満了を迎えるのに加えて、慢性の病を得て治療中だった整形外科クリニック院長の復帰に目途が立たないこともあり、事務長退任と同時に、烏山の整形外科クリニックも閉じる決断を下した。

自身も「少し手を広げすぎた」と感じていた谷口は、接骨院の運営を信頼する部下に一任したほか、順調に推移していた健康グッズやサプリメントの通信販売も、権利や版権をすべて売却・整理した。

これと歩調を合わせるかのように、長野県と東京でクリニックを運営する医療法人がコンサルティングを依頼してきた。そこは谷口が札幌のクリニック事務長時代、院長から誘われて訪ねた医療法人で、依頼を引き受けた谷口は業務委託契約を結び、ここでも事務長に就任した。

この医療法人で谷口は、関節の内視鏡である関節鏡を使った手術だけを行う手術室3室や病床が19床ある整形外科医院を東京都世田谷区内に建設する計画を主導する。土地所有者やJA（農協）との様々な交渉から病院の設計に至るまで、谷口は一手に引き受けた。

「東急大井町線尾山台駅から徒歩3分の場所にある土地は地元の農家所有で、名義人は世帯主の母親。高齢のため、世帯主には母親名義で10億円を、35年ローンでJAから借りてもらい、病院側が建設協力金1億円を拠出したうえで上物を建てさせて、35年契約でサブリース（注：事業者が転貸目的で所有者から建物を賃借し、管理業務も行うリース方法）する形にしました。建設協力金は一種の家賃の前渡し金で、月々の家賃はこれを勘案して算出するのですが、病院にとって家賃は経費で、所有者はこれを融資返済に充てる。

融資は母親名義の負債ですから、相続税対策にも使える。病院の家賃支払い能力に問題はなく、融資の返済に不安はない。あえて問題があるとすれば店子の代替性だけで、これは病院が出ていく時に所有者が建物を壊して更地にするか、原状回復して新たな店子に入ってもらえば済む話。不動産業者経由でこうしたスキーム（枠組み）をJAに説明したところ、担当者は呆気に取られていたそうです」

こうした不動産金融に関する知識は、のちに民主党議員の片腕として活動する谷口が、病院のREIT（不動産投資信託）化について政官界関係者と協議する際に大いに役立った。病院のREIT化、つまり「病院REIT」とは、医学部を持つ大学や病院の運営法人が設立した資産運用会社が、投資家から資金を集めて自身の病院不動産を購入。これを大学病院や自身の病院に貸し出して、そこから得られる賃料収入や収益金、さらには不動産の譲渡益などを原資として、投資家に分配するという投資商品だ。

東京のクリニックの業績が伸び悩んでいた前述の医療法人の収益を1年で立て直し、過去最高の売上高を実現した谷口は、他にもいくつかの病院開設にコンサルタントとして関わり、成功を収めていった。そして12年半ば、谷口は約10年間続けた医療コンサルの仕事に終止符を打つ。

すでにこの頃、谷口の前には新たな展望が開けていた。それはこれまで培ってきた豊富な知識や人脈を生かして、政治の世界で活躍する道だ。

永田町との接点

時間はそこから1年余り遡《さかのぼ》る。東京と長野にクリニックを持つ医療法人で事務長を務めていた11年4月、谷口は血液の検査機器を米国から購入するため、知人の麻酔科医を通じて米国の医療機器メーカーの営業担当者と連絡を取った。

すると、その担当者は「その機器なら僕より適役の医療コンサルタントがいます」と、別の人物を引き合いに出した。それが、のちに谷口が取締役に就任することになる医療コンサルティング会社「東京医療コンサルティング」（TMC）社長の尊田京子だった。

堪能な英語を生かして外資系医薬品メーカーの研究職や営業職として勤務した尊田は10年2月に独立し、東京都世田谷区にTMCを設立した。谷口より5歳年長で、件の医療機器の輸入を通じて谷口の医学知識や人脈の豊富さを認識した尊田は、谷口との会食中にこう持ち掛けた。

「谷口さんはこれからどうされるのですか？　医療にとてもお詳しいし、知識も豊富。うちと業務提携して、もっと違うステージで一緒に仕事をしませんか？」

食事の後、尊田はある人物を谷口に紹介するため、谷口を伴って東京・赤坂の田町通り沿いのビルにある会員制ワインバー「Ｋｏｏ」を訪れた。そこにいたのはこの店のオーナー、古藤信一郎。Ｋｏｏはすべて古藤の自費で運営されている、サロンのようなワインバーだった。

東京・浅草で育ち当時50歳の古藤は、京大法学部を中退して80年代前半に米国に渡り、西海岸のロサンゼルスを拠点に不動産やＩＴ関係のビジネスを展開。米国で起業したＩＴ関係企業の日本法人を立ち上げて株式上場し、その際には保有する株式を売却して巨額の資金を手にしたという。

ワイン産地として有名なカリフォルニア州に長年住んでいただけに、古藤は高級ワインのコレクターでもあった。大学中退後しばらくは日米間を行き来しており、その頃には当時高校生だった尊田の英語の家庭教師をしたこともあったという。

古藤にとって政治の世界は若い頃から身近な存在だった。ロサンゼルスで暮らしていた92年には、大統領選挙中の米民主党のクリントン候補（のちの42代米大統領）の事務所スタッフとなり、大統領選を実体験して米国の政治システムを学んだ。こうした古藤との出会いもあり、尊田と手を組むことに決めた谷口は11年終わり頃、ＴＭＣとの間で業務委託契約を締結。ここから谷口、尊田、古藤の本格的な協力関係がスタートする。

そこに12年初め頃から、衆院議員の早川久美子が加わる。葛飾区議だった早川は、09年8月の第45回衆議院選挙で民主党から立候補して当選。外交、国土交通、社会保障と税の一体改革の各委員会に所属して活動するだけでなく、10年12月に民主党ワイン産業振興議員連盟（民主党ワイン議連）を立ち上げた。その関係もあり、政界関係者とともにＫｏｏを利用する機会も多かった。

早川と尊田が実際に親交を結ぶのは、早川の衆院議員当選翌年の10年のことだ。そのきっかけについて早川は、ＪＡＸＡ事件の公判でこう証言している。

「外務省から『政府開発援助（ＯＤＡ）に日本の中小企業を活用したいのだが、そこには申請書類を作成できる人材もノウハウもない。知恵を貸してほしい』と相談され、尊田さんのＴＭＣがそうした分野の申請書作成に長けていると聞いていたので相談するようになりました」

その頃、尊田が、早川に「紹介したい人がいるので時間を作ってほしい」と持ち掛け、Ｋｏｏで紹介したのが谷口だった。谷口はその後、早川の政治資金パーティーを手伝ったり、パーティーに参加する医療関係者を手配したりするなどして、早川の私設秘書として政治活動を支援するようになる。

早川は12年12月の第46回衆院選で議席を失うが、医療コンサルタントの仕事より政治の世界が面白くなった谷口は、そのまま私設秘書として早川に対する陳情の処理や政治資金パーティーの手伝い、選挙事務所の手伝いなどに加わった。その給与は支払われなかったが、これは国会議員の私設秘書や政策顧問によくあること。谷口にはＴＭＣから支払われる業務委託費があったため、生活に困ることはなかった。これは早川以降に谷口が関わる政治家についても同様だった。

中井洽元法相の名代に

谷口の人脈は次第に政界にも根を張り始める。12年９月、谷口は早川から民主党衆院議員の重鎮・中井洽を紹介された。中井は94年の羽田孜連立内閣で法務相に就任したほか、国家公安委員長兼拉致問題担当相、内閣府特命担当相（防災）や衆院予算委員長を歴任した大物だ。谷口と出会った翌月に引退を表明するが、それまでに衆院議員を11期、36年間にわたって務めた。中井は国会議員引退後も政治活動を続け、「中井洽代理」の名刺を与えられた谷口は、中井の名代として政治関係のパーティーなどに出席し、中井の秘書的役割を果たした。

引退後の活動のなかで、中井が特に力を入れたのが鉄道、水道、空港、道路、ダムなどの公共インフラに民間資金を投入してＲＥＩＴ化する構想の実現だ。病院ＲＥＩＴの説明で触れたとおり、ＲＥＩＴは投資家から集めた資金を不動産に投資し、そこから得られる賃貸料収入や不動産の売買益などを原資として投資家に配当する金融商品。投資家はＲＥＩＴを通じて間接的に様々な不動産のオーナーになり、不動産のプロによる運用の成果を享受する。

谷口によると、実弟が財務省幹部で、引退前のポストが衆院予算委員長だった中井は、世界一の借金大国日本の国家財政を深く憂えていたという。

「今後は人口も税収も減っていくということで、民主党政権は公共事業を削減しようとしたのですが、今度はその弊害が出てくる。海外では税金だけではなく民間資金を活用して公共施設を作り替える動きがあり、中井先生は日本でもこれをインフラＲＥＩＴとして取り入れようと考えていました。公共施設に近い性格を持つ日本の大病院は、民間も含めて国から豊富に資金援助を受けている。中井先生は『それでは国家財政がもたない』として、病院ＲＥＩＴはインフラＲＥＩＴの一部だと考えていました」

病院ＲＥＩＴの実現に向けて、谷口は中井とともに厚生労働省、国土交通省、金融庁、財務省、国家公安委員会など関連する中央省庁を訪ねて、「病院ＲＥＩＴは日本で政策として進められるのか」「政府は病院ＲＥＩＴをどう考えているのか」などについてヒアリングを重ねた。

谷口は金融庁総括審議官の三井秀範《みついひでのり》、国際通貨基金（ＩＭＦ）日本代表理事の門間大吉《もんまだいきち》、日本政策投資銀行（ＤＢＪ）副社長の藤井秀人《ふじいひでと》など金融制度の専門家らと面談し、病院ＲＥＩＴの在り方に関する意見を聴取。藤井からは、のちに政府の病院ＲＥＩＴガイドライン検討委員会の委員に就任する栗原美津枝《くりはらみつえ》を紹介された。

日本のお役所仕事の常として、新しい仕組みを導入するまでには何事も長い時間が掛かることは、谷口ももちろん承知の上だ。実現時期のメドも立っていない病院ＲＥＩＴで一儲けしようと企むほど夢想家ではない。あくまでも引退した中井の政治活動の一環として、病院コンサル時代に身につけた不動産金融の知識を援用し、老政治家の宿願の実現に向けて汗をかいた。

病院ＲＥＩＴの実現に向けて霞が関の官庁街を動き回る谷口に、中井はある重要なアドバイスを与えた。それは政治家が官僚と会食する際の慣例・マナー。政治家が官僚と会食する際は、政治家側が帰りの車代なども含めて会食費用を負担するのが、永田町と霞が関の常識であるという教えだった。これについて谷口はＪＡＸＡ事件の公判でこう話している。

弁護人　なぜ政治家と官僚が会食する必要があるのか。

谷口　私が仕えた先生方が話していたのは、政治家として政策を実現するためには、官僚の力を借りなければ前に進まず、それには官僚の人となりを知って関係を築く必要があると。議員会館のような堅苦しい場所では本音で話せないので、会食しながら互いの距離を縮めていく。中井先生は今や死語になった「飲みニュケーション」という言葉をよく使っていました。

弁護人　政治家が官僚と会食する際に慣例やマナーはあるのか。

谷口　政治家は公務員倫理規程上の利害関係者に当たらないというのが、永田町・霞が関の共通認識です。中井先生からは「会食代は必ず政治家側が負担し、帰りのハイヤーかタクシー券を用意しておくのがマナー。官僚はとても忙しいなかを来てくれるのだから、自民党のような赤坂の料亭とまでは言わないが、できれば官僚が普段行けないような高級店に呼んであげなさい」と教わりました。

弁護人　政治家と官僚が会食する際、政治家の秘書や政策顧問が同席することはよくあるのか。

谷口　政策顧問と政策秘書、公設第一秘書くらいのレベルまで、国会議員の側近として会食に同席します。私が羽田議員の政策顧問を務めていた当時、政策顧問のランクは秘書よりも上で、議員と同等の存在として会食に同席していたと記憶しています。事務所や議員の考え方にもよりますが、秘書または政策顧問が政治家に代わって官僚と会食する機会もあったと思います。

弁護人　あなたが仕えた政治家に代わって官僚と会食したこともあったのか。

谷口　多々ありました。

谷口が中井から教わったこのマナーは、永田町と霞が関では普遍的なものだ。国家公務員倫理規程では、政治家は倫理規程第2条第1項各号のいずれにも該当しておらず、利害関係者に該当しないと解釈されている。

例えば18年10月16日に一連の事件を受けて発足した「文部科学省幹部職員の事案等に関する調査・検証チーム」が公表した「文部科学省幹部職員の事案等に関する調査報告（中間まとめ）」によると、文科省事務次官だった戸谷一夫は、文科審議官だった15年10月29日、谷口側が飲食代を負担した会食に参加した際、「政治家は国家公務員倫理法及び倫理規程上の利害関係者に該当しない」と認識していた。これについて報告は、戸谷と谷口との関係性について、「国家公務員倫理法及び倫理規程上の利害関係者に当たる事実は確認できていない」と結論付けている。

だが、戸谷はこの約1ヵ月前の9月21日、国家公務員倫理規定などに違反するとして減給10分の1（3ヵ月）の処分を受け、文科次官を辞任した。結論としてその必要はなかったことになり、なんとも不可解な決着となった。

政策ブレーン

13年1月頃、谷口は前・民主党衆院議員で眼科医の吉田統彦と知遇を得る。吉田は74年11月、名古屋市生まれ。99年に名古屋大医学部を卒業すると、複数の病院勤務を経て米ジョンズ・ホプキンス大学に留学し、ノーベル生理学・医学賞受賞者のグレッグ・セメンザと共同研究で論文を発表した経歴を持つ。09年8月の第45回衆院選に民主党から立候補して、比例東海ブロックで初当選を果たした。ところが、その後の2回の選挙で落選。再び議員バッジを付けるのは17年になってからのことだ。

当時の吉田は落選中とはいえ、文系が大半の国会議員のなかで、国立大医学部卒の眼科医という理系エリート。米国での研究実績もある吉田は、医療系や科学技術系の政策を理解してくれる新進政治家として、厚労省の官僚や文科省の科学技術系の官僚から熱い視線を送られる存在だった。文科省キャリアだった佐野もそうした官僚の一人だったことは、すでに触れたとおりだ。吉田自身、捲土重来を期して活動を始めていた。そんな時、医療分野に明るい谷口と知り合い、二人は急速に仲を深めていく。

吉田が名古屋在住だったことから、東京在住の谷口は吉田の名刺を預けられ、吉田に代わり政治関係のパーティーに出席するなど、東京での政治活動を手伝ったり、吉田が陳情処理のために中央省庁を訪問する際には同行したりするなどして、東京事務局長という吉田の秘書的な立場で活動した。

吉田は落選中も、医療界などからの陳情を中央省庁に持ち込む一方、政策に関する情報をいち早く入手して支援者に提供できるよう努めていたという。その一翼を担うのが他ならぬ谷口だった。東京医大事件の公判で、谷口はこう述べた。

弁護人　支援者からの陳情には具体的にどういうものがあったのか。

谷口　吉田先生は眼科医だったので、支援母体は医療関係や大学医学部の教授などが多く、特に多かったのは眼科学会の後援名義に文科省、厚労省を付けてほしいとか、学会の基調講演に官僚のスピーチをお願いしたいなどという陳情でした。後援名義は学会のポスターの下部に「後援　厚生労働省、文部科学省」と入れるもので、その許可をもらいに行きました。また、先生は現職時に文科委員会に属していたので、その後の情報を入手したり、学校保健に関する情報に関しては文科省にも行ったりしていました。

弁護人　インフラREITや病院REITの関係でも、吉田先生と中央省庁を訪問したのか。

谷口　実は中井先生と吉田先生は親戚筋で、民主党を立ち上げた時のベテランと若手という関係もあり、インフラＲＥＩＴ、病院ＲＥＩＴに関する提言は中井先生がトップの事務次官や局長、吉田先生が現場の課長などを受け持つという仕切りができていて、その関係で吉田先生に同行する機会がありました。

弁護人　中央省庁に自由に出入りするには通行証が必要になるが、一人で回る際はどうしていたのか。

谷口　落選中の吉田先生には通行証を発行してもらえないので、吉田先生と同じ民主党で愛知県選出の大西健介《おおにしけんすけ》衆院議員（愛知13区、比例東海ブロック）に吉田先生がお願いして、大西先生の事務所の秘書として通行証を発行してもらいました。その関係上、大西先生の地元の選挙パーティーを手伝ったり、地元の小中学校の国会見学の案内をしたり、政策に関するアドバイスをしたりしていました。

賄賂とお礼の境界線

吉田は自身の威勢が霞が関で健在であることを示す狙いからか、落選中も厚労省や文科省の親しいキャリア官僚をゲストに招き、支持者や支援者らと会食させる「官僚との政策懇談会」を開いていた。この会食に頻繁に招かれた官僚が、のちにＪＡＸＡ事件で逮捕・起訴され、執行猶予付きの有罪判決を受ける川端和明である。

吉田は14年1月から15年10月までの間、この政策懇談会を少なくとも8回開き、川端のほか、文科省研究開発局長の田中敏《たなかさとし》、同省大臣官房審議官の田中正朗《たなかまさあき》、文科相の中川正春《なかがわまさはる》、厚労省政策統括官の今別府敏雄、文科省文科審議官の戸谷一夫を招いて、医療関係者が中心の支持者や支援者に引き合わせた。その席には必ず谷口が同席していた。

前述したように、川端は15年8月28日から17年3月28日までの間に前後21回（延べ38店）、総額１４７万９８４８円相当の飲食接待とタクシーチケット１冊（利用額合計６万５２５０円）の提供を受けたとされている。この飲食接待のうち金額が最も大きいものは15年8月28日の10万８０７３円だが、その一方で１万円にも満たない数千円（最少はわずか４３９８円）のものが７件もある。これはいったい何の会食だったのか。

実は谷口は、川端がＪＡＸＡ理事就任中の15年12月20日から17年3月2日までの間、川端の趣味のバレエ鑑賞やオペラ鑑賞に10回同行している。11年6月に結婚した妻・一華は学生時代に総理大臣賞の受賞経験もある本格的なモダンバレエダンサーで、バレエの大ファン。これらの観劇は主に川端が演目を紹介して谷口を誘い、谷口が一華同伴で出席するもので、川端が主催団体を通じて確保した各公演のチケット代金は、谷口が自身と一華の分を負担した。

公演終了後の会食代金は谷口が支払ったが、前述の１万円に満たないもののうち5件は、この観劇後のプライベートな飲食で、チェーン店の居酒屋や焼き鳥屋で行われた。特捜部はこんな会食まで贈収賄罪の構成要件に含めているのである。谷口はＪＡＸＡ事件の公判で、公演後の会食について次のように回想する。

「川端氏が手配してくれる公演チケットは招待席で、会食はチケットの価値に到底見合わない（安価な）ものでした。観劇してお腹が空いたので食事しましょうという、純粋にプライベートな会食で、食事代は私が支払いましたが、もともと政治家の秘書・政策顧問と官僚という関係なので、その延長線上で支払ったものです。

子どもがいない私たち夫婦にとって、妻が喜ぶオペラやバレエを招待席で一緒に鑑賞できる時間は掛け替えのないもので、それが（政治家秘書・政治顧問と官僚との高価な会食の）お返しなのかなと考えていました」

これらの会食で仕事関係の話が出る機会があったとしても、それは谷口と川端の本来の関係から鑑みれば、なんら不自然なことではないだろう。それに谷口と川端は、利害関係のない政策顧問と官僚の関係で、さらに言えば趣味の観劇を通じた個人的な友人だ。招待席のチケットを手配してくれた友人に、そのお礼として居酒屋でご馳走することのどこが犯罪行為に当たるのか。川端はJAXA事件の最終陳述で「会食で現金の授受や不当、違法な依頼があったのならともかく、利害関係者でもない人からの食事を『これは賄賂だ』と思って口にする公務員はいないと思います」と述べている。

国家公務員倫理法及び倫理規程によると、中央官庁の課長補佐級以上の公務員が利害関係者以外から一件5000円を超える接待・贈与を受けた場合、各省庁の長などに報告書を提出する義務があるとされている。ただ、実際に報告している公務員は少ないようだ。

ゴルフ仲間

佐野もまた、吉田との関係が深かったキャリア官僚だ。ただ、佐野は川端のように吉田の政策懇談会には参加せず、吉田が佐野の大臣官房審議官昇進祝いを兼ねて14年6月26日に東京・代官山のレストランで開いた政策懇談パーティーに出席しただけ。谷口とは、女性が接客するような店には一度も訪れていない。

佐野自身が09年8月に初当選した吉田と初めて会ったのは10年9月頃。科学技術・学術政策局政策課長だった佐野は、同じ科学技術系の研究開発局研究企画課長に就いた川端とともに、科学技術政策をレクチャーする目的で吉田と向き合った。

吉田の右腕的存在だった谷口と初めて会ったのは、13年末のアイバンクのチャリティーオークション。吉田は谷口に佐野を「非常に大事な人」、佐野に谷口を「自分の政治活動上、大変お世話になっている。彼自身が病院を経営していて、病院関係のコンサルタントもしている」と紹介し、二人の付き合いが始まった。これは第3章で述べたとおりだ。

それからまもない14年2月に病を患い、約2週間の入院生活を余儀なくされた佐野は、体調を回復させるため、身体に負荷をかける運動を徐々に始めることにした。その手段として思い付いたのが、病気をする前に仲間とよく出掛けたゴルフだ。そこで15年4月頃、鍼灸あん摩マッサージ指圧師や柔道整復師の資格を持ち、プロのトレーナー経験もあると話していた谷口に「ゴルフを再開しようと思うのだが、一緒に行きませんか？」と持ち掛け、二つ返事で承諾を得た。

ここから仕事を超えた二人の親交が始まる。その舞台となったのは週末の東京・神宮外苑のゴルフ練習場や、佐野の知人が経営しているゴルフ場で、佐野が何度も利用していたため、佐野以外の参加者も一人あたり5000円程度安くなる「お得意様優待価格」が適用された。佐野は妻の佳代から「パパもようやく東京に友達ができて良かったね」とからかわれたという。

ゴルフ練習場までの往復は谷口が妻の一華運転の車、自宅が近い佐野は自転車か車。土日は混雑していることから、あらかじめ打席を確保しておく目的で、練習球の購入に必要な一枚3000～5000円のプリペイドカードを、佐野が先に行って谷口の分も購入した（注：佐野はその代金を請求しなかった）。ジョギングが趣味の一華は夫が練習している間、神宮外苑をジョギングしながら時間を潰した。

また、ゴルフ場はおおむね佐野が予約し、ゴルフ場までの往復は当初、佐野が自身の車を運転して谷口を送迎、車の燃料代と高速料金も負担した。谷口の日体大の先輩でレッスンプロゴルファーの安河内朗《やすこうちあきら》と、日体大の後輩の日高正人がラウンドにしばしば加わるようになった16年6月以降は、基本的に安河内が運転を受け持ち、ゴルフ場に向かう早朝の車中では、一華が作ったお握りを4人で頬張ったという。

ゴルフ場のプレー料金は各自で精算。16年5月から18年7月までの2年余りの間に、佐野と谷口は月に1～2回のペースでゴルフを楽しんだ。

日体大アメリカンフットボール部出身でレッスンプロの安河内は、持ち前の運動神経を生かしてプロテスト合格を目指そうと考えた谷口が、ラウンド中にレッスン（1ラウンド1万円）を受ける目的で連れてきた先輩だった。佐野は公判で、安河内が加わるようになって以降の谷口とのラウンドについてこう話している。

弁護人　安河内氏が参加するようになったのは、あなたのレッスンのためではなかったのか。

佐野　私が安河内氏にレッスンをお願いしたり、谷口さんに「レッスンを受けたい」と話したりしたことは一度たりともありません。安河内氏は自身も18ホールをプレーしながら、谷口さんのプレーに細かく注文を付けていました。初めてのラウンドの際、私のプレーに対するコメントは4～5ホールに一度で、それも打ち損じるのをたまたま見ていて口出しする程度。コメントがない日も多々ありました。谷口さんが私を接待するために安河内氏を呼んだなどということでは、もちろんありません。

弁護人　安河内氏から口出しされてどう感じたのか。

佐野　私は健康増進とストレス解消が目的でゴルフを始めたわけで、谷口さんとは異なり、プロになろうと考えて始めたのではありません。2度目からは正直なところ鬱陶しく感じました。他人からいちいち説教されるのはストレス以外の何物でもありませんでした。

また、同じ公判で谷口との関係性を問われた佐野は、次のように説明した。

「純然たる友達だと思っていました。プライベートでの食事は2～3ヵ月に一度。食事代は私が支払う時もあれば、谷口さんが支払う時もありました。仕事で利害が生じる関係ではなく、普段の会話の内容も他愛のないもので、ゴルフを共通の趣味とする友達という感じです。仕事を持っている大人同士なので、仕事の話をしなかったわけではありませんが、ほとんどはスポーツと趣味の話。とりわけ健康の話について、谷口さんは私が質問したことにかなり詳しく、いろいろ話してくれました。それらは私が実家に戻って地元の友達と話す内容と、なんら変わらないものでした」

羽田雄一郎の政策顧問に

13年に入り、名古屋市に活動拠点を置く落選中の吉田の東京事務局長として忙しく活動していた谷口は同年秋、民主党ワイン議連が開いた「キャビアの会」に招かれ、そこで民主党参院議員で同党参院幹事長に就任したばかりの羽田雄一郎を紹介された。羽田は国会議員のなかでも美食家として知られ、ワイン議連の繋がりでこの席に招かれたという。

谷口はこの2年後の15年初め、羽田の政策顧問に就任することになるが、その経緯について公判で次のように回想した。

「羽田先生は宝塚歌劇が大好きで、週1回以上のペースで観劇します。モダンバレエのダンサーだった僕の妻もそうした観劇が大好きなので、宝塚観劇に招かれるようになり、観劇後の食事を繰り返しているうちに親しくなりました。当初は先生の政治パーティー券を売り捌くのを手伝っていたのですが、次第に先生に対する陳情のうち、僕の得意分野のものを処理する機会が増えていくようになり、既存の支持母体に頼っているだけでは成長しないと考えていた先生から『谷口さんの得意な医療系で後援会を膨らませたい』と相談されました。そこで秘書的な立場でお手伝いしましょうということになり、さらに陳情やお金だけではなく、政策について相談されるようにもなって、政策顧問の肩書をいただきました」

ここからいよいよ谷口の本格的な政界活動がスタートする。羽田の政策顧問の名刺を持ち、谷口は国会の法案審議への対応から事務所の資金繰りに至るまで、様々な面で羽田をサポートした。法案審議で重要な役割を果たした例としては、15年6月のマイナンバー法案の審議で、参院内閣委員会で附帯決議（注：国会の委員会が法律案を可決する際、当該委員会の意見や希望を表明する決議で、与野党間の意見の相違をすり合わせる目的で付ける場合がほとんど。法的拘束力を持たない）を付け、同年8月に通過させた。

この法案をめぐっては、参院内閣委員会が審議している最中に日本年金機構による個人情報漏洩問題が発覚し、国会審議がストップした。当時は捻じれ国会で、参院は野党の民進党が委員長の席を握っていたため、谷口は羽田の政策顧問として、委員長の大島九州男《おおしまくすお》らとの打ち合わせに同席したり、同機構を所管する厚労省政策統括官の今別府と協議したりするなどして、法案を通過させるための附帯決議の立案に携わった。今別府らから附帯決議の原案作成を依頼された谷口は、やはり羽田の政策顧問に就任した古藤（注：就任時期は谷口より半年遅れの15年半ば）とともに附帯決議案を作成した。

今別府はキャリア官僚の思考方法、出世の道筋や目標といった「霞が関のイロハ」を谷口に伝えて、「そこをきちんと把握したうえで政治家のやりたいことを重ねていかないと、政治家のやりたいことだけをぶつけても政策は絶対上手くいかない。政治家が官僚に頭を下げることはないので、あなたが代わりに頭を下げておけば政策は必ず上手くいくよ」と教え込んだ。今別府を「霞が関の師匠」と慕う谷口は川端と同様、今別府とも頻繁に会食を重ねたが、なぜか今別府が収賄罪に問われることはなかった。

また、同時期に参院厚生労働委員会で審議された医療法改正法案についても、附帯決議に病院の内部監査体制に関する項目を盛り込むことを目指した谷口は、古藤とともに同委員会委員で民主党参院議員の西村正美《にしむらまさみ》と連携。附帯決議に「外部監査の対象となる医療法人においては、内部統制の構築や内部監査体制の構築ができるよう必要な措置を講ずること」という文言の挿入を実現させた。

羽田が活動報告のため、谷口、古藤を伴って、父の時代からの後援会長であるキッコーマン取締役名誉会長、茂木友三郎《もぎゆうざぶろう》を訪ねた時のことだ。

谷口らが関わった附帯決議の件を聞いて相好を崩した茂木は、「雄一郎、お前もやっと政治家らしくなってきた。金を集める秘書よりも、こういうブレーンを置いてきちんと政策を立てて法律を作る仕事が本当の政治家だ。頑張れ」と羽田を励ました。羽田は感激で目を潤ませていたという。

首相官邸のなかで仕事がしたい

15年9月10日朝、谷口は羽田から「事務所の資金不足でクレジットカードが決済できずに困っている。500万円、どうにかならないか？」と相談された。

その頃、谷口は羽田の父の時代から事務所を切り盛りしているベテランの第一秘書の男性から、「お金を貸してほしい」と何度も要請されていた。ただ、少なくない金額のため、「事務所として必要なら先生を通してください」と話していた。

資金不足はこのベテラン秘書が事務所の資金を使い込んでいたことが原因で、緊急事態のため、谷口が取締役を務めるTMCから羽田事務所に500万円を即日融資することになった。資金はまもなく返済されたものの、ベテラン秘書は姿を消して、羽田は民主党首脳部とも協議のうえで、この問題を表沙汰にしないと決めた。谷口はその後、古藤とともに、羽田事務所に資金を貸し付けている支援者らへのお詫び行脚に出掛けることになり、羽田事務所の資金繰りにも深く関わるようになった。

ただ、谷口自身は羽田事務所から給与や報酬を受け取らなかった。医療コンサル時代に結んだ業務委託契約で入ってくる収入があったためだが、それだけではなかったようだ。

東京医大事件の公判で、谷口はこう話している。

「羽田は父の故・孜《つとむ》氏が首相経験者なので、羽田自身も首相になりたい、私も羽田を首相にしたいとよく話しました。参院議員では首相になれないので、タイミングを見て衆院に鞍替えして首相にしたいと。

国会で法案を通すという、夢とやりがいのある仕事を見つけたことで正直なところ、これはお金に代え難い経験だと思いました。羽田事務所が資金難であることはもちろんわかっていたので、(自身の給与や報酬について）細かくは追及しませんでした。

羽田は自身が衆院議員に鞍替えするタイミングで僕を参院議員にするつもりでいましたが、僕は妻に反対されて断念しました。僕の目標は羽田を首相にして、自分の机を首相官邸のなかに持って仕事をすることでした」

谷口はこのほか、羽田が超党派のスポーツ議員連盟に参加していた関係から、当時社会問題化していたスポーツ界の不祥事に適切に対応するため、羽田の政策の一環として「一般社団法人スポーツ・コンプライアンス教育振興機構」（SPOCOM）の設立に尽力した。谷口はこの設立に関して、JAXA事件の公判で次のように話している。

「当時の馳浩《はせひろし》文科相が羽田と非常に親しく、スポーツ議連でも共に活動していました。2020年の東京五輪を前に、スポーツの選手や団体のコンプライアンスやガバナンスの重要性が叫ばれる状況下で、JOCは手を拱《こまね》いているだけ。現場では何をすればいいのかわからない状況でした。そこでコンプライアンスとは何か、コンプライアンスを守るにはどうすればいいのかをきちんと教育をする団体を作ろうと考えて、羽田の主導でＳＰＯＣＯＭを作ることになりました」

谷口は16年４月頃から元プロレスラーの馳も巻き込んで構想を進め、同年７月15日にはスポーツ議連の議員らとともにスポーツ庁長官の鈴木大地《すずきだいち》と同庁次長の高橋道和《たかはしみちやす》（文科省キャリア）を表敬訪問。母校日体大の日体大総合研究所で勉強会を数ヵ月に一度開催し、スポーツ庁からも担当職員がオブザーバー参加した。

17年４月に設立されたＳＰＯＣＯＭは、トップの代表理事に日体大総研理事長で元東大副学長の武藤芳照《むとうよしてる》が就任し、谷口自身は同機構監事に就いた。整形外科医の武藤は谷口が札幌通いしていた頃からの知り合いで、ここでも谷口の人脈が生かされた。

羽田の政策顧問に就任した頃には政治家の秘書・政策顧問としての活動が中心となり、医療コンサルタントの仕事は開店休業状態。17年５月の第２次醍醐会食でも「（コンサルタントではなく）こっち（羽田の政策顧問）がメインです」と述べているとおり、谷口は検察が主張するブローカーなどではなく、文字通りのプレーヤーの一人として、永田町と霞が関を日々走り回っていた。

官僚の世界を知る

ところで、公判にはまったく登場しなかった、谷口のエピソードがある。

谷口のスマートフォンには、信じがたいほど夥《おびただ》しい数の知人の電話番号が登録されている。政治家、官僚、医療関係者、スポーツ選手、芸能人、テレビ番組制作関係者……。中央省庁は厚労省、文科省、国交省、総務省、財務省、金融庁など横断的で、谷口を取り調べた東京地検特捜部検事の篠田和邦も「交友関係がずいぶん広いですね」と舌を巻いたという。

「登録してあるのは官僚なら各省庁の次官、長官、次官級の高官、局長などのキャリアをはじめ、現場の課長補佐以上のレベルの人たちですが、一番多いのは厚労省です。政治家にしろ、官僚にしろ、本人だけでなく、秘書のホットラインを知っていれば、アポイントメントの時間は簡単に入れてもらえます。

それからトレーナーとして学生時代から広げてきた医者の人脈。スマホに登録してある電話番号の約半分は医者だと思います。それは政治活動とは無関係に、僕がこれまでに培った人脈そのものです。現場の医者だった人が今や、著名な大学医学部や医科大の教授になったり、大病院の院長になったりしている。そうした人たちを文科省や厚労省の審議会の委員などに推薦してあげれば、それで官僚も助かります」

それはどういうことなのか。

「例えば僕が病院事業評価研究会（後述）を立ち上げる際、そのメンバーの人選に関しては、独立事業法人など国の組織に属している医師や医療関係者については厚労省や文科省の官僚が、民間の医療法人や研究機関に属している医師や医療関係者については僕が声を掛けるというように役割を分担しました。

官僚は普通、民間病院の医師に対する人脈など持っていないので、羽田事務所の谷口政策顧問の推薦扱いなら官僚も助かります。医師のほうも厚労省や文科省の委員会に呼ばれるのは名誉なことで、推薦した時は、役所から医師に電話が行く前に、医師の秘書に先に連絡しておけば話は早いし、医師も二つ返事でOKです。僕が先に話をつけておいて、官僚が羽田事務所の谷口政策顧問から推薦されたと連絡すれば、医師は『承っております』となる。官僚の世界では手順を踏むことが大切なのです」

活動の中心を医療コンサルティングから政界にシフトさせた谷口は、前述した病院REITの実現に向けて力を注いだ。それは12年11月に政界を引退した中井の宿願であり、コンサル時代から不動産金融に馴染んだ谷口自身の課題でもあった。その経緯をここでまとめておこう。

自民党の安倍晋三内閣が13年6月14日の閣議決定で了承した「日本再興戦略―JAPAN is BACK―」では、「民間資金の活用を図るため、ヘルスケアREITの活用に向け、高齢者向け住宅等の取得・運用に関するガイドラインの整備、普及啓発等（来年度）」とされていた。閣議決定では病院REITそのものではなく、老人ホームなど「高齢者向け住宅」を対象とするヘルスケアREITに重点が置かれており、谷口は閣議決定を受けて、中井とともに厚労相の田村憲久《たむらのりひさ》と面談して意見交換した。

翌14年1月22日のダボス会議の冒頭演説で、安倍は「医療を産業として育てる」としたうえで、「日本にも（米国を代表する医療機関の）メイヨー・クリニックのようなホールディングカンパニー

（持ち株会社）型の大規模医療法人ができてしかるべき。制度を改めるように追加で指示した」と発言した。これを受けて同日の閣議決定で了承された「産業競争力の強化に関する実行計画」では、「高齢者向け住宅及び病院（自治体病院を含む）等を対象とするヘルスケアＲＥＩＴの活用に関して、ガイドラインの策定等の環境整備を14年度中に行う」とされた。

これまで「高齢者向け住宅」としか定められていなかったものが、自治体病院を含む病院もその対象とされることが明確になったのだ。

谷口は東京医大事件の公判で、次のように話している。

「政府が全国の国公立小学校の耐震補強、建て替えを急ピッチで進めている最中、自治体病院も老朽化して建て替えの必要があることが公表されました。ただ、中学校の建て替えがまだ残っていて、病院にまでなかなか予算が回らないということになり、それなら病院をＲＥＩＴ化して民間の資金を活用しようという発想の流れになったと記憶しています」

この閣議決定を受けて、中井とともに再び田村と面談した谷口は、今後の展開について意見交換した。その際に谷口は田村から同省との勉強会の開催を提案され、厚労省医政局指導課長の梶尾《かじお》雅宏《まさひろ》を紹介された。第１回の「病院ＲＥＩＴガイドライン作成会」は14年３月５日に開かれ、谷口は中井に代わった吉田とともに出席。この会議はその後、数回開かれた。

また、梶尾からＲＥＩＴの主管官庁である国交省土地・建設産業局不動産市場整備課長の小林《こばやし》靖《やすし》を紹介された谷口は、中井とともに同省を訪ねて、同局長の毛利信二《もうりしんじ》同席の下で、病院ＲＥＩ

Tガイドラインの方向性について小林と協議した。谷口が「高齢者向け住宅と病院では収益構造が異なり、両者を一つにしてREITのガイドラインを作成するのは適切ではない」と提言したことから、国交省はガイドラインをそれぞれ作成することにした。「病院等を対象とするヘルスケアREITの活用に係るガイドライン検討委員会」は、14年9月から15年6月までに前後5回にわたって開かれ、15年6月26日には「病院不動産を対象とするREITに係るガイドライン」が公表された。

国の政策実現を推進

こうした政府内での病院REITガイドラインの検討と並行して、谷口は14年から病院REITに関する普及啓発活動とヒアリングを続けた。谷口は当時の状況について、東京医大事件の公判でこう説明した。

「せっかくガイドラインを作成しても、それで終わっては政策にならないので、ガイドライン運用に向けた方向性を探るため、医療現場の声を地道に聞いて回りました。病院をREIT化する際は病院の法人情報、とりわけ収支状況などお金の使い方すべてを細かく開示する必要があるのですが、日本医師会を中心に医業界がこれに強く反発したため、病院REITの実現に向けたハードルは非常に高く、病院側にいかに理解してもらうかが大きな課題でした。厚労省からは国立系病院のヒアリングから始めてほしいと求められ、そこからスタートしました」

そこで谷口は吉田らとともに、独立行政法人地域医療機能推進機構（ＪＣＨＯ）、独立行政法人労働者健康安全機構（ＪＯＨＡＳ）、国立がんセンターなどをヒアリング。その後も日赤広尾病院、名古屋セントラル病院など半官半民に近い大型の総合病院や、愛知医科大、昭和大、帝京大といった大学病院を対象にヒアリングを重ねた。

谷口はのちに贈賄罪で起訴される東京医大理事長の臼井らに対しても14年９月９日、臼井と親しい吉田の指示を受けて、病院ＲＥＩＴについて説明した。自身の大学の資金調達に高い関心を持つ臼井は、17年６月26日にも谷口と古藤を大学に招き、病院ＲＥＩＴの勉強会を開いている。

谷口のこうした普及・啓発活動やヒアリングは、あくまでも国の政策である病院ＲＥＩＴ実現に向けた活動の一環で、谷口が業務委託契約を結んでいる民間企業のＴＭＣの営業活動などではない。谷口を政策顧問に据えた羽田も、中井の宿願を受け継いだ谷口の活動を、自身の政治活動として取り込んだ。

「15年に入って中井先生が体調を崩し、僕は当時すでに羽田先生の仕事をしていたので、早川先生とも相談して、病院ＲＥＩＴは羽田先生が引き継ぐ政策になりました。医師で海外経験もある頭脳明晰な吉田先生は病院ＲＥＩＴにうってつけだったのですが、なにぶん落選中のうえ、議員としてのキャリアも中井先生のように関係省庁トップといつでも会えるというわけにはいかない。

特に病院ＲＥＩＴは国交省が主管でしたから、その意味でも元国交相の羽田先生に引き継いでもらうのが、政治の流れからも行政の流れからも非常にスムーズでした」（東京医大事件の公判での谷

口の供述）

谷口はその後、羽田の政策顧問として「病院事業評価研究会」の立ち上げに携わる。この研究会は国会議員有志が主催する研究会と位置付けられ、元厚労相の田村と、元国交相の羽田が共催する超党派の勉強会である。担当事務局は「羽田雄一郎参院議員会館事務所」に置かれ、谷口は厚労事務次官の蒲原基道《かもはらもとみち》をはじめとする厚労省の担当者との協議などを一手に引き受けた。

研究会は18年6月27日に第1回が開催されたものの、その1週間後に谷口が受託収賄幇助の疑いで逮捕・勾留されたことで事実上頓挫した。谷口は東京医大事件の公判で、検察側が「谷口はＴＭＣの利益のために病院ＲＥＩＴを手掛けていた」と主張していることについて、悔しさを滲ませてこう話した。

「病院ＲＥＩＴには12年から逮捕される18年まで、関係省庁間の擦り合わせや調整に携わってきました。検察側が主張するようにＴＭＣの営業で動くのなら、事務次官や局長がミーティングのたびに出席することなど絶対にありません。病院ＲＥＩＴが国の政策の大きな部分として位置付けられているからこそ、各省庁の局長以上がきちんと対応して、各部下に指示を与えて動かしている。その状況に鑑みると、僕がＴＭＣという一民間企業の利益のために行動しているという解釈は理解不能です。検察側の主張は事実を矮小化しているというか、ちょっとあり得ない評価だと思っています」

口をつぐむ政治家とキャリア官僚

本章の最後に、谷口が贈賄罪に問われたＪＡＸＡ事件について簡単に触れておく。ＪＡＸＡ事件とは、15年４月からＪＡＸＡ理事に就任した川端が、谷口から接待された見返りとして、①ＴＭＣから病院ＲＥＩＴ導入を持ち掛けられていた東京医大理事長の臼井が、ＪＡＸＡ宇宙飛行士を同大創立１００周年記念講演会に講師として招聘しようと計画した際、その実現に向けて便宜を図った、②ＴＭＣが流通大手「イオン」と協議していた、イオンの防災訓練にＪＡＸＡの人工衛星を利用する構想について、その実現に向けて便宜を図った——というもの。防災訓練自体は16年４月14日の熊本地震で立ち消えとなった。

まず宇宙飛行士派遣の件から見ていこう。16年11月20日開催の記念講演会に、ＪＡＸＡ宇宙飛行士の招聘を企画した臼井は14年７月、この件を吉田に陳情した。吉田は同年10月３日、東京・銀座の鮨店「久寿美」で臼井に川端を紹介。当時ＪＡＸＡ参与だった川端は、翌出勤日にこの件をＪＡＸＡ広報部長に伝えたものの、２年以上先の話でもあり、ＪＡＸＡ内ではなんの対応もなされなかった。公判での臼井の証言によると、この会食に参加していた谷口は、講師派遣に関して川端に「ぜひ聞き届けてあげてください」などと、後押しするような発言を一切していない。この席で病院ＲＥＩＴが話題に上ることもなかった。

この件が実際に動き出したのは、ある日の臼井と川端との雑談のなかで、科学技術分野に詳しい衆院議員の塩谷立《しおのやりゅう》が共通の知人であることが判明し、臼井が15年12月7日に東京医大学長の鈴木衛も交えた4人で会食する機会を設けて以降のことだ。この会食で臼井が、1年後の記念講演にJAXA宇宙飛行士を講師として招きたいと塩谷に伝え、これに塩谷が賛同したことから、川端は内部手続き上、この件をJAXA内で報告。JAXA内の審査では最優先活動案件（政治家等案件）として扱われ、16年4月22日に派遣対象として正式決定された。

ところが、臼井を参考人として取り調べた東京地検特捜部検事の水野朋が作成した臼井の検面調書には、東京医大事件と同様、次のような主旨の〝作文〟があるという。

●谷口さんがＲＥＩＴの話をしてきた機会に宇宙飛行士のことを相談したうえで、谷口さんに口添えをお願いした。その話をしたところ、谷口さんも協力を約束してくれた。
●谷口さんがＲＥＩＴの売り込みをしてきたので、川端さんを私に紹介することで、その商談を優位に進められると考えていたとしてもおかしくない。
●宇宙飛行士の講演を実現させるため、川端さんと親しい谷口さんからも引き続き協力を得たいと思い、谷口さんらに将来的にＲＥＩＴを活用する可能性があるという姿勢を示していた。

もちろん、臼井は公判でこうした取り調べでの供述内容を全面的に否定した。実際のところ、臼井には宇宙飛行士の講師派遣で谷口に何かをしてもらった認識自体がなく、この件で谷口にお礼のメールはおろか、口頭での謝意すら伝えていない。

ちなみに臼井は、JAXA事件では被疑者ではなく参考人の立場。JAXA事件の公判には検察側の証人として出廷したにもかかわらず、宇宙飛行士の講師派遣に関する谷口の関与を明確に否定している。


もう一つ、JAXAの人工衛星をイオンの防災訓練に利用する案件に至っては、川端起訴から3ヵ月後の18年11月にJAXAの調査検証チームが、「業務は規定類や業務資料に基づき適正かつ適式に行われており、川端被告による不適切な関与も確認されなかった」と結論付けている。

さらにその約2年後の20年10月に同チームが公表した報告書の最終まとめでも、「再調査・検証によってもJAXAの業務が適正かつ適式に行われていたことが改めて認められた。(19年12月に有罪判決が確定した) 川端氏による過度な権限行使の事実や不適切な関与についても認められなかった」と、改めて川端の潔白を強調している。

JAXAのような国の機関が、検察の起訴内容や裁判の判決を完全否定するのは極めて異例の事態だ。川端に収賄の事実がないのなら、当然、谷口の贈賄罪も冤罪ということになる。


〝霞が関ブローカー〟という言葉からは、裏で政治家や官僚となにやらコソコソやっているという、いかがわしいイメージが漂う。それこそが検察の狙いだった。実際には、谷口は「表」の存在として、政官界のパイプ役を果たしていたことがわかる。そして、本来ならそれを証言すべき羽田や吉田らの国会議員やキャリア官僚は一様に口をつぐんだ。

最終的に東京医大事件とＪＡＸＡ事件の公判を併合して行われた公判の最終陳述（22年2月22日）で、谷口は裁判長の西野吾一《にしのごいち》らにこう訴えた。

「私は、秘書はもとより、現職の国会議員でさえ簡単にできない法案の附帯決議を通したり、国の政策に沿った勉強会や研究会を立ち上げたりしてきました。これは永田町と霞が関すべての調整をして初めてなし得ることで、マスコミと検察が言うような霞が関ブローカーなるものにできることでは決してありません。私が羽田の右腕としてこのような活動を行ってきたことを今一度理解していただきたい」

20年7月の東京医大事件の初公判からこの日まで約1年半、公判は39回を数えた。長期にわたった東京地裁での審理も残すは判決のみとなった。

谷口の心からの訴えは裁判長に届いたのか。

第8章

判決

▼東京地裁の西野吾一裁判長

「有罪になると思ってるんでしょ」

文部科学省汚職事件の東京医大事件の公判は、途中でJAXA事件の公判と併合され、判決は2022年7月20日午後1時半から東京地裁刑事104号法廷で言い渡されることになった。

二つの事件の審理を担当した東京地裁刑事第16部の判事は、裁判長が西野吾一（司法修習46期、1994年4月任官）、判決文を実際に起案する右陪席が小林謙介《こばやしけんすけ》（同52期、00年4月任官）、左陪席が足立洋平《あだちようへい》の3人である。

30年近いキャリアを持つ西野は、東京地裁のなかでもちょっとした有名人だ。

禿頭に眼鏡姿という親しみやすい風貌がお茶の間向きと思われたのだろう、西野は20年9月6日にフジテレビで放送された1時間枠のバラエティ番組『日曜THEリアル！　実録スクープ！　その時、裁判官は言った』にVTR出演した経歴を持つ。現役裁判長がバラエティ番組に登場するのは初めてのことだという。

西野は番組において、自身の執務室でお笑いタレント加藤浩次のインタビューを受けたり、加藤とタレントのゆきぽよを法廷内に案内したりしていた。

加藤から「裁判官として一番難しいこと」を尋ねられた西野はこう答えている。

「裁判官は独立しているので、一人で決めるのですが、この人が犯人かどうかで悩むんです。最後は自分で決めなければいけないので、孤独というんですか、やっぱり一人で決めなければいけないというつらさみたいなものはありますが、それがやりがいでもあるので、つらさとやりがいは同じコインの裏表みたいな感じです」

開かれた裁判所というイメージを視聴者に伝える役割を期待されて登場したと思われる西野が、現在の法曹界を代表する有能な判事の一人と目されていることは間違いないだろう。

実は西野は判決公判前の22年４月の定期異動で横浜地裁第３刑事部総括判事に異動している。だが、事件の審理がすでに１年半以上に及んでいたうえ、副産物として私立大医学部受験での女子学生差別など社会的関心も呼んだため、横浜地裁から東京地裁に出張し、自ら判決を言い渡すことになったようだ。

ところで、この判決公判を前に大手の新聞社、通信社、テレビ局が加盟する司法記者クラブの裁判担当記者の間では、「全員に無罪判決が言い渡されるのではないか」との観測が流れていた。判決当日は無罪判決言い渡しに備えて、大半の加盟社が警戒態勢を取っていたという。

その見方は当事者の佐野や谷口も同様だった。

ただ、日本の刑事裁判の有罪率は99・９％。とりわけ自身が描いたシナリオに合わせて事件を組み立てる東京地検特捜部特殊直告班が手掛けた事件は１００％有罪である。

特捜部が組み立てたシナリオの不十分な点は、裁判所が「推認」によって確実に有罪にしてくれるという、およそ不条理な世界だ。

まして、定年退官する65歳までまだ14年を残し、出世の階段を上っている最中の西野に、特殊直告班が手掛けた事件に無罪判決を言い渡せるのかという見方もあった。それは、ここまで築き上げた自身のキャリアに傷を付けることを意味するからだ。

加えて判決文を起案する小林は、公判の間、被告に対して、検察のシナリオを補強する目的としか思えない質問を繰り返し（注：これは特捜事件の裁判官として模範的態度でもある）、被告側や傍聴人の失笑を買うなど、露骨な検察寄りの態度を示していた。

公判でのこうした事実認定以外の要素を加味して考えると、この事件を冤罪と確信している著者でさえ、無罪判決は難しいと考えざるを得なかった。

判決公判数日前に会った谷口に、

「本心ではどうせ、有罪になると思ってるんでしょ」

と指摘された著者には、返す言葉がなかった。

全員、有罪

判決当日の東京都心は、35度に迫る猛暑日となった。

傍聴券は抽選にこそならなかったものの、全98席の傍聴席のうち、記者クラブに21席が割り当てられたため、一般向けは77席。当然ながら、無罪判決を期待する被告家族や関係者などで満席となり、ＪＡＸＡ事件で有罪が確定した川端和明の姿もあった。

午後1時半開廷。4人の被告が西野に正対して左から佐野太、臼井正彦、鈴木衛、谷口浩司の順に起立して並んだ。佐野は濃紺のスーツに白シャツ、濃紺のネクタイ。臼井は濃いグレーのスーツに白シャツ、ノーネクタイ。鈴木は濃いグレーのスーツに白シャツ、グレーのネクタイ。谷口は薄い青色系グレーのスーツに白シャツ、ノーネクタイ。時節柄着用を求められるマスクは、グレーの鈴木を除き、3人が白だった。

4人の被告を前にして主文を読み上げる西野の、早口でいくぶん甲高い声が法廷に響く。

「被告人佐野太を懲役2年6月に、被告人臼井正彦を懲役1年6月に、被告人鈴木衛を懲役1年に、被告人谷口浩司を懲役2年に処する。

この裁判が確定した日から、被告人佐野太及び被告人谷口浩司に対し5年間、被告人臼井正彦に対し4年間、被告人鈴木衛に対し2年間、それぞれその刑の執行を猶予する」

全員が執行猶予付きの有罪判決である。

主文の読み上げを聞いた4人の被告が弁護人席に戻って着席すると、西野はそこから休憩を入れず、判決全文を早口で読み上げた。

読み上げが始まった当初、「信じられない」という表情で西野を凝視していた佐野は、程なくこれまでの公判と同様にメモを取り始めた。臼井も一貫して顔を上げることなく、黙々とメモを取り続ける。鈴木はほとんど目を閉じたまま朗読を聞き、谷口は西野が語る認定内容に時折首を振りながら、やはり目を閉じて聞いていた。

判決全文の朗読には約2時間15分かかった。

西野は、音声データが存在する17年5月10日の第2次醍醐会食の冒頭のシーンを重視したようだった。

佐野が東京医大の17年度一般入試で賢次が合格できなかった件について「申し訳ございません」と話し始め、それに対して臼井が「来年は絶対大丈夫だと思いますので」「やっぱ、もうあと5点、10点欲しいなとね」と答えて、あらかじめ用意した賢次の1次試験の成績を記載した紙を渡したあの場面だ。

この事実をベースに、佐野、臼井、谷口の三者が初めて会食した16年9月8日の第1次醍醐会食から第2次醍醐会食に至るまで、三者の間でどのようなやりとりがあったのかを、西野は一つ一つ挙げていった。


西野が有罪判決の根拠とした三者のやりとりは次のようなものだ。

一、佐野は16年9月8日の第1次醍醐会食で、二男の賢次が医学部受験するが、東京医大も話題になっていたことがあると話していた。
一、臼井は（16年11月11日の田吾作会食後）佐野の自宅に（東京医大の17年度一般入試の）願書を送ったり、第1次試験の合格発表後には、谷口を通じてわざわざ電話で二男の第1次試験の科目ごとの結果を佐野に伝えたりした。

一、臼井の公判供述によると、臼井は第1次醍醐会食の際、二男の大学入試について、佐野に「ある程度いい線行っていたらなんとかなりますよ」と言った（注：臼井の取調検事の水野朋が検面調書に書いた「なんとかしますよ」ではない）。

一、臼井の公判供述によると、臼井は第2次醍醐会食の目的に関し、すでに田吾作会食の際、佐野から「（16年度私立大学研究）ブランディング事業に関してああいう書き方では厳しい」「ピント外れでした」などと言われ、その年は選定されないんだと思ったが、次を見越して「来年は事前に指導をお願いするかもしれない」と言ったところ、佐野も「わかった」旨言ってくれた。

一、臼井の公判供述によると、臼井が佐野の二男の17年度一般入試の結果について谷口に伝えた際、「400点満点で200点、1051位だった。申し訳ないけど今回は無理だ。1000番を超えると難しい。1次の足切りは230点だったから、もうちょっと取ってくればいいね」と説明し、谷口も「それじゃ仕方ない、1000番台じゃあな。500番とは違いますしね」と答えた。

一、この臼井の公判供述は、佐野が谷口を通じて臼井から二男の成績を伝えられた際、手帳に「400点　200点　1000番　230　1051番　200　英語×　270　800人～

900人」と記載していることによく整合し、信用できる。

西野はこれらの会話や出来事をもとに、第2次醍醐会食が行われた目的について、「ブランディング事業に関して、事業計画書の書き方について（臼井が）佐野から助言・指導を得ることにあるとともに、二男の医学部入試に関して併せて話題とすることにあったといえ、臼井はもちろん、佐野、谷口も同様の認識だった」と結論付けた。


こうした前提に立って、西野は第2次醍醐会食の冒頭場面について、「佐野は第2次醍醐会食が始まって開口一番、東京医大の17年度一般入試に不合格となった二男について、何の前提の会話もないのに唐突に話し出し、臼井も『来年は絶対大丈夫だと思いますので』『やっぱ、もうあと5点、10点欲しいなとね』などと言い、あらかじめ用意した二男の1次試験の各科目の点数、合計点、順位を記載した書面を渡している」などと事実関係を認定。さらにこう続けた。

「こうした会話内容は、第2次醍醐会食で二男の医学部入試が話題になることがあらかじめ想定されていたこととよく整合するだけではなく、前記の臼井の公判供述にあるように、あらかじめ佐野の二男に関して、得点が低すぎたために加点できなかったことを、佐野と臼井が共通して認識していたことを前提にするとよく理解できる」

「とりわけ前記の手帳の記載や、信用できる臼井の前記公判供述によれば、佐野はすでに谷口を通じて、二男の1次試験の結果として400点満点中200点だったことを伝えられ、谷口を通じて有利な繰り上げができなかった経過を併せて伝えられていたと推認できる」

「二男の得点は200点で、1次試験の合格ライン230点まで30点足りないにもかかわらず、『あと5点、10点あれば』とする臼井の発言内容は、合格ラインに30点足りなくても、あと5点、10点あれば加点するなどの有利な取り計らいをして合格できることを暗に伝える趣旨の発言と認められ、佐野と谷口はそうした趣旨の発言であることは理解できたと考えられる」

佐野は第2次醍醐会食の冒頭で賢次の話題を出した理由について、公判で「臼井先生から以前に『息子さんの受験、頑張ってください』と励まされていたのに、現役合格できなかったので、それを申し訳なく思い」、最初にお詫びしたと説明している。「あと5点、10点」という発言については、佐野が「その発言そのものが印象に残っていない」と供述し、臼井は「『あともう少し点が取れれば入れたかもしれない』と慰めた」と述べている。

両者のやりとりを聞いていた谷口も「5点、10点という表現になんら疑問は感じませんでした。そもそも賢次君が加点を受けていたことは、逮捕後の取り調べで検事から聞かされるまで知らなかった事実で、この臼井先生の発言にそうした意味があったとしても、私が理解できるはずもありません」と語っていた。

だが、これらの公判供述は一顧だにされなかった。

西野はこのやりとりの際、臼井が賢次の成績を記載した紙を佐野に手渡した事実に着目した。その理由について、来年度入試での賢次の成績がこの成績を「あと5点、10点」上回れば、賢次が合格できるよう有利に取り計らう意向があると、この会食以前に臼井が佐野に「暗に伝えていた」からだと認定。それゆえ、佐野と谷口は「あと5点、10点」発言の真意を理解できていたというのだ。

こうした解釈に基づいて、「佐野はもちろん、同席した谷口も、二男の一般入試の得点が合格最低点に達しない場合には、臼井が暗に加点等の優遇措置を通じて佐野の二男を不正に合格させられることをよく認識していたと見るのが自然な内容の会話がなされていたと考えられる」と断じた。

検察有利の「推認」

では、ブランディング事業について、佐野が東京医大のために助言・指導したと認定したのはどういう理由なのか。佐野がこれを一貫して否定し、臼井も佐野から助言・指導を断られたと認識していたのは、すでに見てきたとおりだ。

ここでも、裁判長の西野は第2次醍醐会食での会話に注目し、事実関係を次のように認定している。

「佐野は、東京医大がブランディング事業を申請するにあたり、文科省の担当者が、同事業の趣旨を東京医大の担当者に説明するだけでなく、東京医大の担当者と意見交換し、同事業の趣旨に合っているかどうか、サジェスチョン（暗示、示唆ないし提案）できるとしたうえで、前年度の事業計画書の内容は趣旨に合っていないこと、タイトルの付け方、審査委員を意識した記載内容にすることなど具体例を挙げて教示。このような問い合わせのため文科省の担当者を求めても通常は断られる内容のものであるが、一番良い担当者を付けるなどと発言したうえ、東京医大の担当者らが文科省に来庁する際には谷口が同行し、来庁した記録が残らないようにするなどとして、谷口もそれらの発言に同調する発言をしている」

佐野は事業計画書の内容そのものについては指導できないと断る一方で、事業の趣旨なら説明できるので、文科省と東京医大のそれぞれの担当者を繋ぐ約束をした。ところが翌日になって、対面での説明が禁じられていることを知り、慌てて臼井にアポイントを取り、前言を撤回している。

ところが西野は、ブランディング事業に関する被告3人の会話を次のように結論付けた。

「これらの佐野、谷口の一連の発言内容からすれば、単にブランディング事業の趣旨説明をするだけでなく、通常は問い合わせても断られるような、実質的な記載内容に関する具体的な助言・指導を受けられると容易に理解できるのであり、佐野、谷口、臼井も同様の認識でいたもので、臼井が同事業の事業計画書の記載等に助言・指導を依頼し、佐野がこれを承諾したと見るのが自然な流れの会話がなされていると認められる」

これで臼井による賢次への加点が三者の間で共通認識になっていたことと、佐野が東京医大のブランディング事業に助言・指導したことが「事実」と認定され、西野は第2次醍醐会食での佐野と臼井の会話内容をこう総括した。

「以上検討したところによれば、第2次醍醐会食の際に臼井は、同人（臼井）が二男の東京医大の入学試験に関し、その得点が合格最低点に達しない場合には加点等の優遇措置を講じられることを佐野との共通認識としたうえで、佐野に対して17年度ブランディング事業の事業計画書の記載等について助言・指導を依頼し、佐野がこれを承諾したと見るのが自然な内容の会話がなされていたと認められる」

検察側から提出された証拠にもかかわらず、解釈次第では被告有利の材料にもなり得ると思われた第2次醍醐会食の音声データ。だが、いざ蓋を開けてみると、西野は第2次醍醐会食に至るまでのプロセスを検察有利に「推認」したうえで、第2次醍醐会食の会話内容を検察側の主張に沿って解釈し、ものの見事に検察の期待に応えた。

ことごとく無視された公判供述

ここまでの判断をすべてのベースに据えて、西野はそこから約2時間、被告側の主張を読み上げては「しかしながら」と否定するパターンを繰り返し、検察完全勝訴の判断を下した。

それは臼井と鈴木の検面調書の記載内容と、主に臼井の公判供述のうち、検察有利に解釈できる個所をつぎはぎしたうえで、「推認」を加えることにより作成されていた。

判決の全容は巻末の判決要旨をご覧いただくとして、公判で争点になった問題を西野がどう判断したのか、いくつか取り上げてみよう。

【17年5月12日以降のメールの内容や佐野らの行動】

臼井は17年5月22日に谷口に電話連絡し、同月25日に面会。その直後に東京医大研究支援課長の大須賀浩に対し、１週間後には事業計画書案を作成するよう指示した。大須賀から事業計画書案を受け取った臼井は同月31日、佐野に「ブランディングの書類ができたので、お目通しいただきたい」旨のメールを出したうえで、谷口に面会して封筒入りの事業計画書案を渡し、佐野に渡してほしい旨依頼した。

臼井は同月11日にヒルトンホテル東京で佐野と面会し、ブランディング事業の事業計画書について相応に具体的な助言・指導を受けた。臼井はその際のメモとして、（佐野から渡された同事業の公募要項のコピーが入った茶封筒前面に）「5月20－23日」「素案」「同レベル」「特殊がある」等と記載したが、まさに「5月20－23日」期間内の同月22日に谷口に連絡して面会を求め、同月25日の谷口との面会後には、直ちに大須賀に事業計画書案の作成を指示している。臼井の事業計画書の作成が佐野との打ち合わせに関連して着手されたことが、これにより裏付けられる。

佐野はこのヒルトンホテルでの面会目的を、前日に約束したブランディング事業の担当者紹介ができなくなったことを臼井に詫びるためだったと供述した。西野はこれを完全に否定し、面会目的は佐野から臼井に「具体的な助言・指導」をするためだったと認定している。

判決の事実認定は、こう続く。

翌6月1日、事業計画書案を持参して文科省大臣官房長室の佐野を訪ねた谷口は、同日午後4時、臼井に「今、佐野さんにお渡ししました。今週末までには、佐野さんと会って打ち合わせします」とするメールを送信。さらに同月3日には佐野と面会した後、臼井に「ブランディングの資料は拝見させて頂きました。佐野さんとも打ち合わせしました。少し修正が必要な感じですが、どのようにお伝えしましょうか？」と記載したメールを送信した。

これら一連のメールの記載内容や佐野らの行動からすれば、佐野が谷口を通じて臼井から依頼された事業計画書案を受け取り、その記載内容を谷口と打ち合わせたことが優に推認できる。

谷口が6月6日、同じ東京医療コンサルティング取締役の古藤信一郎に「本日、東京医大ブランディング（文科省認定）を取る為に臼井理事長が佐野さんにお願いしている件で、私がすべて間に入って進める」などとするメールを送信していることに照らすと、佐野と臼井が直接連絡するのではなく、谷口が間に入って連絡を取り合っていたとしてもなんら不自然ではない。

【賢次の正規合格に関する佐野と臼井の認識】

佐野が臼井に「正規じゃないんですか」と言って、正規合格を希望する旨伝えたところ（注：佐野はこの発言そのものを否定している）、臼井は「正規合格者になるか否かは入試委員会次第で、正規合格になることを自分が確実にするのは難しい」と答えている。前記のとおり、第2次醍醐会食の際、二男の得点が合格最低点に達しない場合には、加点等の優遇措置を講じられることが、佐野と臼井の共通認識となっており、佐野がブランディング事業の事業計画書の記載等について助言・指導したこと以外に、臼井が謝礼の趣旨で佐野の二男を有利に取り計らうことの根拠は証拠上うかがわれない。このため佐野は、前記の助言・指導に対する謝礼として臼井から加点等の優遇措置が講じられ、その結果として正規合格者の地位を付与される可能性を認識していた。

臼井は「正規になるかどうかは入試委員会次第」と述べており、正規合格の可能性もあることは認識していた。ブランディング事業の事業計画書の記載内容について助言・指導を受けた臼井が、佐野に対する謝礼の趣旨がより明確になる正規合格者の地位を希望していなかったとは考え難く、入試委員会の検討の結果、センター試験利用の合格者や、適性検査等の不合格者が多く生じるなどして二男が正規合格するのなら、それを希望こそすれ、その結果を望んでいなかったとは考えられない。

よって臼井は、条件付きではあるものの、正規合格者の地位を付与することも認識認容していたと認められる。

【臼井の検面調書の信用性】

臼井の検面調書の供述は、既に認定した客観的証拠等に基づく認定事実とよく符合または整合しており、十分信用できる。「第2次醍醐会食で、事業計画書の記載内容に関する助言・指導を佐野に求め、佐野がその求めに応じて、谷口を介して記載内容について助言・指導してくれたので、それに対する恩返しの気持ちもあって、18年度一般入試の二男の試験の点数に加点して、第2次試験後に二男が補欠合格できる旨を佐野に伝えたところ、佐野から正規合格にするよう依頼された」とする中核部分は、捜査段階の取り調べの当初から一貫している。

臼井が公判で供述を変遷させた部分は、その合理的な理由が示されておらず、佐野から事業計画書案に関して助言・指導を受けていないなど、公判段階で変遷した供述部分が信用できないことは既に述べた。臼井の取り調べで検察官の強制、拷問、脅迫に当たる事実はなく、取り調べ時間等を見ても不当に長く勾留または拘禁された経緯も見当たらず、その検面調書の任意性に疑いはない。

【鈴木の東京医大学長室の捜索、証拠押収と公判での供述】

検察官や検察事務官が建物内で証拠を探索したことは、鈴木の立場がその後、取調検事の久保庭幸之介が想定していた参考人ではなく、被疑者に変わった経過からすると、鈴木の承諾を得たとはいえ、慎重さに欠ける面があったことは否定できない。だが少なくとも弁護人が主張するような令状主義を潜脱（注：法令などによる規制を、法令で禁止されている方法以外のやり方で免れること）する意志があったものではなく、（学長室から収拾した証拠物を）証拠排除すべき重大な違反はなかった。

鈴木の公判供述は、久保庭から威圧され、脅迫的な言動のために恐怖したとする点や、学長室で青色のファイルを発見した経緯など、供述の核心部分やその周辺部分も含めて客観証拠に反し、重要部分の変遷を含むうえ、その供述内容も曖昧で、全体として信用性に乏しい。

判決後に佐野が語ったこと

検察完勝のこの判決のなかで唯一、西野が被告側に配慮した個所が存在する。判決の最後の量刑理由で、西野はこう記している。

「佐野、臼井、鈴木は、公判廷でいずれも各自の犯行を否認して、不合理な弁解に終始しており、反省の態度も認められない。

ただ佐野が得た利益を見ると、二男は加点がなくても補欠合格できる順位にいたところ、加点により正規合格に繰り上げられている。これが賄賂たり得る利益であることに疑いはないが、そもそも最終的に合格者の地位を得ることができなかったのに、その地位を得たというような事案ではなく、その点は情状において考慮すべきである」

つまり西野は、情状酌量の部分で「賢次はもともと補欠合格しており、不合格だったものが臼井の加点によって合格したのではない」と明記することにより、世間的にはいまだに不正入学したと誹謗中傷されている賢次に、一定の配慮を示した形をとっている。

ただ、判決当日のテレビやネット上の報道、さらに翌日の朝刊紙面では、佐野らに有罪判決が下されたことばかりが強調された。

谷口は公判の最終陳述で「医師を志す一人の青年を守ってあげてほしい」と訴えたが、これで賢次の名誉回復がなされたとは言い難いだろう。

「息子は10点の加算がなくても合格しており、裏口入学でも不正入学でもないことが証明されたことは多とします」

判決公判の後、著者の取材に応じた佐野は、自分の有罪判決よりも、まず息子のことに言及した。もちろん、判決には納得がいかないことばかりだ。

「あまりに検察の主張どおりなので、無理やり冤罪を作り出そうとしているのかと、耳を疑いました。判決内容は、有罪ありきの偏った先入観から推認している個所が非常に多く、しかも一般常識から大きく懸け離れた検察の主張を鵜呑みにしている内容です。

知らないところで一方的に加点されたにもかかわらず、賄賂を受け取った認識があったと推認していたり、臼井先生の『来年は絶対に大丈夫だと思いますので』『もうあと5点、10点欲しいなね』という発言を、その場にいた私が聞いたことをもって、私が優遇措置の存在を認識していたと断じたりしています。曲解としか言いようがありません。

谷口氏が秘密裏に録音した3人の会話のどこを聞いても、息子の受験とブランディング事業を関連付けた会話など一切存在していない。事業計画書の記載についての助言・指導も、その場で明確に断っているのに、賄賂の対価性を認めており、無理やりこじ付けているとしか思えません。

私が臼井先生から引き受けたのは文科省の担当者の紹介だけで、それも翌日にはお断りしているのに、助言・指導の請託を受けたとしている点も到底理解できません」

次いで佐野は、ブランディング事業に関して臼井に一般論的な説明をしたことを「職務に密接に関連した行為」と認定された点について、「法律の解釈に飛躍がありすぎる」と指摘。臼井が公判で「取り調べが可視化されていない密室で取調検事に迎合、忖度して供述した」と述べているにもかかわらず、臼井の取り調べ時の供述に基づいて判決が書かれていることを、「明らかに不当」と述べた。

また、佐野の弁護人の長島弘幸は「音声データという直接証拠が存在する第2次醍醐会食の会話の内容にさえ『推認』を適用するなど、弁護側が提起した起訴事実についての数々の疑問にほとんど回答しておらず、まったく納得できない」と話す。

公判の最中、臼井と弁護人とのやりとりを聞いていた佐野は、こんな感慨を抱いたという。

「臼井先生が取調検事に『逮捕されるんですか？』と尋ねたところ、検事から『普通だろ』と言われ、『話し方次第では逮捕されるかもしれない』と思った、と答えていました。

これは逮捕の決定権を持つ検事が、『自分に都合の良い供述をすれば、逮捕は見逃す』と約束しているようなものです。逮捕しないことを仄めかして、結果的に自身に都合の良い検面調書を作成した検事（収賄側）と、逮捕を免れるため、検事の誘導に『ハイ、ハイ』と従って、検事に都合の良い供述内容を提供した臼井先生（贈賄側）との間にはそれこそ、受託収賄罪が成立するのではないでしょうか」

また、谷口は著者に対し、皮肉たっぷりに語った。

「刑事だけでなく、日本の裁判はなんでも推認で決まってしまう。だから日本の刑事事件は99・9%有罪。推認でなんでも有罪にできるのなら、証拠がなくても有罪にできるし、判決など素人にも書けます。日本の刑事司法の実情は推定無罪ではなく推定有罪なのに、建前上は推定無罪なので、無罪を主張する被告は上訴しますが、被告が勝訴するケースは皆無に近い。それなら最初から、憲法や刑事訴訟法に推定有罪と明記しておくべきです」

ある司法関係者によると、文科省汚職事件の主任検事を務めた廣田能英は、「東京医大事件を立件できたことで、私立大医学部入試で長年行われてきた不正な加点の実態が明らかになり、とりわけ女子受験生の差別是正を実現できた。自分にとって誇れる実績の一つ」などと自画自賛したという。

しかし、本書で何度も述べたように、臼井の主導で行われていた女子受験生らへの差別待遇は、この事件とはなんら関係がない。あくまで捜査の過程で浮き彫りになった副産物であり、臼井や鈴木がそれにより罪に問われたという事実もない。

廣田の筋違いの自画自賛の裏側で、1浪の末に東京医大に実力で補欠合格していた賢次が、いまだに心ない誹謗中傷に晒されている事実を忘れてはならない。

佐野は言う。

「特捜検察だからといって、一般市民の人生を滅茶苦茶にしながら無理筋のストーリーで冤罪を作り出しても許されるのか。起訴からすでに4年が過ぎ、その間の公判で多くの真実が明らかになったにもかかわらず、なぜその真実が一蹴されてしまうのか。これが日本の司法文化なのかと思うと、情けない気持ちになりました」

判決言い渡しから15日後の22年8月4日、佐野は1審判決を不服として東京高裁に控訴。谷口、臼井、鈴木はすでに控訴しており、これで4人の被告全員が控訴した。

最後に佐野はこう付け加えた。

「それでも私は日本の司法を信じたい。控訴審では誰に阿《おもね》ることなく、社会常識に適った判決を下す裁判官に担当してもらえることを祈るばかりです」

金銭ではなく入試の点数を賄賂と見做す異形の贈収賄事件は、第2幕を迎える。

事件の背景にあった「前川問題」

判決では4人の被告全員が有罪となったが、この事件は東京地検特捜部が新たに生み出した冤罪事件であると著者は確信している。その理由はここまで書き記してきたとおりだ。

東京地検特捜部長の森本宏と主任検事の廣田能英が描いたシナリオを、東京地裁のエリート裁判長、西野吾一が推認に推認を重ねて無理やり有罪に仕立て上げた判決内容は、すでに病膏肓に入った日本の刑事司法の現状を改めて浮き彫りにしたと言えるだろう。

そもそも森本率いる東京地検特捜部はなぜ、このような〝筋の悪い〟ネタを強引に事件化しようと目論んだのか。

実はこの事件が立件された2018年7月当時、永田町・霞が関界隈では「事件の根底には（内閣人事局を実質的に取り仕切る）『首相官邸』に対する、検察側の忖度があったのではないか」と囁かれていた。それは以下に述べる背景に基づくが、公判で明らかになった事実も踏まえて、事件化された経緯を改めて整理してみたい。

12年12月に発足した第2次安倍晋三政権は、「霞が関」の人事権を掌握して「官邸」主導の政治運営を進めたが、なかでも安倍一強を形作る力の源泉と言われたのが、各省庁の審議官級以上約600人の人事を操る内閣人事局だった。「官邸」は同局を実質的に取り仕切ることで、霞が関のキャリア官僚を震撼させていたが、これに正面から異を唱えたのが、16年6月から17年1月まで文部科学事務次官を務めた前川喜平《まえかわきへい》だった。

前川は天下り仲介スキームに関わる再就職等規制違反の責任を取る形で、17年1月20日に文科事務次官を辞任した。この時の前川の姿勢が、「官邸」には「地位に恋々としがみついている」と映ったようだ。

それから4ヵ月後の5月17日、安倍の知人が理事長を務める学校法人「加計学園」（岡山市）が国家戦略特区に大学の獣医学部を新設する計画をめぐり、朝日新聞が「文科省が内閣府から『総理のご意向だと聞いている』と言われたと記載された、複数の文書が存在している」とスクープ。これについて前川は、「次官在任中に担当課から受け取った文書に間違いない」と明言した。

するとその5日後の5月22日、読売新聞が「前川が文科省在職中に売春や援助交際の交渉の場になっている歌舞伎町の出会い系バーに頻繁に出入りし、店内で気に入った女性と同席して値段交渉したうえで店外に連れ出していた」などと報じた。

前川は同月25日、「ドキュメント番組で女性の貧困について扱った番組を見て、実際に話を聞いてみたいと思った。話を聞く際に食事をし、小遣いをあげたりしていた」「そこで出会った女性を通して女性の貧困と子供の貧困が通じていることがわかった。実地の調査のなかで学べることが多く、ああいうところに出入りしたのは意義があった」と説明したうえで、「私の個人的な行動を読売新聞がどうして、あの時点で報じたのか」と疑問を呈した。

次いでその2日後の5月27日、都内で記者会見を開いた前川は、朝日が報じた文書について「幹部の間で共有され、確実に存在していた」と認めて、特区での選定をめぐる経緯について「当事者の立場として疑問を感じながらやっていた。発言することによって文科省に混乱が生じることは申し訳なく思うが、あったことをなかったことにはできない」などと述べ、これが「官邸」の逆鱗に触れることになった。

この前川とコンビを組んで文科省を動かしていた存在が佐野太だった。

12年1月から13年6月まで、一般企業の総務部長に相当する大臣官房長を務めた前川の下で、佐野は12年7月から大臣官房政策課長、12年12月から13年6月まで同総務課長を歴任。前川が16年6月に事務次官に就任すると、佐野も歩調を合わせるかのように大臣官房長に就いた。ある永田町関係者が話す。

「前川氏が記者会見で『あったことをなかったことにはできない』などと明言したことから、前川一派は『官邸』から目の敵にされてしまい、文科省に残っている前川一派はみんな傷めつけてやろうということで、捜査当局が同省の局長クラスを標的に内偵捜査を進めることになった。なかでも佐野氏は前川氏と一心同体と見做され、前川氏が事務次官を2年間務めた後の、次の次の事務次官就任が確実視されていた。その芽を摘んでおくという意味でも、格好の標的でした」

特捜部は当然、その捜査を担うことになる。それに検察庁の人事も「官邸」の掌の上にあるのは自明の理。ここで文科省のキャリア官僚を誰か一人でも挙げておけば、審議官以上の人事権を一手に握る「官邸」に対して恩が売れ、その覚えもめでたくなる。

そんな特捜部に思いがけずもたらされたのが、谷口浩司の大学の後輩である日高正人とその周辺が持ち込んだ、佐野が一時的に谷口に預けた私的な金銭に関する件や、谷口と川端和明ら複数のキャリア官僚との会食に関するタレコミ情報だった。

特捜部は17年初夏から、日高のアイシン共聴開発が飲食代を負担した銀座の高級クラブの伝票など関連資料の収集を始めたが、堅実を絵に描いたような佐野は他のキャリア官僚と異なり、谷口と高額の飲食を共にしてはいなかった。内偵捜査は停滞を余儀なくされた。

17年9月、東京地検総務部長だった森本が特捜部長に着任する。福島県知事汚職事件やオリンパス巨額粉飾決算事件など、当事者が冤罪を主張する事件を強引に立件してきた〝剛腕〟の森本はやる気満々。日高が同年10月22日に谷口の前から姿を消したタイミングで、谷口ら関係者数人を任意で取り調べた。だがそこに事件性は存在しなかった。

佐野に関する別のネタの提供を打診された日高とその周辺は、間髪を入れずに新たな〝ブツ〟を提供する。それこそが、谷口が隠し録りした第2次醍醐会食の音声データだった。しかもこの会食には佐野だけでなく、森本が同部特殊直告1班担当副部長時代の13年、東京医大病院の建て替えをめぐる疑惑で立件できなかった同大理事長の臼井正彦も出席していた。

会食では、東京医大の17年度一般入試を受験した佐野の次男賢次が不合格になったことについて、臼井が「来年は絶対大丈夫ですから」「もう予約してきてください」などと発言していたものの、それだけで佐野を立件することはできない。内偵捜査はこの段階で再び暗礁に乗り上げた。

森友事件の火消しに利用された？

だが、森本にはツキがあった。東京医大を退職した元幹部職員から、「東京医大では臼井理事長主導で縁故受験が行われ、2次試験の小論文で点数が調整されている。縁故受験生の氏名などが記載されたリストも作成されている」とのタレコミ情報がもたらされたのだ。

さらに森本にとって幸運なことに、賢次が東京医大の18年度一般入試に合格し、4月から通学していた。森本は、第2次醍醐会食で話題に上っていた文科省の17年度私立大学研究ブランディング事業の支援対象校に、東京医大が選定された事実を確認。その見返りとして、臼井が賢次の入試の得点に加点して合格させたとするシナリオを描いた。金銭ではなく、入試での加点を賄賂と見做す異形の贈収賄容疑である。

ただ、賢次が加点されたかどうかは、前述した東京医大元幹部から聞かされた縁故受験生リストを入手して、当事者の臼井や学長の鈴木衞から直接事情を聞く必要がある。しかも私立大医学部

（私立医科大）の入学者は難関校でも補欠繰り上げ合格が当たり前で、合否は入学辞退者数に左右される不確定な代物。内偵捜査は三たび停滞した。

その頃、安倍内閣は連日の激震に見舞われていた。

大阪市内で幼稚園などを経営する学校法人「森友学園」が、小学校用地として16年6月に購入した大阪府豊中市の国有地をめぐる疑惑で、朝日新聞がまず18年3月2日、「16年6月の売買契約当時の文書に記載されていた『特例』などの文言が、翌17年2月の疑惑発覚後に財務省が提出した文書から削除または改竄されている」とする特ダネを報道した。

その5日後の3月7日には、土地の売却を管轄する近畿財務局に勤務していた赤木俊夫が、「上司から公文書の改竄を命じられた」とする手記を残して自殺。さらに2日後の3月9日、朝日新聞が「当時の決裁文書では1ページにわたって記載されていた項目が削除されている」と続報を打つ。これを受けて同日、財務省理財局長として決裁文書の改竄を指示した佐川宣寿《さがわのぶひさ》が、決裁文書の国会提出時の担当局長だったことを理由に、国税庁長官を辞任。財務省は同月12日、決裁文書14件を改竄したことを認めた。

そして6月4日、財務省は「改竄事件は佐川宣寿が主導した」とする調査結果を発表し、職員20人を処分する。同省には抗議電話が殺到し、職員は仕事が手につかない混乱状態に陥った。

こうした状況のなかで特捜部は6月18日、懸案の臼井と鈴木の取り調べに着手する。実は特捜部にはこの期に及んでも、第2次醍醐会食の音声データと東京医大元幹部職員のタレコミ情報しか、佐野の立件に向けた情報が存在しなかった。

だが森本には勝算があった。取り調べの様子を録音録画せずに済む任意で臼井と鈴木を取り調べれば、特捜部の取り調べなど受けた経験のない二人から、自分たちのシナリオに沿った都合の良い供述を引き出せると目論んでいた。その狙いは見事に的中。賢次の合格に関しても、不確定な補欠合格ではなく、1次試験で10点加算されて正規合格した事実をつかんだ。捜査は一気に進んだ。

そして臼井と鈴木の取り調べ開始から16日後の7月4日、特捜部は事前の取り調べを一切行わない異例の展開で、佐野と谷口を電撃逮捕した。日常的に特捜部の動向をウォッチしている司法記者クラブの検察担当記者や、特ダネ報道では他の追随を許さない某週刊誌も、佐野の逮捕に向けた動きに気づいていなかった。前出の永田町関係者が解説する。

「佐川問題で窮地に追い込まれた『官邸』は、世論の関心を佐川問題以外に向けさせることで窮地を脱しようと目論んだのです。高級官僚の人事権を事実上一手に握っている『官邸』は当然、特捜部が進めている佐野氏の内偵捜査の状況に関して、検察庁から報告を受けていました。そこで『官邸』は検察庁に対して、早急に東京医大の一件を立件するよう促した。これを受けて特捜部は、任意で取り調べた臼井氏と鈴木氏の検面調書を、自身が描いたシナリオに沿うよう〝作文〟し、短期間で佐野氏の逮捕に漕ぎつけてみせた。『官邸』から求められた前川一派の一掃と、佐川隠しの両方を一度に実現させたわけです」

一部の週刊誌報道によると、佐野の逮捕後、財務省への抗議電話は嘘のようになくなり、職員は通常どおり仕事をこなせるようになったという。結果的に佐野の逮捕の恩恵を最も受けたのは、同じキャリア官僚で2歳年上の佐川だったのかもしれない。

父と子の会話

1審判決に「(次男は)そもそも合格者の地位を得ることができなかったのに、最終的にその地位を得たという事案ではない」と明記されたことを受けて、佐野は「SNS上で息子に対し、いまだに『裏口入学だから大学から早く出ていけ』『お前は死ね、一家心中しろ』などと事実無根の卑劣な誹謗中傷を行っている者に対しては、今後断固とした法的措置を取る」と明言している。

著者が本書で何度も「この事件の最大の犠牲者」と指摘した賢次は現在、東京医大の4年生。今も入学時と変わらず、整形外科医を目指している。22年7月20日の1審判決当日も、普段と変わらず東京都新宿区の東京医大に通学。判決言い渡しの時間帯には解剖の授業を受けており、午後6時過ぎまでこれに取り組んでいた。

残念ながら父が敗訴したことや、判決が自身について「裏口入学でも、不正入学でもない」と言及したことについて、賢次の周辺は取り立てて反応しなかったという。

誹謗中傷のメールを送り付けてくる無責任なネット民に比べて、現実の賢次の周辺はとうに事の本質を見極めているだろう。

判決当日、午後7時頃に帰宅した佐野が「冤罪を晴らすことができず、本当に申し訳ない。正義がこちらにあることは、いずれ明らかになるから」と述べたところ、賢次はこう答えた。

「わかっているよ、お父さん。お父さんが無実だということは僕が一番よく知っている」

今なお過酷な状況に置かれながらも、若き医学生は着実に成長している。

あとがき

私は普段、国税局査察部など国税当局が手掛ける税務調査事案や、証券取引等監視委員会（ＳＥＳＣ）が強制調査する不正な証券取引といったお金絡みの事件をメインに取材している。１９９５年以降、97年の大手証券４社などによる総会屋利益供与事件、２００９年のクレディ・スイス証券元部長脱税（無罪）事件、12年のオリンパス巨額粉飾決算事件など、東京地検特捜部が立件した数々の経済事件についても、事の真相を当事者から直接取材してきた。

そこで彼らが必ず訴えるのが、東京地検特捜部の強引なシナリオ捜査の問題である。なかでも取調検事が、①特捜部が構築したシナリオに沿わない供述を認めず、重要な部分は検面調書を作文して自身に有利な内容にしてしまう、②事件とは無関係の、他人に知られたくない情報（主に金銭や異性関係）を取り調べで持ち出し、特捜部のシナリオに沿って供述するよう暗に求める――という2点は、当事者たちが一様に口にした。

さて、文部科学省汚職事件である。前述したとおり、主な取材分野が経済事件の私にとって、この一連の出来事は、脱税の方法に工夫が凝らされるといったお金絡みの事件ではないこともあり、正直なところ、あまり興味が湧くものではなかった。

実際、18年7月に文科省科学技術・学術政策局長の佐野太ら関係者が逮捕・起訴された際には、大学入試の得点に加算した点数を賄賂と見做すという、初めて聞く東京地検特捜部のトリッキーな立件手法に違和感を覚えこそしたものの、とりたてて取材する気にはならず、その後のフォローもしていなかった。

ところが19年秋、私がかねてから関心を持っていた東証一部（現・プライム）上場のある企業に東京国税局の税務調査が入り、その企業について改めて調べてみたところ、文科省汚職事件に関わりがあることがわかった。

そこで立件当時の新聞記事などに目を通してみると、東京医科大事件で逮捕された佐野と谷口浩司が一貫して罪を否認しているだけでなく、任意の取り調べを受けて起訴された臼井正彦と鈴木衞も、起訴後に揃って否認に転じていた。事件記者の経験則として、こうした場合にまず考えられるのは、任意の取り調べを受けた臼井と鈴木が取調検事に協力し、事実とは異なる特捜部のシナリオに沿った供述をしたにもかかわらず、最終的に起訴されてしまったという事態だ。

「また十八番のシナリオ捜査か。特捜部も十年一日のごとく、相も変わらず進歩がないな」

私はとりあえず、20年7月6日に東京地裁で開かれる東京医大事件の初公判を傍聴することにした。傍聴券は抽選になったものの、幸運にも当選し、検察側、被告側双方の冒頭陳述に耳を傾けた。

そして、そこで初めて明らかにされた衝撃の事実があった。

臼井に加点されて裏口入学したとばかり思っていた佐野の次男の賢次が、1次試験を正々堂々と突破して、2次試験でも補欠合格するのに十分な点数を取っていたのである。しかも検察側は、賢次が1次試験を自力で突破した事実を冒頭陳述に明記していた。

医学部を目指して受験勉強した経験のない私でも、①私立大医学部の入学者は、慶應大や東京慈恵会医大といった最難関校でさえ、大半が補欠繰り上げ合格者で占められている、②正規合格者になるかどうかは、2次試験の上位成績者のなかから、面接などで何人が不合格になるかで決まる——というくらいのことは知っていた。正規合格はそれこそ偶然の産物に過ぎない。

それに私が知る限り、初公判までにこうした事実を正しく報じた司法記者クラブ加盟の大手マスコミは1社も存在しなかった。もちろん、大手マスコミの記事を掲載しているネットメディアのニュースでも目にした記憶がない。つまり私のはるか後輩たちは、相変わらず特捜部のリークを無批判に垂れ流しているだけだった。

だが、捜査情報を一手に握る特捜部に楯突けば、ネタをもらえなくなり、特オチする恐れがあるという制約がある以上（それこそが特捜部のマスコミ操作の常道でもある）、脆弱化の一途をたどっているように思える現役のサラリーマン記者たちに、それを求めるのは酷という事情も、先輩記者の一人として理解できなくはない。

「この事件を記憶している国民のほとんどは、賢次君は裏口入学したと誤って記憶したままだろう。現役の記者にそれを正すことができないのなら、自分でやるしかない」

私にとっては、オリンパス巨額粉飾決算事件の裁判に（民事も含めた）決着がついた19年初め以来、1年半ぶりの裁判所通いがここから始まった。とりわけ東京医大事件の4被告本人の尋問が始まった21年4月12日以降は毎回欠かさず傍聴し（JAXA事件での谷口の本人尋問も含む）、その主張を生の声で聞いた。それに基づく私の見方は、ここまで本書に書き記したとおりだ。

だが、エリート裁判官の西野吾一が下した1審判決は案の定、検察側の完勝だった。その内容は臼井の弁護人の片岡匡敏《かたおかまさとし》があるメディアの取材に答えたとおり、「最初から有罪ありきの方向での状況証拠を集めているだけの判決」以外の何物でもない。

ただ、西野にも家族があるだろう。第8章で述べたように、国家の社会秩序維持のためにも負けさせてはならない東京地検特捜部特殊直告班の事件に無罪判決を下すことは、これまで順調に歩んできたに違いない、自身の30年近い裁判官人生の先行きに重大な悪影響を及ぼす。

そんななかで西野に許された唯一の合理的判断が、「最終的に合格者の地位を得ることができなかったのに、その地位を得たという事案ではない」とする、賢次の合格に関する一文だった。エピローグで強調したとおり、この事件の最大の犠牲者は、自力で合格を勝ち取りながら、裏口入学という誤った烙印を押されたまま、肩身の狭い思いで学生生活を送っている賢次であり、それを強いたのは特捜検察なのだ。

4被告は揃って東京高裁に控訴した。だが、これが特捜事件、とりわけ特殊直告班が手掛けた事件である限り、上訴して無罪判決が下される可能性は、正直なところ限りなく低いと言わざるを得ない。それが日本という巨大なムラ社会の、刑事司法の現実だからだ。

読者はどうか、賢次が実力で東京医大に合格し、着実に医師への道を歩んでいる事実に思いを致し、前途ある若者の未来を温かく見守ってもらいたい。それが本書を執筆した私の想いでもある。

本書の編集は、私が取材・構成を担当した『野村證券第2事業法人部』(横尾宣政著、17年2月刊行)に引き続き、講談社第一事業局企画部の鈴木崇之部長に担当していただいた。企画の段階から、私が法廷で必死になって書き取った被告の供述や証人の証言に目を通してもらい、執筆の段階では、特捜検察に対する積年の憤りに任せて事細かく、くどくどと書きすぎるきらいのある私に、絶妙なタイミングでブレーキをかけてもらった。

また結審後に私の取材に応じていただいた佐野太氏と長島弘幸弁護士、谷口浩司氏と錦織淳弁護士、それに医学部受験の実態をご教示いただいた教育ジャーナリストの神戸悟氏にも厚くお礼申し上げます。

本書は22年1月27日に乳がんのため49歳の若さで亡くなった、谷口浩司氏の妻、一華さんの御霊に捧げたい。高校、大学で総理大臣賞を受賞するほどの優れたモダンバレエダンサーだった彼女は大学卒業後、税理士事務所に勤める傍ら、超難関の税理士試験にわずか1年の勉強期間で全5科目に一発合格するという、類まれなる多彩な才能の持ち主だった。

谷口氏との結婚後は家庭に入り、永田町と霞が関、それに医療業界を奔走する夫の相談に乗りながら、献身的に夫を支えた。

谷口氏の逮捕後、ネット上に「谷口浩司を信じる妻の疑問」と題するブログが開設された。ここには同氏と親交のあった政治家や官僚が飲食する写真や、彼らが銀座の高級クラブでホステスと戯れる写真、さらには関係者しか知りえない詳細な情報が、所狭しと並んでいる。

だが谷口氏によると、一華さんのパソコンやスマートフォンにこうした写真やデータは存在しておらず、彼女自身でインターネット上にホームページやブログを開設するほどパソコンに関心もなかった。このため件のブログは、事件の実相を知る何者かが、谷口氏の妻を騙って勝手に開設したものとみられる。

一華さんは198日間に及んだ谷口氏の勾留4日目から、東京・小菅の東京拘置所をほぼ毎日訪ね、夫に着替えや差し入れを届けた。食品や飲料は、前回差し入れたものがすべてなくなるタイミングを見計らって新たに差し入れるなど、細やかな気配りを見せる女性だった。

一華さんの乳がんは順調に快方に向かっていたが、谷口氏の逮捕・長期勾留に加え、自身も特捜部から取り調べに応じるよう執拗に求められたため、そのストレスから再び病状が悪化。他の臓器にも転移して、闘病むなしく帰らぬ人となった。死の床でも「なんとしても裁判を聞きにいく」と健気に頑張ったものの、その思いが叶わぬうちに天に召された。彼女が夫に遺した最後の言葉は次のとおりだった。

「ごめんなさいね、あなたの裁判を見届けることができなくて。でも心配しないで。私はいつも傍《そば》にいて一緒に闘っているからね。裁判が終わったら、あなたはまた政治の表舞台に戻って、思いきり永田町と霞が関を走り回って活躍するのよ。

あなたはまだまだこの世で使命があるから、自分の信念を貫いて、私の分までもう少し頑張って。そうすれば必ずいい結果になるからね。だってあなたは、何も悪いことしてないんだから」

２０２２年12月

田中周紀

文部科学省汚職事件関連略年表

	2013年	2014年
【文部科学省汚職事件 関連略年表】	11月 文部科学省大臣官房会計課長の佐野太が、東京・赤坂の和食料理店で、落選中の吉田統彦前衆院議員から東京医科大学理事長の臼井正彦を紹介される 12月 佐野がアイバンクのチャリティーオークションで吉田から、自身の秘書的立場にあるとして谷口浩司を紹介される	1月17日 佐野が文科省大臣官房審議官（高等教育局担当）に就任 6月26日 吉田主催による佐野の大臣官房審議官昇進祝いの会で、吉田が臼井に谷口を紹介。この会で佐野と臼井が隣り合わせの席になり、会話を交わす 10月3日 ２０１６年11月開催予定の東京医大創立１００周年記念講演会にＪＡＸＡの宇宙飛行士を招聘する件で、吉田の仲介により、文科省からＪＡＸＡ参与に出向していた川端和明と臼井が会食。谷口も同席
【世の中の動き】	7月21日 第23回参院議員選挙。安倍晋三総裁率いる自民党が65議席で大勝。6年ぶりに民主党から参院第1党の座を奪う 9月8日 アルゼンチンで開かれたＩＯＣ総会で、２０２０年のオリンピック開催地に東京が選ばれる（新型コロナ禍により1年延期）	2月9日 東京都知事選挙で舛添要一が当選 5月30日 内閣官房に内閣人事局が設置される 9月3日 内閣改造。第2次安倍内閣が発足 11月21日 15年10月からの消費税増税（8%から10%に）を17年4月に先送りすることに信を問うとして、安倍首相が衆院解散。総選挙へ 12月14日 第47回衆院議員選挙。自公で３２６議席を獲得して勝利。吉田統彦前議員は前回に続き落選

2015年

4月 佐野と谷口が初めてゴルフのラウンドを共にする

夏 谷口が佐野の次男で高2の賢次と知り合う

12月7日 臼井と東京医大学長の鈴木衛が元文科相の塩谷立、川端と会食し、東京医大創立100周年記念講演会へのJAXA宇宙飛行士派遣の件で塩谷が賛意を示す

2016年

5月 東京医大創立100周年記念講演会へのJAXA宇宙飛行士の派遣が決まる

6月 佐野が文科省大臣官房長に就任

9月8日 佐野、臼井、谷口が東京・愛宕の精進料理店「醍醐」で会食（第1次醍醐会食）

9月20日 佐野が文科省私立大学研究ブランディング事業を所管する高等教育局私学部私学助成課に16年度同事業のスケジュールなどを問い合わせる

11月11日 佐野、臼井、谷口が東京・富ヶ谷のすっぽん料理店で会食

11月22日 16年度ブランディング事業の選定結果公表（東京医大は選定されず）

2015年

4月28日 東京地検特捜部が小渕優子議員の関連政治団体を巡る政治資金規正法違反容疑で、小渕の元秘書2人を在宅起訴

9月8日 自民党総裁の任期満了。無投票で安倍総裁が再選される

10月20日 東京地検特捜部が日歯連事件で、前会長らを政治資金規正法違反により起訴

2016年

3月27日 岡田克也率いる民主党と松野頼久率いる維新の党が合流。民進党の結党大会

5月26日 三重県志摩市でサミット開催

6月15日 舛添都知事が政治資金の私的流用疑惑で辞表を提出

7月10日 第24回参院議員選挙。18歳から選挙権が与えられるようになって初の国政選挙

7月31日 東京都知事選で小池百合子が当選

11月9日 アメリカでドナルド・トランプが大統領選に勝利

2017年

2月4日 賢次が東京医大の17年度一般入試の1次試験を受験
2月8日 東京医大17年度一般入試の1次試験結果発表。賢次は不合格
5月10日 佐野、臼井、谷口が精進料理店「醍醐」で会食（第2次醍醐会食）
5月11日 佐野が東京・西新宿のホテルで臼井に面会し、第2次醍醐会食で臼井に申し出た、17年度ブランディング事業の趣旨を説明する担当者の紹介ができない旨を説明
5月31日 東京・銀座の鮨店で、谷口が臼井から17年度ブランディング事業の申請書（事業計画書）案を手渡される
6月1日 文科省の執務室に佐野を訪ねた谷口が、臼井から手渡された申請書案の処理を佐野に相談し、チェックを断られる
6月3日 赤坂アークヒルズ住居棟のエントランスで、申請書案の問題点について谷口が佐野に概略を説明
6月7日 東京医大が谷口の指摘をもとに修正した申請書最終決定版を文科省に提出
7月11日 佐野が文科省科学技術・学術政策局長に就任
10月26日 谷口が佐野から一時的に預った私的な金銭の件に関し、谷口らが東京地検特捜部から任意の取り調べを受ける

1月20日 文科省の組織的天下りに関し、再就職等規制違反の責任を取り、前川喜平事務次官が辞任。後任に戸谷一夫審議官
3月23日 森友学園に対する国有地払い下げ問題で、籠池泰典理事長が証人喚問される
7月10日 加計学園の獣医学部新設を巡り、国会閉会中審査が行われる。前川前文科事務次官が参考人として招致される
9月25日 小池都知事が国政政党「希望の党」旗揚げを宣言。これが民進党分裂につながる
10月22日 第48回衆院議員選挙。希望の党の失速もあり、民進党から分裂した立憲民主党（枝野幸男代表）が第2党に。吉田統彦が比例で復活当選。国政に返り咲く

11月6日　東京医大が17年度ブランディング事業の支援対象校に選定されたことを、佐野が臼井に電話で伝える
11月7日　17年度ブランディング事業の選定結果公表

2018年

2月3日　賢次が東京医大18年度一般入試の1次試験を受験
2月7日　賢次が1次試験合格。翌日、臼井が佐野に電話
2月10日　賢次が東京医大一般入試の2次試験を受験
2月17日　2次試験の合格発表で、賢次の正規合格が判明
4月7日　賢次の東京医大入学式に佐野が妻とともに列席
6月18日　東京地検特捜部が臼井と鈴木の任意の取り調べを開始
7月4日　東京地検特捜部が東京医大事件で佐野を受託収賄、谷口を受託収賄幇助の容疑で逮捕
7月24日　東京医大事件で佐野が受託収賄、谷口が受託収賄幇助の罪で起訴され、臼井と鈴木が贈賄罪で在宅起訴される
7月26日　東京地検特捜部がＪＡＸＡ事件で谷口を贈賄容疑で再逮捕、川端を収賄容疑で逮捕
8月15日　ＪＡＸＡ事件で谷口が贈賄罪、川端が収賄罪で起訴される
8月16日　川端が東京拘置所から保釈される（保釈保証金1000万円、勾留日数22日）

3月7日　森友学園問題で文書改竄を指示された財務省近畿財務局の赤木俊夫が自殺
3月9日　国税庁長官の佐川宣寿が森友学園問題で混乱を招いたことを理由に辞任
3月12日　財務省が森友学園問題での文書改竄を認める
5月7日　民進党と希望の党が合流。国民民主党に
6月4日　財務省が森友学園問題の調査報告書を発表。文書改竄は佐川主導だったとし、職員20人を処分
9月20日　自民党総裁選。安倍総裁が石破茂を破り、3選

2018年	2019年	2020年
12月21日 佐野が東京拘置所から保釈される（保釈保証金500万円、勾留日数171日）	1月11日 JAXA事件で川端の初公判 1月17日 谷口が東京拘置所から保釈される（保釈保証金1000万円、勾留日数198日） 12月4日 川端に懲役1年6ヵ月、執行猶予3年、追徴金約155万円の有罪判決。川端は控訴せず	7月6日 東京医大事件で佐野、谷口、臼井、鈴木の初公判
	4月1日 新しい元号が「令和」になることを菅義偉官房長官が発表 5月1日 改元。皇太子徳仁が天皇に即位 7月21日 第25回参院議員選挙。自公が改選過半数獲得 10月1日 消費税が8%から10%に 12月25日 東京地検特捜部がIR利権を巡る収賄容疑で自民党衆院議員の秋元司を逮捕	1月15日 新型コロナウイルスの感染者が日本で初めて確認される 4月7日 新型コロナウイルス対策のため初の緊急事態宣言を発出（5月25日まで） 6月18日 東京地検特捜部が前法相の河井克行、自民党参院議員（離党）の河井案里夫妻を公選法違反（買収）で逮捕

	9月28日 JAXA事件で谷口の初公判	9月16日 安倍首相の辞職を受けて、菅義偉が第99代首相に就任 12月27日 立憲民主党の羽田雄一郎が新型コロナウイルス感染により死去
2021年		7月23～9月5日 東京オリンピック・パラリンピック開催 9月29日 自民党総裁任期満了に伴う総裁選。菅首相が出馬を見送り、岸田文雄が総裁に選出される。10月4日に第100代首相に就任 10月31日 第49回衆院議員選挙
2022年	2月22日 東京医大事件、JAXA事件の公判がともに結審 7月20日 判決言い渡し。4被告全員に執行猶予付き有罪判決 8月4日 この日までに4被告全員が東京高裁に控訴	2月24日 ロシア軍がウクライナ侵攻を開始 7月8日 参院選の応援遊説中だった安倍元首相が奈良市内で狙撃され、死亡 7月10日 第26回参院議員選挙。自民党が単独で改選過半数獲得

巻末資料　東京地裁第1審判決要旨（令和4年7月20日）

【主文】

佐野　太　懲役2年6月、執行猶予5年
谷口浩司　懲役2年、執行猶予5年
臼井正彦　懲役1年6月、執行猶予4年
鈴木　衛　懲役1年、執行猶予2年

【理由の要旨】

（罪となるべき事実の要旨）（略）

（争点に対する判断）

第1　東京医大事件の事実について

1　主たる争点（略）

2　請託を受けたのか否かについて

平成29年5月10日の第二次醍醐会食での会話を録音した音声データによれば、臼井は佐野の二男の東京医大の入学試験に関して、その得点が合格最低点に達しない場合には、加点等の優遇措置を講じることができることを、佐野との共通認識とした上で、佐野に対し、平成29年度私立大学研究ブランディング事業の事業計画書の記載等について助言・指導することを依頼し、佐野がこれを承諾したとみるのが自然な内容の会話がされていたと認められる。

また、その会食後に、臼井が佐野に対し、事業計画書案について検討を求めるメールを送っていることや、谷口の臼井らに対するメールの記載内容などから、佐野が谷口を通じて臼井が依頼した東京医大のブランディング事業の申請に係る事業計画書案の記載内容を確認し、更にそれを踏まえてその記載内容について助言・指導したと認められる。

以上からすると、第2次醍醐会食において、加点等の優遇措置が見返りになるという共通認識の下で、臼井が佐野に対し、平成29年度ブランディング事業の事業計画書の記載等について助言・指導することを依頼する旨を請託し、佐野がこれを承諾したと推認できる。

3　10点を加算した理由及び趣旨について

前記のとおりの請託とその承諾の事実が認められること、東京医大が平成29年度ブランディング事業の支援対象校に実際に選ばれたこと、臼井がプレビューのために作成していた縁故受験生リストの記載内容からすると、臼井が二男の試験の点数に10点を加算した趣旨には、前記の助言・指導に対する謝礼の趣旨が含まれていたと推認できる。

4　二男の得点に加算がされて正規合格したことに関する佐野、臼井の認識等について

東京医大の第一次試験後のプレビューの翌日から、佐野、谷口、臼井との間で通話がされている状況に加え、二男の入学試験について加点等の優遇措置をとることができることが共通認識になっていたと認められることに照らすと、二男の入学試験について優遇措置を受けられるかどうかも含めて二男の成績に関して確認をするための連絡であり、その中で、臼井において、佐野に対し、二男の入学試験について加点等の優遇措置をとった旨を伝えたと推認できる。

また、第二次試験後のプレビューの2日後から佐野、谷口、臼井の間で通話がされていると認められ、その状況に加え、佐野の手帳の記載内容等から、臼井から佐野自身が二男が補欠合格できることの連絡を受けたと推認することができる。さらに、臼井の公判供述によれば、前記連絡を受けた佐野から、「正規じゃないんですか」と言われ、臼井が、「それは難しい」「正規になるかは入試委員会次第だ」と言ったと認められ、佐野が、臼井に対し、正規合格を希望する旨伝えたことなどが認められる。このような佐野と臼井との応答等から、佐野は、前記助言・指導に対する謝礼として、臼井により加点等の優遇措置が講じられ、その結果正規合格者の地位の付与を受けるに至ったという可能性を認識していたと認められるし、臼井についても、二男に正規合格者の地位を付与することも条件付きではあるものの認識認容していたものと認められる。

5　賄賂たり得る利益か

二男の一般入学試験において、10点を加算したことは、学力試験の成績によって第一次試験合格者を定めるとした募集要項に反するものであり、二男を不相当に有利に扱うものであることは明らかであり、賄賂たり得る利益に該当する。また、前記の加点により正規合格者の地位を得たことにより、入学手続をすることにより、6年間にわたる医学教育を受けることができるのであって、このような入学資格手続を得られる正規合格者の地位を与えられたことが賄賂たり得る利益に該当することも明らかである。

6　職務関連性の有無について

大臣官房の事務を掌理する大臣官房長が、特定の私立大学校がブランディング事業の補助金の申請をするにあたり作成する事業計画書の記載内容について助言・指導することは、同補助金の交付に関する大臣官房の職務に影響を及ぼす可能性があり、競争的資金であるブランディング事業に対する公平性の確保の要請や補助金の適正かつ効率的な交付を妨げてはならないという職務に反する大臣官房長としての公的な性格をもつ行為であることからすると、大臣官房長の職務に密接に関係する行為と認めるのが相当である。

7　佐野の受託収賄罪、臼井の贈賄罪、谷口の受託収賄幇助罪の成否について

以上によれば、判示のとおり、佐野には受託収賄罪、臼井には贈賄罪、谷口には受託収賄幇助罪が成立する。

8　鈴木の贈賄の故意、共謀の有無について

第一次試験のプレビューの前の段階において、臼井から、二男についてブランディング事業でお世話になった文科省の幹部の子息と言われたことがあり、臼井と共に、ブランディング事業の申請に関して助言・指導を受けた謝礼として二男に対して10点の加点をした旨の鈴木の検察官調書における供述は、鈴木が、検察官による取調べにおいて、自らの意思に基づいて記憶があるものと、記憶がないものを明確に分け、記憶がないものは否定して述べていたことが認められることなどからすると信用できる。したがって、鈴木について、臼井との間における判示の贈賄の共謀も、贈賄の故意も認めることができる。

第２　ＪＡＸＡ事件の事実について

１　争点

弁護人は、谷口は複数の国会議員の秘書・政策顧問として活動しており、当該議員らの政治活動の実現のために官僚である川端和明らと意見交換をするなどして会食したことはあったが、川端のＪＡＸＡの理事の職務に関して便宜供与を受けたこともないし、起訴状記載の会食等はかかる便宜供与を受けるため、あるいは便宜供与を受けたことに対する謝礼の趣旨でなされたものではないとして、賄賂にも該当しない旨主張する。

2　宇宙飛行士の講師派遣について

平成26年10月3日、谷口、臼井、川端らが会食をしているが、（中略）3日後に、川端は、JAXAの広報部長に対し、宇宙飛行士を講演に呼ぶにはどうしたらいいかなどと確認し、その後も、東京医大の担当者に講師派遣の申請書の書き方などについて助言したり、同大の申請について最優先活動案件とされるよう取り計らったりしたことが証拠上認められ、久寿美会食以降、川端が同大の100周年記念事業についての宇宙飛行士の派遣について有利かつ便宜な取り計らいをしていると認められる。

3　JAXAの人工衛星を利用した業務の提案について（略）

4　起訴状記載の会食等の趣旨について

谷口は、川端と知り合って約2か月後である平成25年12月19日から平成29年3月28日までの間に、合計31回にわたり、川端に一切費用を負担させることなく飲食等を提供し、そのほとんどは高級飲食店や高級クラブでの飲食等であったこと自体から、一定の見返りや便宜を求める趣旨で飲食等を提供していたものと強くうかがわれる。

のみならず、前記のとおり、川端が、東京医療コンサルティングの営業に便宜を図っていると認められることからすると、川端への一連の飲食の提供等が、このような便宜供与を受けることを期待し、実際に便宜を受けた後はそれに対する謝礼としてなされ、今後もそのような便宜供与を図ることを期待してされたものであると推認できる。（中略）起訴状記載の会食等は、東京医療コンサルティングの営業に関し、JAXAの人工衛星の利用などを含め、便宜な取り計らいを受けることを期待して継続的に行われたものであると認められる。

5　川端の職務権限、収賄の故意について

川端は、平成27年4月1日からJAXA理事であったところ、広報部等を所管する理事として、（中略）理事長を補佐して機構の経営に当たる権限があるとされていることなどからすると（中略）川端が、谷口から高額の

接待等を繰り返し受けていたことが、賄賂に該当することを認識していたものと推認できる。

6　結論

以上によれば、判示のとおり、谷口には贈賄罪が成立する。

【量刑の理由】

第１　佐野、臼井、鈴木について

（中略）佐野についてみるに、こともあろうに文部科学省の大臣官房長の立場にありながら、二男が受験した大学入学試験で点数の加算を受け、正規合格者としての地位の付与を受けるという、入試の公平性を蔑ろにすることと甚だしい利益を賄賂として収受したものであり、同省が私立大学における入学者選抜の公正確保を求める書面を通知していたことも踏まえると、同省官房長としての職務に対する公正さとそれに対する社会の信頼を害した程度は著しいものというほかない。佐野において、職務の公正やその信頼を保持しようとする意識は鈍麻していたといわざるを得ず、相当強い非難を免れない。

臼井は、東京医大において、多額の寄付金を出す縁故受験生に対し、入学試験の点数に加点して不正に合格させることを繰り返す中、補助金を得るために文部科学省の大臣官房長である佐野に接触を図り、佐野の息子が医学部への入学を希望していることが分かるとこれに応じ、判示犯行に及んだものであって、動機・経緯に酌むべき点は見当たらず、贈賄の共犯者間では主導的立場にあったことも考慮すると、やはり強い非難を免れない。

鈴木は、臼井からブランディング事業の申請に際し、文部科学省の幹部から便宜を得ていることを聞いていながら、その幹部の息子の入学に際して加点する不正を共に行った上で、学長として最終的に合否を決めていたのであり、相応の非難を免れない。

これらに加え、被告3人は、公判廷において、いずれも各自の犯行を否認して、不合理な弁解に終始しており、反省の態度も認められない。

しかし他方で、佐野が得た利益をみると、二男は加点がなくても補欠合格ができる順位にいたところ、加点により正規合格に繰り上げられたというものである。これが、既に検討したとおり賄賂たり得る利益であることには疑いはないものの、そもそも最終的に合格者の地位を得ることができなかったのにその地位を得たというような事案ではなく、その点は情状において考慮すべきである。加えて、佐野は、前科前歴がなく、定年退職したものの、退職金の支給が差し止められるなど一定の社会的制裁を受けていることなど酌むべき事情が認められ、これらの事情を考慮すると、直ちに実刑をもって臨むのは酷であるとの感を免れず、主文の量刑が相当であると判断した。

鈴木については、犯行への関与は受動的なものであったことに加え、臼井、鈴木両名について、前科前歴がなく、理事長又は学長を辞任するなどして一定の社会的制裁を受けていることなどの酌むべき事情が認められるので、これらの事情を考慮し、主文の量刑が相当であると判断した。

第2　谷口について

谷口は、佐野と、臼井の双方が不正な利益を求めていることをよく認識した上で会食の機会を設けたのみならず、その後も佐野が表に立つことを避けるため、まさに暗躍して臼井との間を取り持って、佐野の指導内容等を伝え、佐野の犯行を強く手助けしたものである。このように幇助犯とはいえ重要な役割を果たしたことは明らかであり、強い非難を免れない。

JAXA事件では、JAXAの理事であった川端に対して、谷口らが務めるコンサルタント会社の営業相手において宇宙飛行士の講師派遣を受けることができたり、あるいはJAXAの人工衛星を利用した業務を提案したりするに際し、助言・助力を受けるなどの便宜を得たことの謝礼、さらに今後も同様の便宜を得る目的で高額の接待等を繰り返した（中略）。

谷口は共犯者古藤信一郎と共に、コンサルタント会社として文部科学省との関係があることを取引相手に対して誇示し、営業を有利に展開しようと考え、川端を通じて多数の官僚らとの接触を図り、官僚や政治家との接待を繰り返していた中での犯行であって、利欲的な動機に斟酌すべき点はないし、政治家の政策顧問などの名刺を最大限利用するなど態様も巧妙で、計画的、常習的犯行である。

谷口は、接待行為を実行する役割を担っていたものであり、指示役であった古藤と同様、中心的な役割を担っていたものであって、等しく重い責任があるというべきである。

しかるに、谷口は、公判廷で不合理な弁解を繰り返し陳弁するだけでなく、正当な政治活動であるなどと強弁しており、反省の態度は皆無である。

以上のとおり、犯情、一般情状は芳しいものではないが、谷口に前科前歴がないこと、東京医大事件では幇助犯にとどまることに加え、同種事案の量刑傾向に鑑みると、やはり直ちに実刑をもって臨むことには躊躇を覚えることから、主文の量刑が相当であると判断した。

（求刑　佐野に懲役2年6月、谷口に同2年、臼井に同1年6月、鈴木に同1年）

※一部、句読点や表現を整理

著者略歴◉ **田中周紀**（たなか・ちかき）

1961年、島根県生まれ。上智大学文学部史学科卒業。共同通信社社会部で95～97年、テレビ朝日社会部で2006～10年の計5年9ヵ月間、国税当局と証券取引等監視委員会を担当。10年にテレビ朝日を退社し、現在はフリージャーナリスト。著書に『巨悪を許すな！　国税記者の事件簿』（講談社+α文庫）、『実録　脱税の手口』（文春新書）、『飛ばし　日本企業と外資系金融の共謀』（光文社新書）、『会社はいつ道を踏み外すのか　経済事件10の深層』（新潮新書）など。取材・構成に横尾宣政著『野村證券第2事業法人部』（講談社+α文庫）などがある。

東《とう》京《きょう》医《い》大《だい》「不《ふ》正《せい》入《にゅう》試《し》」事《じ》件《けん》

特《とく》捜《そう》検《けん》察《さつ》に狙《ねら》われた文《もん》科《か》省《しょう》幹《かん》部《ぶ》　父《ちち》と息《むす》子《こ》の闘《たたか》い

2023年１月17日　第１刷発行

著　者　田《た》中《なか》周《ちか》紀《き》

発行者　鈴木章一

発行所　株式会社 講談社
〒112-8001
東京都文京区音羽2-12-21
電話　編集 03-5395-3522
販売 03-5395-4415
業務 03-5395-3615

印刷所　株式会社 新藤慶昌堂

製本所　大口製本印刷 株式会社

定価はカバーに表示してあります。

落丁本・乱丁本は購入書店名を明記のうえ、小社業務あてにお送りください。

送料小社負担にてお取り替えいたします。

なお、この本の内容についてのお問い合わせは第一事業局企画部あてにお願いいたします。


ISBN978-4-06-530172-2